读懂投资 先知未来

舵手证券图书
www.duoshou108.com

大咖智慧
THE GREAT WISDOM IN TRADING

/

成长陪跑
THE PERMANENT SUPPORTS FROM US

/

复合增长
COMPOUND GROWTH IN WEALTH

盘口技法
实战精要

珍藏版

王 丽 鲁 斌/主编

山西出版传媒集团  山西人民出版社

图书在版编目（CIP）数据

同花顺盘口技法实战精要 / 王丽，鲁斌主编．
太原：山西人民出版社，2025.2. —（同花顺炒股实
战精要丛书）. —ISBN 978-7-203-13676-7

Ⅰ. F830.91-39

中国国家版本馆 CIP 数据核字第 2025C9N929 号

同花顺盘口技法实战精要

主　　编：王　丽　鲁　斌
责任编辑：翟丽娟
复　　审：高　雷
终　　审：梁晋华
装帧设计：卜翠红

出 版 者：山西出版传媒集团·山西人民出版社
地　　址：太原市建设南路 21 号
邮　　编：030012
发行营销：0351-4922220　4955996　4956039　4922127（传真）
天猫官网：https://sxrmcbs.tmall.com　电话：0351-4922159
E－mail：sxskcb@163.com　发行部
　　　　　sxskcb@126.com　总编室
网　　址：www.sxskcb.com

经 销 者：山西出版传媒集团·山西人民出版社
承 印 厂：廊坊市祥丰印刷有限公司

开　　本：710mm×1000mm　1/16
印　　张：21
字　　数：286 千字
版　　次：2025 年 2 月　第 1 版
印　　次：2025 年 2 月　第 1 次印刷
书　　号：ISBN 978-7-203-13676-7
定　　价：100.00 元

《同花顺盘口技法实战精要》编委会

顾　问：邹　鲁

主　编：王　丽　鲁　斌

副主编：廖造光　麻广林　马晓斌

编　委（按姓名拼音排序）：

常起宁　陈素群　贵云平　胡亚伟　盛　栋　盛　卉

徐一帆　徐长涛　许　乐　杨光松　杨　腾　余燕龙

余志亮　张京舜　张　群　周　舟　朱胜国

同花顺与舵手证券图书服务平台

同花顺成立于 1995 年，是国内领先的互联网金融信息服务提供商，作为国内第一家互联网金融信息服务业上市公司，同花顺致力于技术创新，实践"让投资变得更简单"的理念，为各类机构客户和个人投资者提供全方位的金融投资服务。

舵手证券图书成立于 1994 年，始终秉承"一流交易者创一流作品"的理念，从全球十余家权威出版机构引进版权与好书，与国内外交易大师、一线交易者建立了合作关系，持续出版了全球投资大师和职业操盘手的各类著作，至今已累计出版 1000 余部优秀证券图书。

经典投资书籍是投资者的福音，能极大提升交易者的技术水平和交易能力。打造交易者学习平台，是同花顺、舵手证券图书的共同使命。欢迎加入我们的行列，让我们携手共进，在投资的征途中，以知识为舟，以智慧为帆，共同驶向成功的彼岸！

微信扫一扫
敬请添加同花顺陪伴官小顺

丛书总序

在瞬息万变的股市中，每一位投资者都渴望找到一把打开财富之门的钥匙。然而，市场的波动性与不确定性使得许多投资者在寻求稳健收益的过程中遭遇了挑战，新手投资者由于缺乏系统学习和实战演练，更是导致其在股市中屡屡受挫。

有鉴于此，为了回馈广大用户的信任，帮助广大投资者更好地理解市场动态与规律、掌握有效的投资策略与实操技术，国内领先的金融信息服务平台同花顺，联合投资领域知名品牌舵手证券图书，精心策划并推出本套"同花顺炒股实战精要丛书"，旨在通过深入浅出的讲解方式和案例分析，在帮助广大投资者掌握同花顺炒股软件精髓的同时，系统化地提升炒股实战技能，从而在股市中稳健前行。

本丛书由多位资深分析师及实战派专家精心编写创作而成，丛书通过理论结合实践的方式，为读者提供了一套全面而系统的投资指南。丛书不仅包含了当前热门话题和技术趋势的深入探讨，还特别注重实操层面的经验分享。本丛书首期出版的几册图书，各有侧重，专门讲透一个主题：丛书之一《同花顺量价分析实战精要》，读者可以了解价格与成交量之间的微妙联系及其对股价走势的影响；丛书之二《同花顺盘口技法实战精要》，揭示了开盘与收盘时刻的关键策略；丛书之三《同花顺技术分析实战精要》，探索 K 线图形背后隐藏的信息和密码；丛书之四《同花顺分时技法实战精要》，读者可以学到如何捕捉盘面分时的精准买卖点。每册书都凝聚着作者们多年来的智慧结晶与实战经验。

　　在未来,"同花顺炒股实战精要丛书"也将持续更新和扩展新品种,推出更多关于股市投资实战技巧的图书,继续帮助投资者快速掌握股市实战技法,提升市场分析能力和决策能力。

　　我们相信,通过这一系列图书的持续推出和学习,每一位投资者都能够在股市中不断提升自己的投资水平和实战能力,最终实现财富增值的目的。

　　我们也希望,"同花顺炒股实战精要丛书"能够成为每一位股市投资者的实战宝典,陪伴大家在股市投资的道路上不断前行,早日实现财富自由!

"同花顺炒股实战精要丛书"编委会

2024 年 10 月 18 日

前　言

　　投资市场是复杂的，投资本身也是一件很复杂的事。不少投资者整天忙忙碌碌地分析、研究和操作，投入了大量精力，却依然难以应对市场中庞杂的信息。复杂容易使人迷失，面对复杂的投资市场，我们可以拿起奥卡姆剃刀，化繁为简，把复杂的事情简单化，以便于理解和操作。

　　奥卡姆剃刀定律，是由 14 世纪逻辑学家奥卡姆的威廉（William of Occam，约 1285 年至 1349 年）提出的，"如无必要，勿增实体"，即"简单有效原理"。也就是说，如果你有两个原理，它们都能解释观测到的事实，那么你应该使用简单的那个，最简单的解释往往比复杂的解释更准确。同样，如果你有两个类似的解决方案，那么你应选择最简单的那个。

　　"同花顺炒股实战精要丛书"基于"简单有效原理"而写作，希望以最简单、最系统、最快速的方式，借助同花顺软件及其特色功能帮助广大投资者少走弯路，端正交易理念，学习交易知识，改善交易绩效，早日迈入投资交易的殿堂。

　　"同花顺炒股实战精要丛书"之《同花顺盘口技法实战精要》一书共分为十章，力求结构上简单、功能上有效、使用上可复制。

1. 结构上简单

　　"真理是简单的，复杂的往往是谬论。"投资交易也不例外，往往越简单的东西越可靠，也越有生命力。

　　本书共十个章节，第一章讲解盘口核心指标解密，第二章讲解如何实用高效地运用同花顺软件看盘，第三章和第四章分别讲解同花顺看盘核心技术解密之一和之二，第五章到第十章则分别解析了盘口的六个细节。

"同花顺炒股实战精要丛书"从底层结构框架上将投资交易划分为四大阶段：交易理念→交易规则→交易决策→交易执行。下面一一阐述：

（1）交易理念相对于具体的技术知识，没有那么光彩夺目，比较抽象，但它贯穿投资活动的始终，是整个交易的灵魂。在交易理念方面，投资者需要把握三大原则：先生存后发展、先胜率后赔率、先方向后位置（时机），并深刻理解每个章节的技术内涵，才能打下扎实的交易基础。交易理念是交易活动的开始，如果我们有一个正确的开始，我们很可能得到一个正确的结果。

（2）交易规则是关于交易得以实现的市场架构、规则和制度等方面的内容，即市场微观结构理论。投资者进行交易，不学习交易规则是不行的。学习交易规则，可以帮助投资者理解证券市场的价格形成与发现机制，从而为技术分析和投资决策提供基础支持。

（3）交易决策是所有投资者都渴望学习并且能快速见到效果的环节，以循序渐进、抽丝剥茧的方式，对技术分析进行具体阐述和讲解。其中，"量、价、时"是交易的三大元素，"形、趋、盘"是技术分析的核心内容。通过对六大因素的学习，投资者可以掌握盘口细节、分时形态、趋势买卖点、经典 K 线、均线扭转、经典理论、指标背离、多空临界状态等知识要点，在识别和度量风险程度的基础上，按照自身的风险承担能力，做出合适的交易决策。

（4）交易执行是交易决策的下一阶段，强调的是交易策略、交易指令的执行力，主要包括资金管理和风险控制。通过对技术细节的学习，投资者可以针对每次交易机会分配不同的资金，实现放大利润、减少亏损。

2. 功能上有效

一个理论、方法或者系统，要实现有效，一方面要在原理上保持正确，另一方面要在实践上可被检验。为了帮助投资者朋友从原理上深刻理解书中的理论和方法，本丛书不仅会告诉你当下市场在"做什么"、面对未来你应该"怎么办"，还会从不同的角度去阐述背后的原因，让你知道"为什么"。

知其然还得知其所以然，当你从原理上深刻理解了书中的理论、方法和系统，自然可以明白它的正确性，继而用于指导交易实践，并检验它的有效性。

3. 使用上可复制

一个理论、方法或者系统，如果只能被小范围使用，那么其效果是要大打折扣的。本书想要追求的是：书中的理论和方法，能够被大范围使用，使用的人越多越有效。首先，"简单"降低了学习的难度，大多数人都可以快速地学习、理解和掌握。其次，书中的理论和方法，来源于市场自身的内在规律，是共性的、本质的、广泛的，保证了在市场范围内长期有效。

比如：市场的惯性规律特征。在物理学中，物体的质量越大，惯性就越大；质量越小，惯性就越小。在市场中也一样，参与投资交易的人越多，方法越趋同，规模效应就会出现，惯性特征就会越明显。当基于惯性规律的理论、方法被更多人理解和使用时，会增强市场自身的惯性。惯性越大，反过来又会促进理论、方法的有效性，从而形成正反馈，不断自我强化、自我实现。

4. 本系列丛书的适用对象

不管你是初入市场、渴望学习的投资者，还是遭遇挫折、亟须改善的交易者，或者是已经盈利、希望更上一层楼的交易员，只要你对交易有着浓厚的兴趣，并且愿意投入精力去学习、研究和探索，本书都会给你有益的帮助。

"同花顺炒股实战精要丛书"就像一份路线图：一方面体现了系统性思维，可以帮你建立起关于交易的整个框架体系，俯瞰交易全局，绕开交易陷阱，从而把精力投入正确的环节当中，快速打通交易的任督二脉；另一方面体现了阶段性思维，让你一步一个脚印看见自己的进步，持之以恒，逐渐攀登到顶峰。

当你阅读和学习完本系列丛书后，相信你会拥有一套全新的交易思维，对金融市场的内在规律具有较深的认识，由此重新回到市场中，看到的应该不再是简单的数字变化，而是数字跳动背后的诸多秘密；听到的不再是市场中的各种流行说法，而是自己内心的独立判断；做到的不再是随意跟风买卖，而是看淡涨跌，制定出有效的交易策略或措施，从容应对。

本书编委会

自　序

　　作者进入金融市场最开始使用的就是技术分析，对价值投资只是稍有涉猎，直到现在也是以技术分析为主，对技术方面较为精通。有几句股谚为"历史会重演""天下没有新鲜事""价格包含一切"说的都是技术分析，这里大致谈下对技术分析的一点点感悟，与读者朋友们分享。

　　技术分析泛指通过对价格、量能、形态、经典理论以及它们衍生出的技术指标的具体分析方法。技术分析是整个交易体系里的一部分，负责提供进出场买卖点的一些信息，是市场分析的基础环节，在交易体系中的其他环节，比如资金管理、风险控制等都是建立在进出场环节之上的，也是投资大众最为关注的部分。

　　投资世界里分析流派总体分为三类：价值投资（包括成长、宏观等基本面分析），行为分析（包括羊群思维、逆向思维、心理分析等）和技术分析。行为分析不仅是投资的行为分析，还包括了投资的各种心理分析。仅仅投资行为分析就包含了正向、逆向等各种行为分析，其涉及面太广，本书中不作讨论。

　　价值投资是 1934 年由价投鼻祖、美国人本杰明·格雷厄姆于《证券分析》一书中正式创立并首次公开，其代表人物是当今世界的"股神"沃伦·巴菲特。技术分析的历史要比价值投资早一百多年，最早是在 1760 年由日本人本间宗九通过著作《本间宗九翁密录》公布于世，后来又衍生出的世人熟知的"酒田战法"，在 1980 年由美国人史蒂夫·尼森通过其著作《日本蜡烛图技术》推广至全世界。谈到技术分析就不得不说一下西方的"道氏理论"，它是一切技术分析的基石。1882 年，美国人查尔斯·道和爱德华·琼斯创立了道琼斯公司，随后建立了我们每天都可听到、看到的道琼斯指数。1903 年，道氏去世一年后，由美国人 S.A. 纳尔逊将道琼斯发表的一些文章归纳在《股市投机常识》一书中，并首次创造了"道氏理论"一词。1922 年威廉·彼得·汉密尔顿对道氏理论进行总结分类，写作了《股市晴雨表》。1932 年，罗伯特·雷亚进一步发展并正式出版了《道氏理论》一书并流传至今。

市场上的分析方法千百种，但无论什么方法都有其优势和劣势。任何分析方法都只是获取财富的工具手段，都有靠其致富者。这些方法没有好坏优劣之分，只要适合自己、在自己认知范围内的就是好方法、好工具。所以要不断提高认知，人生就是不断提高认知的过程，交易也是如此。

我们知道交易股票的难点在于品种的选择和时机的把握，价值投资的优势在于选股，技术分析的优势在于选时，将两者综合起来分析，并辅以行为分析就是比较好的选择。

作者从事金融交易行业 20 余年，从一个无知小散到私募机构操盘手，再到现在的全职交易者（全市场操作，包含 A 股、外盘、期货、期权、外汇等），一路坎坷。所用的技术全部为技术分析，通过技术来衡量市场和严格的数量化交易（如此才可机械化全市场操作），只有技术分析才可做到完全的唯一的数量化。"巴菲特派"能做到长赢稳赢是因为价值投资做的是确定性，价格必定向价值回归，无非是回归的具体时间、幅度大小而已。技术分析初级阶段做的是概率，通过各种 K 线组合、经典形态、技术指标、市场理论等分析出价格上涨或下跌的概率有多大。技术分析的高级阶段做的也是确定性，其实质就是做的交易投资哲学观，具体分析的是人性，也就是确定性。确定价格不会一直波澜不惊，最终会因为某些事件催化而向着某一个方向波动，波动后再归于平静，如此反复而已。我们无需每时每刻去猜测市场，因为未来是无法精确预测的，某些次猜对了只是运气不是能力，我们只需做市场的跟随者即可稳定盈利。

当然，跟随市场不是靠某一个技术或指标，它是一个严谨完整的交易体系，包含了进出场法则、资金管理法则、风险控制法则和心态管理法则。严格来说，交易做的是市场分析，它不仅包含了技术分析，还有对市场的本质、交易的本质、人性的本质的深层认知。价格或形态其实就是所有参与者情绪的共同表现，比如说价格波动的背后，短期来说看的是参与者的情绪，长期来说看的是价值。人性的贪婪和恐惧不停地引起价格的波动，不管是利空降温还是利多提振，牛市涨过头和熊市跌过头都是必然。历史是最好的老师，我们回看历史，哪一次的牛顶和熊底不是如此，人性使然，古今中外概莫能外。技术分析从初级阶段到高级阶段就是从不断做加法再到不断做减法的这个过程，最后做到"减无可减又简无可简"。大浪淘沙始剩金的时候，您的交易体系已经形成，您已经入了投机之门，可以扬帆股海了。技术分析有效的根基就是历史会重演，历史会重演的根基就是人性的亘古不变。人性的贪婪恐惧百年前有，现在也有，将来同样会有。如果哪一天人类没有了贪婪和恐惧，那么不仅是技术分析，所有的分析都会失效。本系列图书主要讲的是技术分析初级阶段必须掌握的一些知识，效仿经典图书中使用历史图表的惯例，书中的案例除了一些同花顺软件特殊功能和新开发功能之外，大多使用历史图表，至少是几年或十几年前的案例为主。这些历史图表经过了市场和时间的检验，大家可以在当下的市场中去检验和使用它们。

另外，分享一个快速提高实战能力并总结出价格波动规律的复盘技巧，本着"看图万遍，其意自现"的原则，我们只复盘K线图，不要在意股票的名称、市场和时间等信息，不要"先入为主"，只要是规律性的东西就没有地域、时间、市场的区分，才可做到一致性、普适性。比如，道氏理论之所以是经典，就是因为它揭示了价格波动的普适性规律，难道它只在几十年前有效，现在没有吗？它只在美国有效，其他市场无效吗？它只在股市有效，在期货、黄金上无效吗？成功交易就是用"简单规律普适"的方法反复去做，在做的过程中不断提炼总结出更加"简单规律普适"的体系，如此反复直到完美（虽说不可能完美，但一直在完美的路上）。

本书作者

微信扫码添加同花顺陪伴官小顺
获取更多图书增值服务

目 录
CONTENTS

第十章　盘口解读：细节解析 / 277

附　录　专业术语解析 / 299

第一章

如何高效地运用同花顺软件看盘

第一节　实战看盘中需要关注的几个核心要点

一、简单的报价页面提示出不简单的操作信息

首先我们来定义一下什么叫盘口。

盘口是很多投资人都在关注并很想了解的市场技术之一，在图书市场上此类的书籍也非常多，但真正有价值的很少。首先我们要定义盘口分析技术，什么是盘口分析技术？盘口分析技术包含哪些要素？很多人将盘口和盘面混为一谈，严格来讲盘口指的是买卖盘挂单、撤单、成交单等一些最原始、最基础的反映价格变化的动态数据，而盘面指的是由整个市场状况反映出的市场态势，综合了当日大盘态势、资金流进流出、热点板块、超买超卖等市场信息。

什么叫盘口指标？

盘口指标指的是盘口的原始数据衍生出的指标，包括了分时曲线图、委买委卖、实时量比、成交笔数，每笔成交均量、内盘、外盘、总额、换手率、盘中均价线等。当然还包括当日最大或最密集成交量的价格区域、最高最低价、开盘和收盘价、昨日收盘价等，以上盘口信息构成综合的盘口指标。

投资经典中的"道氏理论"告诉我们日间杂波（短期趋势）是最容易被操纵的，主力在每日的盘中做着各种表演，我们必须学会看懂盘中走势，读懂盘口信息语言，并结合各种因素做出综合判断。我们在实战看盘中需要关注的核心要点如下：

首先是盘口指标的分类。共分为两大类：一是最基本最重要的原始数据，二是这些数据衍生出的指标。盘口是一门复杂的技术，盘口的每一个现象在不同时候、不同的走势位置都有不同的含义，仅用文字很难将其表述透彻，在此仅说明一下看盘时需要关注的重点数据。虽说盘口千变万化，但万变不离其宗，只要看懂了第一类原始数据，我们就大致知道了主力的真实意图。

第一类原始数据指的是盘口挂单、填单、撤单、成交明细。这些是最原始的数据，投资活动中所有的指标都是源于这些基础数据而衍生出来的，它们是最基本、最本质、最宝贵的数据。常言道"透过现象看本质"，这里的"现象"说的就是原始数据。

如图 1-1 所示：

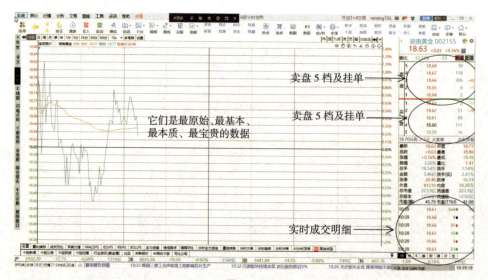

图 1-1

第二类指的是由第一类数据衍生出来的指标，通过统计学和数学公式做成指标，达到直观明了的效果，用以指导操作。盘中应该关注的指标有：量比指标、换手率指标、委比和委差指标、外盘（买盘）指标、内盘（卖盘）指标、成交笔数指标、每笔均量指标。如图1-2、1-3、1-4所示：

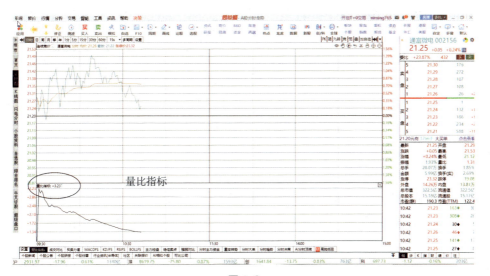

图1-2

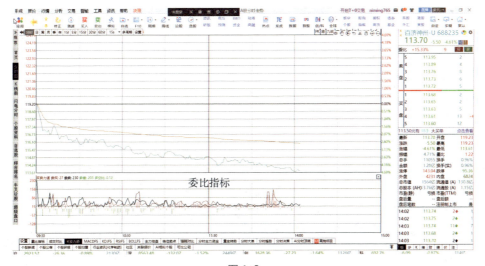

图1-3

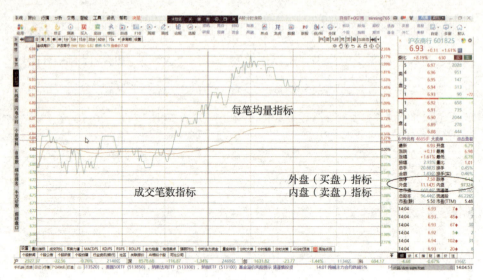

图 1-4

二、同花顺自定义分时图页面的实战技巧

我们可以根据需要自定义同花顺软件中的分时页面，其实战运用如下：

首先在同花顺分时页面中调出委比指标、量比指标、叠加行业和大盘，如图 1-5、1-6 所示：

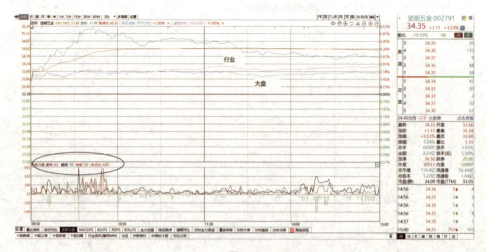

图 1-5

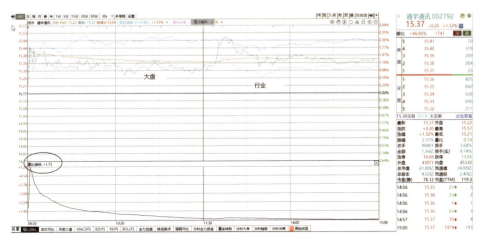

图 1-6

再打开行情列表,把委比、量比和行业、全 A 涨幅综合起来研判,将涨幅榜、量比榜和委比榜上排名靠前的个股放进自选股里。这类个股已经开启了新一轮上涨,是投资者短线介入的重点选择对象。具体研判技巧如下:

（一）通过涨幅研判个股强弱程度，以及该股是否属于当前市场热点

一般名列涨幅前列的个股，上涨趋势明显，走势强悍。但投资者不仅要观察个股的涨幅情况,还需要观察涨幅榜中与该股同属于一个板块的个股有多少。如果在涨幅前 30 名中有 10 只左右是同一板块的个股，就表示该股属于市场中新崛起的热点板块，投资者也可以重点关注。有的板块上市公司数量较少，如石墨电极板块、牙科医疗板块等，则需要观察该板块是否有一半的个股名列涨幅榜之中。

（二）通过量比研判量能积聚程度

量比是当日成交量与前 5 日成交均量的比值，量比越大，说明当天放量越明显。股市中资金的运动决定了个股的涨跌，资金的有效介入是推动股价上升的原动力。涨幅榜上的个股在未来时期是否能继续保持强势，在很大程度上与之前的资金介入状况有紧密的联系。所以，热点板块的量能积聚过程非常重要，只有在增量资金充分介入的情况下，个股才具有持久性。而量比的有效放大，则在一定程度上反映了量能积聚程度。

（三）通过委比研判市场买卖强度

委比需要和涨幅榜、量比结合起来分析，才能发挥有效作用，单纯分析委比是不能作为买卖依据的。因为委比只能说明在这一时刻某只股票买卖的强度对比。很多时候会出现某只股票涨势不错，而委比却显示空方力量比较强的情况，此时就需要对这只股票进行连续观察，才能发现该股的真实买卖强度。

当出现个股同时位于三榜前列的情况时，投资者需要根据该股所处的历史位置，迅速做出是否追涨的决策。这类个股成为短线飙升黑马的概率极大，如果股价仍然处于较低价位或者股价虽然已经涨高但仍然保持着良好的上升趋势时（股价没有进行明显的拉升，价格与均线的乖离在正常范围内），投资者应该积极追涨买入。大多数情况下，这类强势股会在早上开盘后不久，就封上涨停板，因此，在运用这种实战技法时，投资者要尽量选择上午实施操作。

实战案例解析：

开盘时打开 A 股行情列表，先点击量比排序。如图 1-7 所示，找出当天资金流入的个股和板块，将前 30 只个股放进自选股，再进行委比排序。如图 1-8 所示，将跌幅大于 -3% 的个股剔除，按照委比最小排序。选择排序前列个股，观察它们是否属于同一个板块，如图 1-9、1-10 所示。再进行涨幅排序，如图 1-11 所示，放弃涨幅过大，只关注涨幅小于 5% 的个股，当委比小于 -50%，并且出现放量，量比大于 5 时可进场买进。

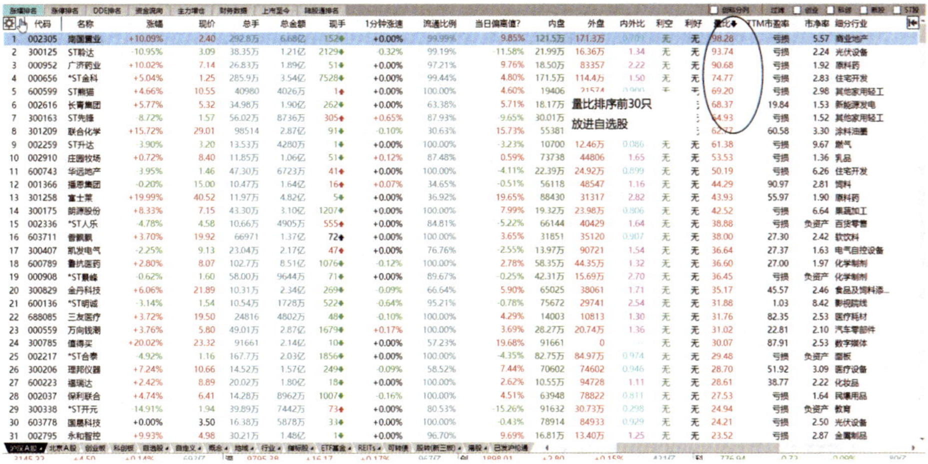

图 1-7

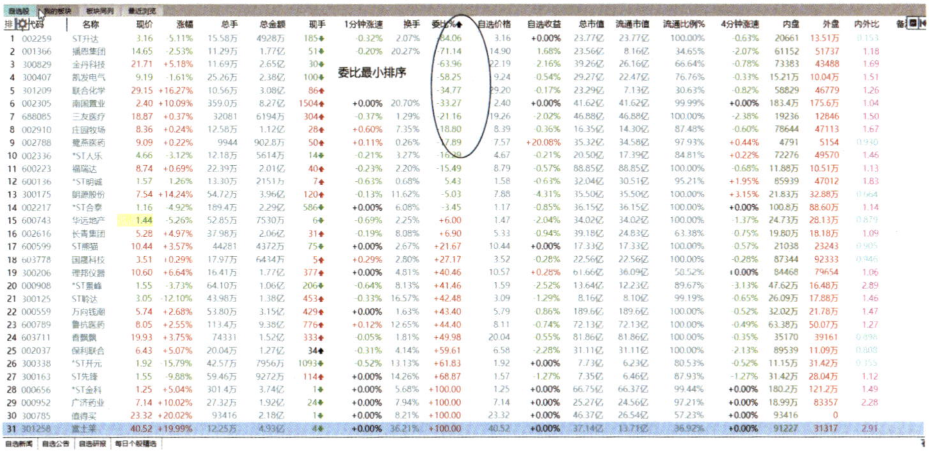

图 1-8

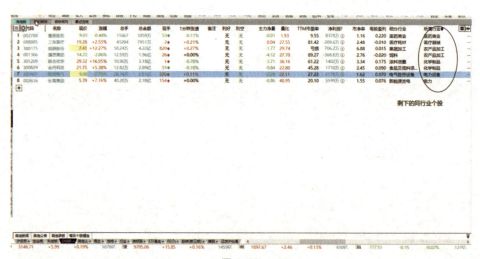

图 1-9

图 1-10

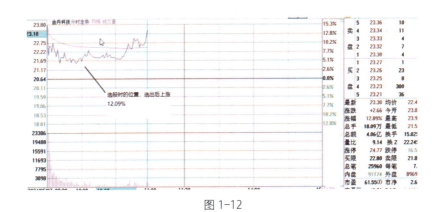

图 1-11

截至写作本实战案例，金丹科技由涨幅 4.89% 拉升至 12.09%，如图 1-12 所示：

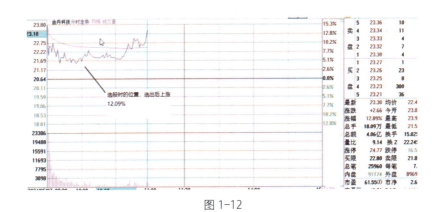

图 1-12

三、同花顺盘口的特色指标及其实战技巧概要

在同花顺软件中可使用其盘口的特色指标来捕捉盘口的主力异动行为，其特色指标分别是成交对比、主力控盘、绝佳卖点、强弱对比、量变转势、分时主力资金、分时大单、分时趋势、分时决策。

首先讲解成交对比指标，如下图 1-13 所示。

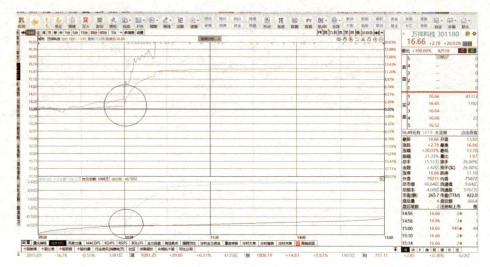

图 1-13

其实战技巧如下：

1. 当今日总额大于昨日总额，表示当日有主动性资金关注该股，可密切关注；

2. 当今日总额在昨日总额之下，但股价在均价线之上，形成背离，可重点关注。如图 1-13 所示；

3. 当符合第 2 点时，用今日总额除以昨日总额得出的变动率大于 10% 时，表示主力盘中启动拉升，如涨幅在 5% 以下可迅速跟进。如图 1-13 中圆圈处所示。

主力控盘指标，如图 1-14 所示。

其实战技巧如下：

1. 主力控盘指标在 0 轴之上时可以关注，0 轴之下或跌破 0 轴股价同步下跌时放弃；

2. 当主力控盘指标在 0 轴之下或跌破 0 轴时，股价却不跌或站稳均价线之上，形成背离，可重点关注，如图 1-14 中方框处所示。

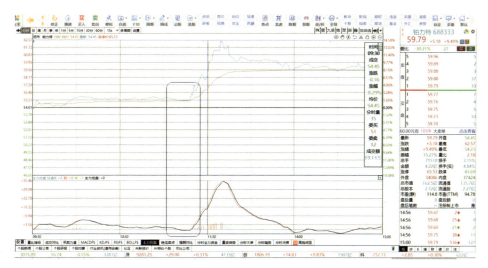

图 1-14

绝佳卖点指标，如图 1-15 所示。

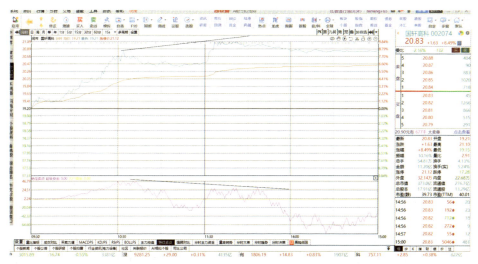

图 1-15

其实战技巧如下：

1. 当股价不断创出盘中新高，绝佳卖点指标却开始走低，形成顶背离时，可果断减仓或平仓，表示主力在边拉高边出货。特别是在涨停板附近反复徘徊时，表明主力利用高昂的市场人气进行反向减仓，可立马平仓。如图 1-15 中所示；

2. 当股价不断创出盘中新低，但绝佳卖点指标不创新低，形成底背离，表示盘中主力在打压吸货，可逢低介入；

3. 股价和绝佳卖点指标盘中同步上扬可持仓，同步下跌可减仓或平仓。

强弱对比指标，如图 1-16 所示。

图 1-16

其实战技巧如下：

1. 强弱对比指标之"流入比"上穿 0 轴，且价格在均价线之上震荡时，表示主力资金开始主动买入，可顺势跟进。如图 1-16 中圆圈处所示；

2. 强弱对比指标之"流入比"下穿 0 轴，且股价跌破盘中均价线时，表示主力盘中主动性卖出，可果断平仓；

　　3. 当价格上涨，但强弱对比指标下跌，形成顶背离，可卖出；

　　4. 当价格下跌，但强弱对比指标上涨，形成底背离，可买进。

　　主力分时指标，如图 1-17 所示。

图 1-17

其实战技巧如下：

　　1. 盘中价格创出新高，但主力分时指标走弱，形成顶背离，可卖出。如图 1-17 所示，开盘后主力即拉高减仓，下午 2 点再次拉高出货，两处都形成顶背离；

　　2. 当盘中股价拉高时，主力分时指标出现"见顶清仓"提示时，可卖出，如同时出现顶背离，可果断清仓。如图 1-17 中箭头所示；

　　3. 盘中价格不断下跌，但主力分时指标逐步走高，形成底背离，可买进；

　　4. 当盘中价格下跌时，出现主力分时指标"准备现金"和"买入股票"的提示时，可果断买进。

　　量能转势指标，如图 1-18 所示。

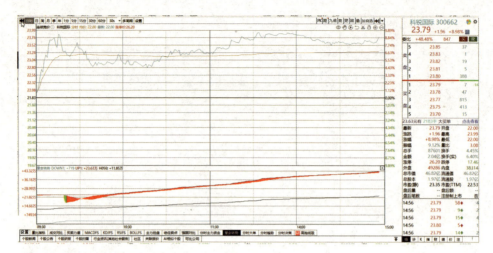

图 1-18

其实战技巧如下：

量能转势指标是辅助指标，不可单独使用，可配合同花顺特色指标"主力分时""强弱对比""主力控盘""成交对比"等指标综合使用。具体规则是：当这些指标盘中发出进场信号时，量能转势指标的数值越大越好，表示主力主动上攻力度越大，上涨动力越强。如图 1-18 所示，股价虽没涨停，但量能转势指标稳步上行，表示主力资金大幅流入。

分时大单指标，图 1-19 所示。

其实战技巧如下：

分时大单指标和量能转势一样，都是辅助分析指标，需要结合其他盘中指标综合分析，其规则也和量能转势一样，当其他指标发出买进信号时，分时大单指标的数值越大越好。如图 1-19 所示，分时大单随着股价一路上扬，表示该股主力流入资金越来越多。

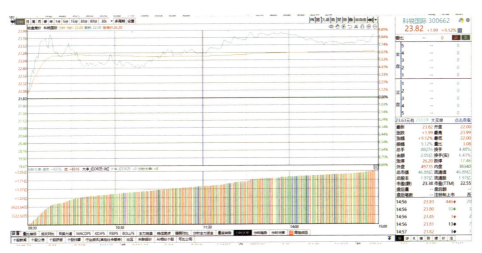

图 1-19

分时趋势指标，如图 1-20 所示。

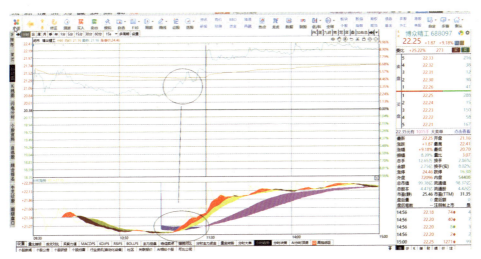

图 1-20

其实战技巧如下：

1. 当价格线和分时趋势指标同步上穿其均线带时，且股价也上穿或站稳其均价线时，可及时买进。如图 1-20 中圆圈处所示；

2. 当价格线和分时趋势指标同步下穿其均线带时，且股价下穿均价线或逐步下跌时，可及时卖出。

分时决策指标，如图 1-21 所示。

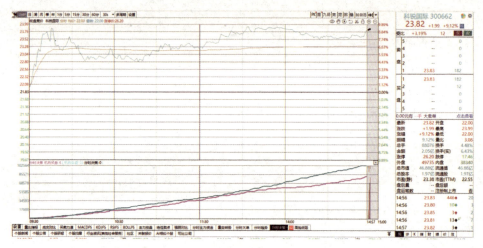

图 1-21

其实战技巧如下：

1. 当分时决策指标的"机构买盘"大于"机构卖盘"时，表示主力资金在流入，可结合以上几个同花顺特色指标发出买进信号时进场；

2. 当分时决策指标的"机构买盘"小于"机构卖盘"时，表示主力资金在流出，可结合以上几个同花顺特色指标发出卖出信号时出场；

3. 当股价上涨，但当分时决策指标的"机构买盘"小于"机构卖盘"时，警惕主力诱多上涨减仓。如图 1-21 所示，股价和分时决策指标背离，小心主力暗中在出货；

4.当股价下跌，但当分时决策指标的"机构买盘"大于"机构卖盘"时，警惕主力诱空下跌暗中吸筹。

作者在实战中会综合运用上述这些同花顺特色指标，另外使用的指标是每笔均量指标和成交笔数指标，在这个基础之上再结合同花顺特色指标综合分析，下面就这两个指标的使用规则与读者分享。打开同花顺行情界面，图中方框所示即为成交笔数排序和每笔均量排序，如图1-22、图1-23所示。

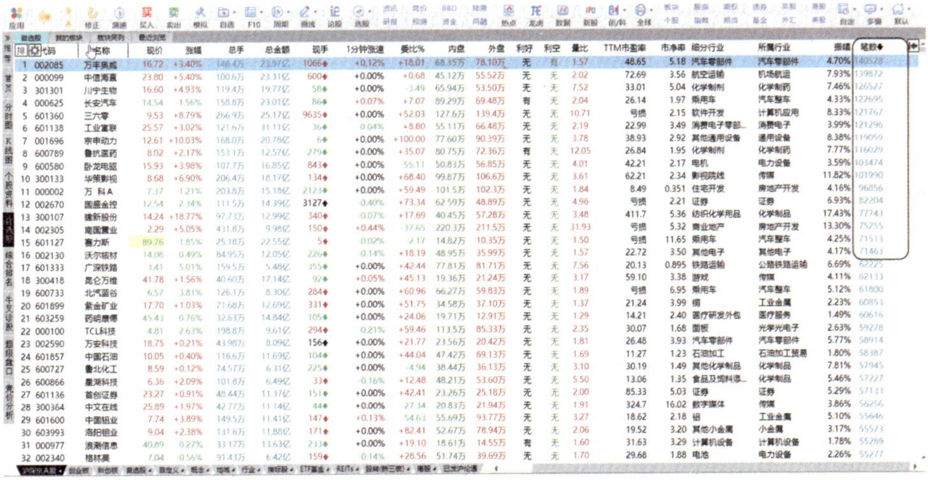

图 1-22

图 1-23

下面我们对这两个指标来进行详细讲解：

（一）什么是成交笔数指标

成交笔数分析是依据成交次数、笔数的多少，了解人气的聚集与分散，进而研判价格因人气的强势、弱势变化所产生的可能走势。成交笔数分析的一般应用规则要点如下：

1. 在股价高档时，成交笔数较大，且股价下跌，为卖出时机。

2. 在股价低档时，成交笔数放大，且股价上升，为买入时机。

3. 在股价高档时，成交笔数放大，且股价上升，仍有一段上升波段。

4. 在股价低档时，成交笔数缩小，表示股价即将反转，为介入时机。

5. 成交笔数分析较适用于短、中线操作。

在实际看盘应用中，根据成交笔数来判断个股是否活跃一般分为三种情况：

1. 盘中每分钟成交笔数在 15 笔以上为交投非常活跃；

2. 盘中每分钟成交笔数在 8-15 笔之内为交投正常；

3. 盘中每分钟成交笔数在 8 笔以下为交投清淡。

我们应密切关注的是第一种情况，主力在盘中拉升前为了测试市场的买卖意愿，以 2 位数的小单密集地向卖盘主动买进，此时成交笔数极易放大到 15 笔以上，有时甚至达到 20-30 笔每分钟，当卖一上的大单快被吃完时，迅速下单买进，一般可买到盘中主力拉升的启动点。

（二）成交笔数差在实战中的含义

我们知道，主动买入是推动股价上涨的动力，主动卖出是股价下跌的原因。分时成交盘面上，主动买入的成交量越多，意味着上方阻挡股价上涨的卖盘就被消化得越多。在主动买盘比较活跃的成交中，当委托卖盘低价位区域的筹码被成交后，只有提高价格委托才能买到筹码，在不断地主动买入委托成交后，股价也会不断上升。相反，主动卖出的成交量越多说明主动抛盘卖出的量越大，往往直接推动股价下跌。在此需要提醒的是：成交笔数不能反映是大单成交还是小单成交（即不能反映成交是散户买入行为还是主力买入行为），而仅反映主动成交的方向和活跃度,这种方向主要看成交笔数差（主动性买入成交笔数 – 主动性卖出成交笔数）来判断。当成交笔数差为正数时，说明自开盘以来的成交笔数主要以主动买入委托的成交为主，不断有委托单追涨买入，成交比较活跃。当笔数差为整数且持续上升时，股价的分时走势一般是持续上升的；当成交笔数差为负数且负数持续下降时，说明自开盘以来主动抛盘的成交更大，股价往往出现持续下跌。由此可见，成交笔数反映的是个股分时的成交方向和成交活跃程度。但在分析的时候我们应该结合其他指标来进行综合分析，应注意以下几点：

1. 日线成交量变化是否显著。当日线的成交量很小，特别是比上一交易日或最近一段时间的平均交易量小很多时，成交笔数在分时走势上的变动就没有很大的意义。当然，如果是盘中交易，还要考虑时间问题，并进行收市后该股可能的成交量或成交额进行简单的估算，才能接近正确的分析。例如，某只个股昨天的成交额是 1 亿元，今天早盘的成交额是 7500 万元，那么今天下午收市后的成交额很可能达到 1.5 亿元。如果该股早盘的分时走势中笔数差趋势为单边上升，就可以判断该股的主动性买盘更多，买盘比较活跃，进攻性更强。

2. 成交单数、量比、委比等其他分时指标是否为机构增仓模式。成交笔数与这些判断主力大单资金分时成交情况的指标相结合分析。

3. 成交笔数差、成交单数差（主动性买入成交单数 – 主动性卖出成交单数）均为正数且持续上升，说明主动买入的资金属于主力大单资金，且该主力资金富有进攻性，股价短线强势的可能性较大。如果出现在日 K 线的低位区域或上升趋势中，且出现短线放量走势，则此种分时走势也很可能带来波段性行情。

4. 成交笔数差、成交单数差均为负值且持续下降，说明主动卖出的资金属于主力大单，主力主动抛盘较强，短线下跌的概率较高，操作上应短线回避。因为如果此类分时走势出现在股价大涨之后的高位或单日成交量很大时，很可能是见顶回落的信号。

5. 成交笔数差为持续上升的正数、成交单数差为持续下降的负数，说明追涨买入的基本是散户，而高位的委托卖单基本是主力的单子。虽然短线的交易很活跃，但主力已经大量在高位埋单被动向散户派发。这种情形一般在之前几个交易日非常强势的个股上，市场关注度极高、追高买盘也很多。而如果这种追高的情绪降温冷却，股价很可能就失去了继续上涨的动力。当然，这种分时走势也有可能是主力的诱多行为。

6. 成交笔数差为持续下降的负数、成交单数差为持续上升的正数。此种走势下，说明主动性成交的基本上是散户的中小单抛盘，而主力则以限价委托被动低吸。此种走势有可能是主力的压单吸筹或洗盘行为，迫使散户纷纷降低价格卖出筹码，这往往是一种诱空行为。也有可能是在大盘不好的时候，散户恐慌性抛盘，而控盘主力在低位大单接盘，是一种护盘行为。

成交笔数差、成交单数差在分时走势中的变化趋势不明显、不连续。如果这种走势的日成交量很大，说明多空分歧很大，多方主动买入、空方主动卖出，二者势均力敌，股价短期很可能迎来方向性选择。如果成交量很小，则没有太多的分析意义，因为主力大单买卖方向不明显，主动成交方向也不明显。

（三）什么是每笔均量指标

每笔均量和成交笔数都是对成交量的细化研究，在分析研判主力机构盘中动向时具有重要意义。每笔成交量其实就是交易所在行情中公开发布成交明细数据，一般位于软件的右下方。何为每笔均量？就是指每日个股的成交总量除以沪深交易所公布的个股成交笔数。

其数学公式为：每笔均量 = 成交量 / 成交笔数。

成交量反映了整个市场的交易量的水平，而每笔成交均量反映市场每笔成交的水平，更多地反映主力机构当天的参与程度和控盘程度。因为主力机构一般资金实力强，资金量大，自然进出股市的量也大，不会像散户那样一笔只买五手、十手的，因此，主力机构一旦进场，成交的手笔都会很大，少则上百手，多则上千手，这样便为我们发现主力机构动向提供了线索。尽管主力机构在进出场时会刻意隐瞒他们的进场动向，但是大笔成交通常会暴露他们的踪迹，这也是中小散户发现主力机构的有效方法之一。当然，主力机构有时为了吸引市场的注意力，让散户跟风，也会用大笔成交的对倒方式，以激活市场人气。但是，根据当时的大势背景，以及个股股价循环的位置高低，可以有效识别。

　　每笔均量表示一天中平均每一张买卖合同的成交量，但合同数和行情接收的笔数是完全不同的两样东西。大家体会一下下一张 300 手买卖合同的单和拆成 100 手分两三笔成交，就可理解其中的不同了。正是因为主力的运作和散户不同：其资金量往往较大，所以每张买卖合同的数量就会比较大。当这些买卖合同较多时，当天的平均成交量就会较大。每笔均量就是利用这个来观察主力的活动。

　　当然主力可以用软件把同一数量的股票分成很多份买卖合同来降低每笔均量，这样每笔均量就没用了。虽然主力可以这样做，但是，这需要耗费相当高的成本（增加了很多每笔交易的过户费用）。但这一般只能用在吸筹的初级阶段，这个阶段不是我们的介入点，所以不知也罢。随着吸筹的结束，主力必然要让股价有异常的波动，这时就需要大手笔的成交。

　　大家不妨想一下，下一张 100 万的买卖单可以让股价波动几毛钱，将其分成 100 张 1 万的买卖单股价又能波动多少呢？所以股价波动是主力活动的结果，其幅度与主力的资金实力相关，主力如果想把资金分散，那么他就变成散户了。这是必然的！

（四）每笔均量分析原理及其在分析中的特殊意义

　　每笔均量也称作均笔成交量。均笔成交量的大小，显示出某股的交投活跃程度和大资金进出的力度大小。主力吸筹和出货要有一个过程，这个指标反映了主力机构参与（控盘）的程度。与换手率仅反映交投活跃情况相比，每笔均量还可有效地反映大资金的买卖增减。某只股票有时在同一股价区间换手率相同，但笔均量发生明显的变化，则多意味着主力行为已发生了变化。从这个意义上讲，每笔均量具有慧眼识庄的特别功能，它比其他盘口指标来得更直观、更有说服力。

（五）每笔成交均量的实战精要

1. 一般来说，如果成交笔数增多，每笔成交均量越大，表明市场机构大户参与程度越高；相反，如果成交笔数减少，每笔成交均量越小，表明市场中主要以散户参与为主，主力机构还处于观望状态。

2. 当股价呈现底部状态时，若每笔均量出现大幅跳升，则表明该股开始有大资金关注。若每笔均量连续数日在一较高水平波动而股价并未出现较明显的上升，更说明大资金正在默默吸纳该股。在这段时间里成交量倒未必出现大幅增加的现象。当我们发现了这种在价位底部的每笔均量和股价及成交量出现明显背驰的个股时，应予以特别的关注。一般而言，当个股每笔均量远超过大市平均水平每笔成交量时，我们可以认为该股已有主力入驻。

3. 前期判断有主力机构进场，而今股价处于小幅涨升阶段，如果每笔成交均量较主力机构进场吸纳时有所减少或者持平，无论成交量有所增加还是萎缩，只要股价未见大幅放量拉升，则说明主力机构仍在，应持股待涨。

4. 机构主力入庄某股后，不获利一般是不会出局的。入庄后，无论股价是继续横盘还是呈现慢牛式的爬升，其间该股的每笔均量较主力吸纳时无论是有所减少还是持平，也无论成交量有所增加还是萎缩，只要股价未见大幅放量拉升，都说明主力仍在其中。特别是在交投清淡时，主力为引起散户注意，还往往用对敲来制造一定的成交假象，甚至有时还不惜用对敲来打压震仓，若如此，每笔均量应仍维持在一相对较高的水平。此时用其来判断主力是否还在场内，十分灵验。

5. 若股价放量大幅拉升，但每笔均量并未创新高时，应特别提高警惕，因为这说明主力可能要派发离场了。而当股价及成交量创下新高但每笔均量出现明显萎缩，也就是出现背驰时，投资者切不可恋战，应高度警觉，警惕主力机构拉高派发，要坚决清仓离场，做好及早退出的准备。

6.每笔成交均量的变化不能只凭某一交易日就下结论，需要前后对比，连续多观察几日，结合大势和股价的具体位置，才能做出准确判断。有时候，主力机构为引起散户注意，往往用放量对倒来制造成交活跃的假象，有时甚至不惜用对倒放量来打压震仓，这样同样可以使每笔成交均量放大或维持相对较高的水平。

7.需要注意的是，研究每笔成交均量要同时结合成交笔数，方能分析判断得更准确。另外，同样的每笔成交均量，高价股与低价股在判断主力资金实力上是有区别的。

如图1-24所示：

图1-24

如图，中国石化2023年12月到2024年1月期间，在股价下跌末期，每笔成交均量却逐步放大。具体数据如下：

12 月 7 日，成交笔数 292，每笔成交均量为 19 手；

12 月 8 日，成交笔数 319，每笔成交均量为 16.6 手；

12 月 9 日，成交笔数 223，每笔成交均量为 16.9 手；

12 月 10 日，成交笔数 483，每笔成交均量为 22.5 手；

12 月 13 日，成交笔数 262，每笔成交均量为 18.7 手；

12 月 14 日，成交笔数 173，每笔成交均量为 16.8 手；

12 月 15 日，成交笔数 266，每笔成交均量为 20.7 手；

12 月 16 日，成交笔数 177，每笔成交均量为 12.7 手；

12 月 17 日，成交笔数 162，每笔成交均量为 16.9 手：

12 月 20 日，成交笔数 160，每笔成交均量为 12.6 手；

12 月 21 日，成交笔数 165，每笔成交均量为 16 手；

12 月 22 日，成交笔数 527，每笔成交均量为 30 手；

12 月 23 日，成交笔数 598，每笔成交均量为 21 手；

12 月 24 日，成交笔数 685，每笔成交均量为 20 手；

12 月 28 日，成交笔数 967，每笔成交均量为 30 手；

12 月 29 日，成交笔数 1024，每笔成交均量为 30.5 手，完成第一波温和上涨阶段。

12 月 30 日，成交笔数 1158，每笔成交均量为 32 手；

12 月 31 日，成交笔数 994，每笔成交均量为 29 手，缩量洗盘。

1 月 4 日，成交笔数 1047，每笔成交均量为 30 手；

1 月 5 日，成交笔数 1154，每笔成交均量为 31.4 手；

1 月 6 日，成交笔数 1083，每笔成交均量为 30.5 手；

1 月 7 日，成交笔数 1176，每笔成交均量为 30.9 手；

1 月 10 日，成交笔数 1256，每笔成交均量为 31.5 手；

1 月 11 日，成交笔数 1188，每笔成交均量为 30.9 手；

1月12日，成交笔数1200，每笔成交均量为31手；

1月13日，成交笔数857，每笔成交均量为27手；

1月14日，成交笔数1337，每笔成交均量为32手，完成第二波放量上涨阶段。

1月17日，成交笔数1363，每笔成交均量为32.1手；

1月18日，成交笔数1353，每笔成交均量为31.2手；

1月19日，成交笔数1266，每笔成交均量为30.4手；

1月20日，成交笔数1347，每笔成交均量为31.9手；

1月21日，成交笔数1488，每笔成交均量为32手，逐渐进入温和放量下跌阶段。

（六）总结

每笔均量是用来测知主力机构是否进场买卖股票的有效方法，从每笔均量的变动情形可以分析股价行情的短期变化，其研判原则如下：

1.每笔均量增大表示有大额的买卖，每笔均量减小表示参加买卖的多是小额散户。

2.在下跌行情中，每笔均量逐渐增大，显示有主力买进，股价可能于近日止跌或上涨。

3.在上涨行情中，每笔均量逐渐增大，显示有主力出货，股价可能于近日止涨或下跌。

4.在上涨或下跌行情中，每笔均量没有显著的变化，表示行情仍将继续一段时期。

5.在一段大行情的整理阶段，进入盘局时，每笔均量很小且无大变化，则表示主力正在观望。

当每笔均量与其他价量指标出现明显背驰时，应特别引起我们的注意。同时，在选股中，在其他条件相同时，我们应注意在买入时尽量选取每笔成交均量更大的股票。因为每笔成交均量大的股票，其庄家实力更强劲，这无疑会有助于使投资者在最短的时间里获取最大的收益。

两个基础指标结合同花顺特色指标的综合运用规则如下：

1. 股价下跌或小幅上涨，并且每笔均量温和放大；

2. 股价下跌或小幅上涨，并且成交笔数温和放大；

3. 符合以上两点后，在盘中当股价下跌回调时在同花顺分时页面中的"分时决策"呈上升态势，"成交对比"呈今日总额上穿昨日总额，并且保持上升态势，"分时趋势"保持上升态势，"量变转势"保持上升态势，当以上四个特色指标之中任意两个符合条件时买进，如四个全都符合可重点关注，如下面的图 1-25、1-26、1-27、1-28 所示：

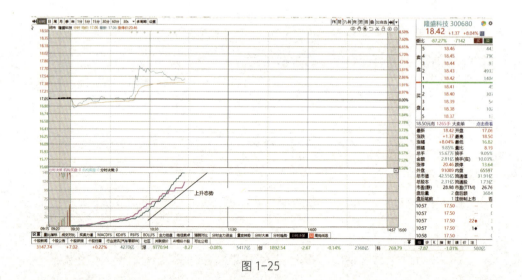

图 1-25

如图，隆盛科技（300680）开盘后小幅震荡，但其"分时决策"指标保存上升形态，随后股价小幅拉升后再次震荡，并不破其均价线，同时其"分时决策"指标继续保存上升形态，后市看好。

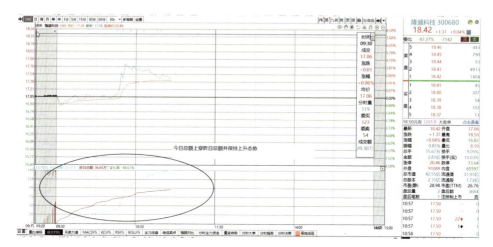

图 1-26

如图，隆盛科技（300680）开盘后小幅震荡，随后股价小幅拉升后再次震荡，并不破其均价线，同时其分时"成交对比"指标同步发生金叉，后市看好。

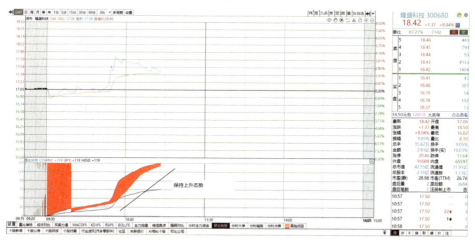

图 1-27

如图，隆盛科技（300680）开盘后小幅震荡，随后股价小幅拉升后再次震荡，并不破其均价线，其分时"量变转势"指标同步保持上升形态，后市看好。

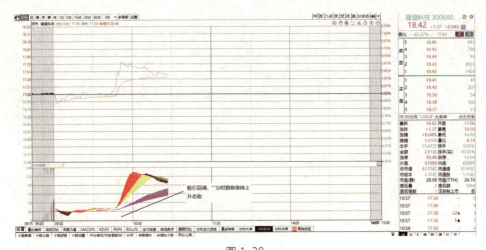

图 1-28

如图，隆盛科技（600680）开盘后小幅震荡，随后股价小幅拉升后再次震荡，并不破其均价线，但其"分时趋势"同步保持上升形态，后市看好。

如上面四个图表显示，隆盛科技（300680）不仅符合两个特色指标，更是完全符合全部四个特色指标，可重点关注，当日收盘股价大涨 8.04%，如下图 1-29 所示：

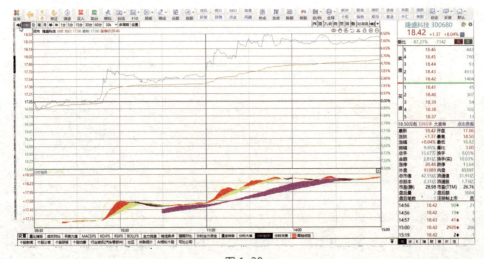

图 1-29

如图所示，下午截至收盘，股价果然大涨 8.04%。

四、同花顺分时形态 + 盘口的综合研判要领

本小节是作者实战中运用较多的策略，属于操盘重点，所以笔墨多一点，读者可细心研读其中含义。在实战中主要使用四个同花顺分时形态，当盘中走势符合四个形态其中之一时，并且同花顺分时页面中的"分时决策""成交对比""分时趋势""量变转势"都呈上升态势，当以上四个同花顺特色指标之中任意两个符合条件时买进，如四个全都符合可重点关注，四个同花顺特色指标在上个小节中有说明讲解，本节不赘述。下面讲解一下四个基础的同花顺分时形态的使用规则。

（一）解读同花顺分时三角形形态

"三角形"是图表中最常见的一种形态，其走势属于"整理形态"。"三角形"整理形态可分为三种不同的形态：对称三角形形态、上升三角形形态、下降三角形形态。

本书所讲解的三角形技法以对称三角形为主。

1. 对称三角形的形态特征

价格在特定范围内波动形成。在其水平出现了徘徊相持的局面，每一次短期回升的高点都较上次为低，但与此同时，新的短期回落，其低点都比上次为高，而成交量在这期间呈现下降的倾向。

三角形是将图形上的高点和低点分别以直线连接起来，画出一个上下相称的三角形状，而这两条线最终会相交于一点。

2. 对称三角形的应用

"对称三角形"是因为买卖双方的力量在该段价格区域内势均力敌，暂时达到平衡状态所形成。成交量在对称三角形成的过程中不断减少，正反映出多空力量对后市犹豫不决的观望态度，令市场暂时沉寂下来。

（1）一般情形之下，是属于"整理形态"，即经过"对称三角"的徘徊调整后，会继续原来的趋势移动。在一次上升或是下跌的过程中，都有可能出现这种形态。该形态也可说是一个"不明朗形态"，反映出投资者对后市感到迷惘，持观望态度。

（2）行情必须向其中一方明显突破后，才可以采取相应的买卖行动。如果往上突破阻力（必须得到大量成交量增加的配合），就是一个短期买入信号。反之若是往下跌破支撑（在低成交量之下跌破），便是一个短期卖出信号。

（3）"对称三角"的"最少升幅"量度方法是往上突破时，从形态的第一个上升高点开始画一条和底部平行的直线，可以预期至少会上升到这条线才会遇上阻力。至于上升的速度，将会以形态开始之前同样的角度上升。因此，从这量度方法可以估计到"最少升幅"的价格水平和所需的完成时间。形态的"最少跌幅"，量度方法也是一样。

3. 注意事项

（1）一个"对称三角"的形成，必须有明显的两个短期高点和短期低点出现。

（2）在"对称三角"形态完成之前，应该不断按照市场最新的变化把形态加以修订。例如行情从三个低点回升，虽然轻微突破从高点连成的阻力线，但缺乏成交量的配合，又再回落在形态中。这时候就该放弃原有的连线，通过第一和第三个短期高点，重新修订出新的"对称三角形"。

（3）越接近三角形的尖端，未来突破的冲击力也就越小。在整个形态的二分之一至四分之三左右突破，所呈现的买卖信号最为强烈。

（4）"对称三角形"的突破，必须有成交量的配合方可确认。

（5）"对称三角形"突破后，可能会出现短暂的回调（或反抽），突破后的回调止于高点相连而形成的支撑线，下跌后的反抽则阻于低点相连而形成的阻力线。

4. 三角形技法及盘口特征

（1）股价呈三角形小幅震荡，盘中走势明显强于大盘，表明主力强烈的拉升意图，股价将一触即发。

（2）三角形震荡期间价升量增，价跌量减，价量配合健康，在三角形末端成交量明显萎缩，表明盘中浮筹清洗干净。

（3）个股涨幅小于5%，最好在涨幅2、3个点左右。

（4）当符合特征1、2、3并且股价于盘中首次明显放量突破三角形上轨压力线时下单买进。

5. 案例精解

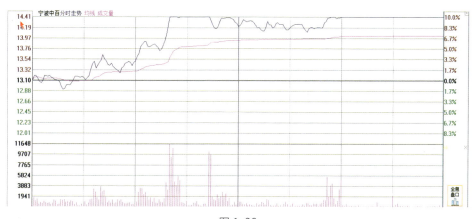

图 1-30

看图分析精要：

如图 1-30 所示：

（1）宁波中百（600857）早盘小幅下探后，迅速拉起，在均价线之上呈等腰三角形震荡，其间大盘数波下跌，其走势明显强于大盘。

（2）三角形震荡期间价升量增，价跌量减，价量配合健康，在三角形末端成交量明显萎缩。

（3）股价涨幅小于3%，盘中明显放量突破三角形上轨压力线时下单买进。

（4）看盘精要：在三角形末端股价小幅下探，但不触及三角形下轨线，特别是下探时的成交量相比震荡期间量能要明显萎缩，说明抛盘已枯竭，买盘承接积极，股价极易拉升。

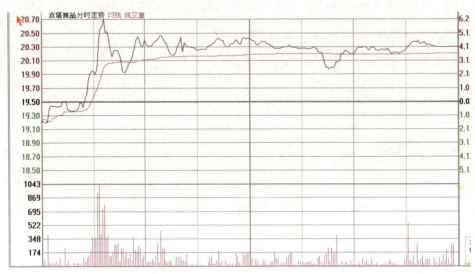

图 1-31

看图分析精要：

如图 1-31 所示：

（1）双塔食品（002481）早盘在大盘逐级下探时逆市走出等腰三角形整理形态，其走势明显强于大盘。

（2）三角形震荡期间价升量增，价跌量减，价量配合健康，在三角形末端成交量明显萎缩，盘中浮筹较少。

（3）股价涨幅小于1%，盘中明显放量突破三角形上轨压力线时及时跟进。

看图分析精要：

如图 1-32 所示：

（1）红日药业（300026）早盘在大盘下跌时逆市小幅震荡，当大盘反弹时放量拉起在均价线之上呈等腰三角形震荡蓄势，其走势明显强于大盘。

（2）三角形震荡期间价升量增，价跌量减，价量配合健康，在三角形末端成交量明显萎缩，盘中浮筹已清洗干净。

（3）股价涨幅小于3%，盘中明显放量突破三角形上轨压力线时及时跟进。

图 1-32

看图分析精要：

如图 1-33 所示：

（1）中威电子（300270）早盘在大盘下跌时逆市小幅震荡，当大盘反弹时放量拉起围绕均价线呈等腰三角形震荡蓄势，其走势明显强于大盘。

图 1-33

（2）三角形震荡期间价升量增，价跌量减，价量配合健康，在三角形末端成交量小幅萎缩，盘中承接有力。

（3）股价涨幅小于1%，盘中明显放量突破三角形上轨压力线时及时跟进。

（二）解读分时楔形形态

"楔形"也称倾斜三角形，是图表中较常见的一种形态，其走势属于"整理形态"。

"楔形"整理形态可分为两种不同的形态：上升楔形形态和下降楔形形态。本书所讲解的楔形技法包含这两种形态。

1. 楔形形态的特征

所谓"楔形"，一般是由两条同向倾斜、相互收敛的直线组成，分别构成股价变动的上限和下限，其中上限与下限的交点称为端点。楔形形态属于短期调整形态，通常分为上升楔形和下降楔形。楔形的与众不同之处是它明显向上或向下倾斜。

2. 楔形形态的应用

股价经过一段时间上升后，出现了获利回吐，新的回落浪较上一个回落浪波幅为小，说明抛售压力正在减弱，抛压的力量只是来自上升途中的获利回吐，并没有出现新的主动做空力量的进场，所以经过清洗浮筹后价格向上突破的概率很大。

在具体应用中，需要密切关注成交量、时间等诸多因素。通常楔形形态内的成交量是由左向右递减的，且萎缩较快。同样，楔形整理的时间一般在其形态波动5至8个来回内，来回次数过多的话，形态力道将消失，也可能造成股价反转的格局。就其具体操作而言，楔形在跌破下限支撑后，经常会出现急跌，因此当其下限跌破后，就发出卖出信号。而当楔形向上突破阻力后，成交亦随之增加。这种情形的出现，我们则可等股价打破徘徊局面后适当跟进。所以，从技术分析意义上讲，楔形代表了一种逐渐转变的形势。

楔形经常出现于急速上升或下降的行情中途，在急速的上升中，成交量逐渐增加，最后达到一个短期最高纪录。早先持有股票者，因已获利而卖出，上升趋势亦遇到大的阻力，股价开始小幅下跌，形成楔形。不过大部分投资者对后市依然充满信心，所以回落的速度不快，幅度也十分轻微，成交量不断减少，反映出市场的抛售力量在回落中不断地减轻。经过一段时间整理，到了楔形末端股价突然上升，成交量亦大增，而且几乎形成一条直线。由此可见楔形的整理形态性质，即形态完成后股价将继续沿着原来的趋势方向移动。

3. 注意事项

（1）一个"楔形"的形成，必须有明显的两个短期高点和短期低点出现。

（2）楔形（无论上升楔形还是下降楔形）上下两条线必须明显地收敛于一点，如果形态太过宽松，形成的可能性就该被怀疑。一般来说楔形需要在形态内四个以上的高低点才可完成。

（3）越接近楔形的尖端，未来突破的冲击力也就越小。在整个形态的二分之一至四分之三左右突破，所呈现的买卖信号最为强烈。

（4）"楔形"的突破，必须有成交量的配合方可确认。

（5）"楔形"突破后，可能会出现短暂的回调（或反抽），突破后的回调止于高点相连而形成的支撑线，下跌后的反抽则阻于低点相连而形成的阻力线。

4. 楔形技法及盘口特征

（1）股价呈楔形窄幅震荡，盘中走势对应大盘表现出明显的强势，表明主力强烈的拉升意图，股价将一触即发。

（2）楔形震荡期间价升量增，价跌量减，价量配合健康，在楔形末端成交量明显萎缩，表明盘中浮筹清洗干净。

（3）个股涨幅小于5%，最好在涨幅2、3个点左右。

（4）当符合特征1、2、3并且股价于盘中首次明显放量突破楔形上轨压力线时下单买进。

5.案例精解

看图分析精要：

如图 1-34 所示：

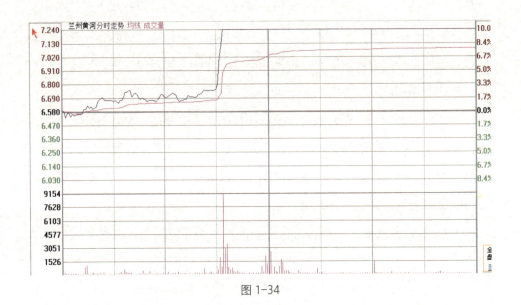

图 1-34

（1）兰州黄河（000929）早盘在大盘做双头后快速下跌时能抵抗住不跌并呈楔形窄幅震荡，其走势明显强于大盘。

（2）楔形震荡期间价升量增，价跌量减，价量配合健康，在三角形末端成交量明显大幅萎缩，表明盘中浮筹极少，突破时成交量有效放大，只用一波即拉到涨停。

（3）股价涨幅小于3%，盘中明显放量突破楔形上轨压力线时及时跟进。

看图分析精要：

如图 1-35 所示：

图 1-35

（1）圣农发展（002299）于早盘和尾盘各出现一个标准买点，在呈楔形窄幅震荡时对应大盘表现出明显的强势。

（2）楔形震荡期间价升量增，价跌量减，价量配合健康，在三角形末端成交量明显大幅萎缩，表明盘中浮筹清洗干净，股价一触即发。

（3）股价涨幅都小于5%，盘中明显放量突破楔形上轨压力线时及时跟进。

看图分析精要：

如图 1-36 所示：

（1）湘财股份（600095）在尾盘呈楔形窄幅震荡，对应大盘明显抗跌，其走势强于大盘。

（2）楔形震荡期间价升量增，价跌量减，价量配合健康，在楔形末端成交量明显大幅萎缩，表明盘中浮筹清洗干净，股价一触即发。

（3）股价涨幅小于3%，盘中明显放量突破楔形上轨压力线时及时跟进。

（4）临近收盘时湘财股份又出现一标准的买点，其间价量配合非常理想，但当时涨幅已超过5%，有追高之嫌。因笔者在日常操盘中经常遇到盘中浮盈

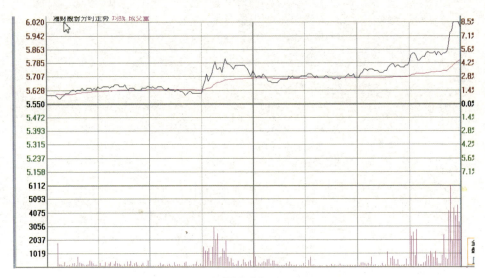

图 1-36

经历隔夜之后，第二天低开低走利润锐减，甚至利润全无反而浮亏，故制定一条铁律：凡盘中涨幅超过 5%，一律放弃不做。即使当天涨停也不后悔，宁可放弃机会也绝不让风险超出控制。市场风险是无限大的，机会也是无限多的，而我们的本金却是有限的。哪怕你拥有数亿，相对于市场也是有限的，所以绝不可用有限的本金去和市场无限大的风险去对抗，那样吃亏的是我们自己。这也是笔者近 10 年（共有 29 年投资经历）投资中无一年亏损的重要原因，包括 2008 年大熊市（当年盈利 30%）。但读者朋友们也不可拘泥于 5%，可根据当时大盘状态好坏适当放宽。总之一个原则：永远风险第一，赚钱第二，方可长久生存。只有先存活下来，才能谈赚钱。

看图分析精要：

如图 1-37 所示：

（1）北方稀土（600111）在午盘后呈楔形窄幅震荡，对应大盘明显抗跌，其走势强于大盘。

（2）楔形震荡期间价升量增，价跌量减，价量配合健康，在楔形末端成

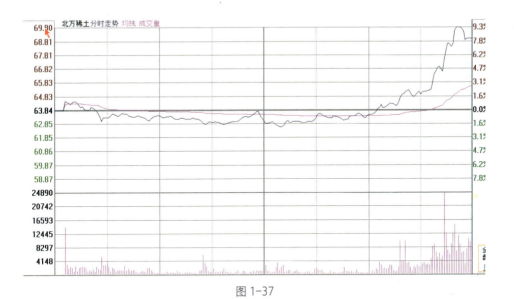

图 1-37

交量明显大幅萎缩，表明盘中浮筹清洗干净，股价一触即发。

（3）股价涨幅小于1%，盘中明显放量突破楔形上轨压力线时及时跟进。

（4）北方稀土临近尾盘时走出标准等腰三角形，其间走势明显强于大盘，成交量小幅萎缩，买盘承接有力，突破三角形上轨压力进入拉升后几乎涨停，只要我们细心观察，耐心捕捉，盘中的机会还是蛮多的。

（三）解读分时矩形形态

矩形又叫箱形整理形态，是股市中最典型、最常见的一种整理形态之一。矩形一般是出现在股价上升或下降中途的一种整理形态。

"矩形"整理形态只有一种，其区别只不过是形态内震荡幅度大小不同而已。

本书所讲解的矩形技法是指小幅震荡的矩形形态。

1. 矩形形态的特征

"矩形"是股价由一连串在两条水平的上下界线之间变动而成的形态。股价在其范围之内上升或回落。价格上升到某水平时遇上阻力，掉头回落，但很快便获得支撑而上升，可是回升到上次同一高点时再一次受阻，而回落到上次低点时则再得到支撑。这些短期高点和低点分别以直线连接起来，便可以绘出一条通道，这通道既非上倾，亦非下降，而是平行发展，这就是矩形形态。矩形上边高点的连线为矩形整理的压力线，下边低点的连线为矩形整理的支撑线。如果原来的趋势是上升的，那么经过一段时间的矩形整理，将会继续保持原来的运行趋势，多方会占优势并拥有主动权，使价格向上突破矩形整理的上限。如果原来的趋势是向下的，空方会采取行动，突破矩形的下限。矩形走势开始形成时，表示买卖双方全力交战，在多空主力的角斗中，双方互不相让，股价一直在某一特定的价格区域内徘徊。当股价上涨到这一价格区域的上限时就会有强劲的卖压出现，在顶部区域形成一条压力线；当股价下跌至下限时，又有强劲的买盘出现，使股价上升，在底部区域形成一条支撑线。

2. 矩形形态的应用

在价格突破矩形区域之前，我们并不知道后市的发展如何，价格有可能延续原来的趋势，也有可能与原来的趋势相反。因此，一般情况下运用矩形整理，我们建议采用突破法，只有价格突破矩形区域，我们才跟进。

在实战应用中，我们还要密切关注成交量、时间的变化。通常矩形形态内的成交量是由左向右递减的，且萎缩较明显。同样，矩形整理的时间一般较其他整理形态要长。在上升趋势中，当股价向上突破矩形形态上边的压力线、形成有效向上突破后，通常意味着市场上一条重要的压力线被突破，大量新的买盘将进场，股价将开始一轮新的上涨行情，这时投资者应持股待涨或逢突破买进；在下降趋势中，当股价向下跌破矩形形态下边的支撑线、形成有效向下突破后，通常意味着市场上一条重要的支撑线被突破，大量卖盘将涌出，股价将开始一轮新的下跌行情，这时投资者应持币观望或尽快抛出股票。

3. 注意事项

（1）一个"矩形"的形成，必须有明显的两个短期高点和短期低点出现。

（2）与其他形态不同的是，矩形整理形态是短线投资者最喜欢的一种形态。当矩形形态初步形成后，投资者可利用矩形形态下有支撑线、上有压力线的特点，在矩形的下界线附近买入，在矩形上界线附近抛出，来回做短线操作。但是，在做这种短线操作时要注意两点：一是矩形的上、下界线相距要较远；二是一旦矩形形成有效突破则需要审慎决策，即在上升趋势中，矩形带量向上突破盘局时，则要坚决捂股待涨；而在下降趋势中，矩形向下突破时，则要尽快止损离场。

（3）矩形形态在大多数场合中是以整理形态出现的，但有些情况下，矩形也可以作为反转形态出现，这需要投资者区别对待。当矩形是整理形态时，矩形有效突破后，股价会按照原有的趋势运行；当矩形是反转形态时，矩形有效突破后，股价会按照相反的趋势运行。

（4）"矩形"的突破，必须有成交量的配合方可确认。

（5）"矩形"突破后，可能会出现短暂的回调（或反抽），突破后的回调止于高点相连而形成的支撑线，下跌后的反抽则阻于低点相连而形成的阻力线。

4. 矩形技法及盘口特征

（1）股价呈矩形长时间大幅或窄幅震荡，其震荡期间走势完全独立于大盘，说明主力控盘较深，股价将走出独立行情。

（2）楔形震荡期间价升量增，价跌量减，价量配合健康，在拉升前成交量明显大幅萎缩，表明盘中浮动筹码较少。

（3）个股涨幅小于5%，最好在涨幅2、3个点左右。

（4）当符合特征1、2、3并且股价于盘中首次明显放量突破矩形上轨压力线时下单买进。

5. 案例精解

看图分析精要：

如图 1-38 所示：

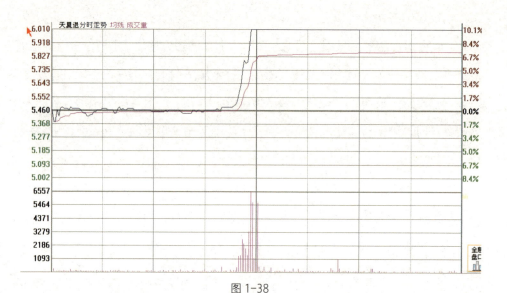

图 1-38

（1）天夏退（000662）在整个上午都呈矩形长时间窄幅震荡，其走势明显独立于大盘。

（2）矩形震荡期间价升量增，价跌量减，价量配合健康，在拉升前成交量明显大幅萎缩，表明盘中浮筹所剩无几，股价将一触即发。

（3）股价涨幅小于 1%，盘中明显放量突破矩形上轨压力线时及时跟进。

看图分析精要：

如图 1-39 所示：

（1）罗平锌电（002114）在早盘不规则震荡，于下午开盘后直到尾市临收盘前都呈矩形长时间窄幅震荡，其走势明显独立于大盘。

（2）矩形震荡期间价升量增，价跌量减，价量配合健康，在拉升前成交量明显大幅萎缩，表明盘中浮筹清洗得很理想，为尾盘的拉升扫清障碍。

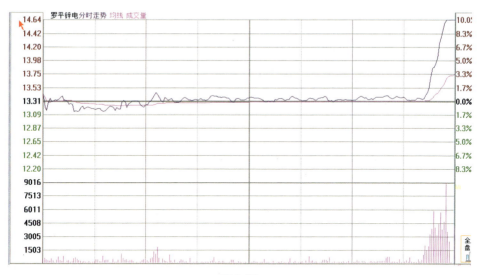

图 1-39

（3）股价涨幅小于 1%，盘中明显放量突破矩形上轨压力线时及时跟进。

看图分析精要：

如图 1-40 所示：

（1）多氟多（002407）在早盘呈矩形长时间宽幅震荡，其走势明显独立

图 1-40

于大盘。

（2）矩形震荡期间价升量增，价跌量减，价量配合健康，在拉升前成交量明显大幅萎缩，表明盘中浮筹已清洗干净。

（3）股价涨幅小于3%，盘中明显放量突破矩形上轨压力线时及时跟进。

看图分析精要：

如图 1-41 所示：

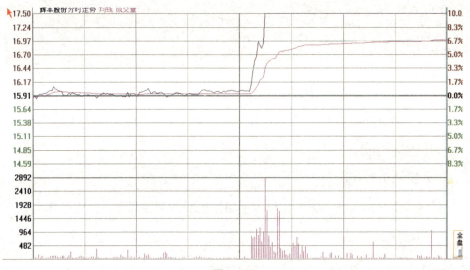

图 1-41

（1）辉丰股份（002496）在整个早盘都呈矩形长时间小幅震荡，其走势明显独立于大盘。

（2）矩形震荡期间价升量增，价跌量减，价量配合健康，在拉升前成交量明显大幅萎缩，表明盘中浮筹已清洗干净，主力轻松可拉至涨停。

（3）股价涨幅小于1%，盘中明显放量突破矩形上轨压力线时及时跟进，主力拉升手法相当凶悍，下单速度要快，以确保成交。

看图分析精要：

如图 1-42 所示：

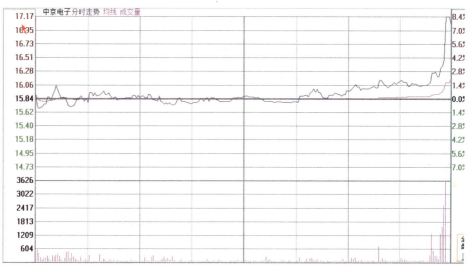

图 1-42

（1）中京电子（002579）在整个交易日都呈矩形长时间小幅震荡，其走势明显独立于大盘。

（2）矩形震荡期间价升量增，价跌量减，价量配合健康，在拉升前成交量明显大幅萎缩，表明盘中浮筹已清洗干净，主力随时可能拉升。

（3）股价涨幅小于 2%，尾盘明显放量突破矩形上轨压力线时及时跟进。

（4）压力与支撑互转原则：当压力线被有效突破后转换成支撑线，支撑线被有效跌破后转换成压力线，如前面的图所示，图中矩形上轨压力线被有效突破后转换为新的矩形的支撑线，当股价回落到该支撑位时可逢低买进。

（四）解读分时双底形态

双底也就是我们常说的双重底，这种技术形态往往被投资者认为是底部形态的重要标志。它是形态学中一个重要的形态，其走势外观如英文字母"W"。

双底形态属于一种中期底部形态，一般发生于股价波段跌势的末期，不会出现在行情趋势的中途，一段空头下跌市场，必须会以一段下跌行情底部与其相对应，在日线图上一个双底所酝酿的时间，有其最少的周期规则，而在分时曲线图上其对时间的要求要小于日线级别周期。

本书所讲解的双底技法是指在页面分时曲线上的小型双底形态。

1. 双底形态的特征

"双底"是指股票持续下跌到某一点位后出现技术性反弹，但回升幅度不大，时间亦不长，股价又再下跌，当跌至上次低点时却获得支持，再一次回升。这次回升时成交量要大于前次反弹时的成交量，第一个低点与第二个低点之间，两者至少距离 15 个时间单位。第一个低点的成交量比较大，触底回升时的成交量也颇多，然而，第二个低点的成交量异常萎缩，并且第二个低点的成交量通常较上一低点稍高，说明买方的承接力和主动性都较为积极。

双底走势的情形与双顶相反。股价持续的下跌令持股的投资者觉得价格太低而惜售，而另一些的投资者则因为新低价的吸引尝试买入，于是股价呈现回升，当上升至某水平时，较早时买入的短线投机者获利回吐，那些在下跌中持股的投资人亦趁回升时卖出，因此股价又再一次下挫。但对后市充满信心的投资者觉得他们错过了上次低点买入的良机，所以这次股价回落到上次低点时便立即跟进，当越来越多的投资者买入时，求多供少的力量便推动股价上升，而且还突破上次回升的高点（即颈线），扭转了过去下跌的趋势。

2. 双底形态的应用

一个完整的双底包括两次探底的全过程，也反映出买卖双方力量的消长变化。在市场实际走势中，形成多重底的机会较少一些，反而形成双底的机会较多。因为市场参与者们往往难以忍受股价多次探底，当股价从高水平回落，到某个位置自然而然地发生反弹之后，这个低点就成了一个有用的参考点。市场上许多人都立即将股价是否再次跌破此点当成一个重要入市标准，在股价第二次回落而无法创新低的时候，投资者大多开始补仓介入了。这时候应该仔细观察盘面，看看接近上次低点之后抛压情况如何。最佳的双底应该是这样的：股价第二次下探时成交量迅速萎缩显示出无法下跌或者说没有人肯抛的局面。事情发展到这个阶段，双底形态可以说成功了一半。另一半取决于有没有新的买入力量愿意在这个价位上接货，即有没有主动性买盘介入。一般来讲，股价跌无可跌时总有人去抄底， 但有没有人愿意出稍高的价钱就不一定了。如果股价二次探底之时抛压减轻，但仍然无人肯接货，那么这个双底形态可能会出问题，股价在悄无声息中慢慢跌破上次低点，这样探底就失败了。只有当二次探底时抛压极轻，成交萎缩之后，又有人愿意出高价介入该股，二次探底才能成功。在这种主动买盘的推动下，股价开始上升，并以比第一次反弹更大的成交量向上突破，这个双底形态才算成功。看盘高手会在股价第二次探底的时候就发现这是否是一个成功的双底，并立即作出买卖决定，但是笔者建议大家等到双底确认完成之后，即向上突破之后再介入该股，这样风险小得多。

3. 注意事项

（1）底部两个低点的相隔周期最少是 15 个时间单位。

（2）双底的两个最低点不一定在同一水平上，二者相差少许是可以接受的。

（3）股价在突破颈线位时，必须以大成交量向上突破才有效，如突破颈线时成交量太小，则继续横盘震荡的概率较大。

（4）股价在突破颈线后，颈线从压力变成支撑。同时股价会出现回抽过程，从而测试支撑的力度与突破的有效性，这也是短中线介入的最好时机。如果颈线支撑失败，则应持币观望。

（5）回抽完成后，双底将完成其量度升度，即从突破点算起，加上颈线至低点的垂直价差。一般来说，双底的升幅度都比量度出来的幅度大。

4. 双底技法及盘口特征

（1）股价震荡下跌后呈双底形态夯实底部，其双底形态的低点明显高于盘中最低价，显示有资金主动护盘，主力将伺机拉升。

（2）双底形态期间成交量明显萎缩，表明盘中浮动筹码较少。

（3）个股涨幅小于5%，最好在涨幅2、3个点左右。

（4）当符合特征1、2、3并且股价于盘中首次明显放量突破双底形态颈线位时下单买进。

5. 案例精解

看图分析精要：

如图1-43所示：

图 1-43

（1）润邦股份（002483）早盘小幅冲高后回落至均价线下做双底震荡，其低点明显高于盘中最低点，显示有资金主动护盘。

（2）双底震荡期间成交量明显萎缩，表明盘中浮筹得到了清洗，主力将伺机拉升。

（3）股价涨幅小于2%，盘中明显放量突破双底颈线位时及时买进。

看图分析精要：

如图 1-44 所示：

图 1-44

（1）汤臣倍健（300146）早盘高开高走小幅拉高后，其回落低点明显高于开盘价（当时的盘中最低点），并围绕均价线做双底形态震荡，显示有资金主动护盘。

（2）双底震荡期间成交量明显萎缩，表明盘中浮筹得到了清洗，主力将伺机而动。

（3）股价涨幅小于4%，盘中明显放量突破双底颈线位时及时买进。

看图分析精要：

如图 1-45 所示：

（1）永鼎股份（600105）早盘跟随大盘低开震荡，随波逐流，下午开盘后当大盘在前低点震荡欲创新低时，永鼎股份却作双底震荡。其低点明显高于盘中最低点，显示有资金在此价位护盘。

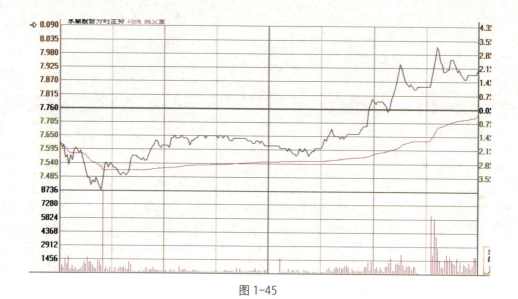

图 1-45

　　（2）双底震荡期间成交量明显萎缩，表明此时盘中抛盘已枯竭，主力将要拉升。

　　（3）股价呈绿盘下跌 -2%，盘中明显放量突破双底颈线位时及时买进，其后逆大盘上涨，收盘后去掉交易费用当天账上浮盈 3%（当天大盘下跌 26 点，跌 1.1%）。

　　看图分析精要：

　　如图 1-46 所示：

　　（1）华星化工（002018，现名华信退）午盘跟随大盘震荡下跌，大盘跌破前低点，创下新低时，华星化工却作双底震荡。其低点明显高于盘中最低点，显示有资金在此价位护盘。

　　（2）双底震荡期间成交量明显萎缩，表明此时盘中抛盘已枯竭，主力随时可以拉升。

　　（3）股价涨幅小于 2%，盘中明显放量突破双底颈线位时及时买进。

图 1-46

第二节　怎样从盘口研判主力的蛛丝马迹

一、各种盘口挂单的含义解析

在股价盘中波动的时候，在买卖五档显示出有手数较大的委托单，这些委托单的变化对股价后期走势有着至关重要的影响，他们的撤单挂单都有不同的意义。只有正确理解这些大单的含义以及相应的对策，才可以对股价的后期波动进行准确把握，从而为盈利打下基础。对大单的定义是：最近五档买卖单的数倍，且倍数越大分析意义亦越重要。

（一）委托大卖单解读

在股价上涨途中，如果在股价上方出现较大的委托卖单，如果股价运行到此处不能放量吃掉这笔大卖单，股价往往就会停止上涨。有时候甚至还没有涨到大卖单的价位股价就停止了上涨。如果股价在此时想涨上去，一是放量吃掉大卖单，二是这笔大卖单主动撤掉。

一般来讲，这些大卖单是庄家故意放上去的，目的就是为了压住股价的上涨，从大卖单出现的操作理论上来讲，是庄家不想让股价上涨过快，从而控制股价的涨幅。因此，在股价上涨的时候如果碰到股价上方大卖单时：

1. 如果大卖单没有撤掉，并且没有出现较大的买单将它吃掉，股价将会在大卖单的价位停止上涨，出现调整或下跌。

2. 如果大卖单撤掉，或者有大买盘一笔将它买下，那股价后期还会继续上涨。

巨量压单的出现往往意味着庄家这样的目的：

（1）压抑股价上涨，为震仓打下基础；

（2）压制股价上涨，控制股票价格降低建仓成本；

（3）放上大卖单误让投资者认为是震仓，从而达到出货的目的。

操作策略：对短线操作而言，只要大卖单没有撤掉，或者没有被买单一笔吃掉，不可以进场操作。

（二）委托大买单解读

在股价下跌途中也会出现委托大单，只不过委托单的属性是买入性质的。股价下跌途中，庄家为了稳住股价，往往会在下面放上数量较大的买单，买单的出现顶住了盘中连续出现的抛盘，因此股价会停止下跌或减缓下跌速度。

一般情况下，一旦巨量托单出现，股价就会在托单价位处企稳。如果股价出现连续的下跌走势，盘口出现巨量托单的时候，股价就会止跌上涨。只要巨量托单没有消失，就会对股价的下跌起到抑制作用。因为过分下跌，对庄家的后期操作也不利，股价跌得太多，庄家就需要花费更多的成本再重新把价位拉上来。

有时候，庄家也会利用托单进行骗线，让投资者误认为巨量托单是为了掩护庄家出货，纷纷抛出自己股票的时候，庄家却利用巨量托单进行悄然建仓。

面对巨量托单时可以采取以下的操作策略：

1. 如果股价近期下跌幅度较大，在当天股价也有了较大的跌幅后，在低价位出现巨量托单时，股价又跌不动的时候逢低介入；

2. 如果巨量托单出现，成交反而越来越大，那说明盘中一有买盘就有人疯狂地抛售，这种情况的出现不应当入场操作；

面对巨单的出现，操作难点就是巨单的消失。如果是卖单消失了，股价往往就会呈上涨走势；如果巨量买单消失了，股价往往就会继续下跌。巨单是短线操作的一个手法，通过巨单变化，我们可以在一定程度上判断庄家的操作意图。

盘口数字语言

主力庄家在操作某只股票前，总会通过盘口数字语言相互传递信息，经过多年的观察，现部分总结如下，希望能对大家有所帮助。这些东西是不是真的并不重要，大家可拓宽思路，但据此操作，风险自负。

4 或 6、8 等 3 个以上数字重叠和连用，通常均为盘口语言，444 或 4444 多表示强庄示警，表明此股已有机构坐庄；6、8 重叠或与 4 连用，如 4466、4488 等多表示主力态度或通知关系仓或锁仓机构，挂卖单表示将拉升，挂买单表示将打压；

3 个以上 1 重叠可能是压盘或洗盘信号，请关系仓协助打压或维稳股价；

跌停在卖二或卖三、卖四挂重叠 8 或间隔 0，如 808，请关系仓协助拉抬护盘；

3 个以上 3 或 9 表示拉升或出货倒计时。其中末尾数字不定，可表示约定时间，如 3336 可能表示 6 分钟（或小时）后拉升，9 则是出货信号；

7 结尾表示下一步行动约定，与 4 或 8 结合挂卖单表示请关系仓协助打压，如 4007 挂卖二表示请关系仓压盘或在某一点位出货，807 挂买单表示请合作机构拉抬到某一点位；

12345 或 54321 以及其中的 3 位以上多表示操盘手与关系仓或新机构的交

流，具体内容结合当时盘面的买卖大单等情况有所不同，可能是拉升或出货试盘信号，在得到对方回应后，开始拉升或出货。

委买委卖盘中特殊数字含义

1111：主动卖盘，盘口预示即将下跌，将还有更低的买点，主动买盘预示可能即将拉升，如果是在历史高位，此波段可能结束；

333：预示即将上涨，无论买卖盘；

555：预示即将上涨，无论买卖盘，卖盘机构吸筹阶段，买盘有人愿意接盘；

999、9999：本庄家筹码用完，下庄接手；

888：都可用；

444、4444：恶庄，不是疯买就是疯卖，特别是4444；

168：如果高位，放大量卖出（配合成交量），量小可继续持仓；

158、1558、1588：建仓初期，中期出现；

777、7777：庄家运作时遇上强劲对手；

5858：可能出现慢牛；

6868：在高位出现不好；

123：一切顺利，尤其是789；

1414：诅咒对手盘。

其实机构交流的方式很多，通常操盘手都有自己的语言或约定的信号，甚至约定按照通用语言的"反信号"来操作，所谓通用语言一旦被破译也就没有意义了。因此，上面说的不必太认真，大家留心看，还能发现不少盘口语言。

二、买盘挂单告诉我们什么

买盘挂单出现频率最多的是"托盘式买单"，下面就以托盘式买单做详细讲解。

所谓"托盘式买单"是指这样一种情况：当上档抛盘较大时，在第一接盘出现了十分明显的大单。比如某股现在的价位是 6.94 元到 6.95 元，从 6.95 元到 6.99 元的五档压盘都在万股左右，卖一处的压盘 6.95 元挂有 4 万余股。接盘方面，下档四个价位全部为数千股接单，唯有买一处的接盘 6.94 元出现了 5 万余股的接单。显然，一般情况下至少短时间内 6.94 元以下的接单是不可能成交的，因此笔者把 6.94 元的大接单称为"托盘式买单"。

由于下档除了买一处的接盘以外其他的接盘都比较小，所以如果市场上要抛出来的筹码绝不会因为买一处的接盘大而不敢出来，反而会更愿意对着买一处的接单砸下去。但我们没有看到大单砸出来，因此我们可以得出这样一个结论：市场上想抛的大单不多，或者干脆说市场的大单已经不多了。

再分析买盘。既然买一处的接盘比较大，而且短时间也没有变化，那么要想挂在下面的话比较难以快速成交，如果希望在短时间内成交的话就应该对准卖一处的卖单去打，因为卖一处的卖单本身的抛盘量也不小。由于在上面的抛盘不大，如果这个价位不买进的话说不定被别人买进以后股价就上去了，这种心态在大盘盘中回升的时候会经常出现。从这里我们又得出一个结论：市场上真正想买的单子会对准上档的第一大抛单打。

再进行深入分析。说市场上想抛的大单子不多只不过是一种理论上的结论，其实不论股价在什么位置，哪怕是在多少年来的最低价，市场上永远会有想出来的大单子。确实没有大单子抛出来的真正原因只有一个，就是真正的所谓市场上的大单子已经很少了，或者说大量的单子已经被主力封存，所以结论就是主力已经控盘这只股票。

至于"托盘式买单"只是主力的一种操作手法而已，其真正的目的无非是希望市场能够将卖一处的挂单打掉。至于上面的抛盘到底是市场上的还是主力自己的，仅从"托盘式买单"这一点还很难看出来，但有一点很明显，目前不是主力的建仓阶段，否则主力不会愿意让市场买。另外，这与主力的成本没有关系，主力的成本也许更高也许更低，反正主力希望市场买盘跟进就是不愿意增加过多仓位的信号。但由于"托盘式买单"还是有可能成交的，至少会有一部分成交，因此目前的价位主力还是觉得比较低，即使迫不得已增加一部分筹码也是可以接受的。

如果"托盘式买单"只是偶尔出现一次，或者出现以后股价并没有出现向上的推升，那么这种"托盘式买单"就不具有特殊意义。

总而言之，"托盘式买单"的出现表明盘中有主力在运作，目前的价位主力认为不高，但主力希望通过适当的换手将股价推高。

另一种情况是当股价升幅已大且处于高价区时，盘中如果出现"下托板"托盘式买单，但走势是量增价滞，此时要留神主力是否在诱多出货；如果此时下托板较多且上涨无量时，则往往预示顶部即将出现，股价将要下跌。如图1-47所示：

图1-47

上图所示收盘时大量买单挂着，试想一下临近收盘了，如真要想买进成交，就直接向着卖盘挂单下单，可立马成交，何必挂在大量买单等着成交呢。这就是欲卖而故做买进状，做给市场看，诱多而已。

再来看看日线图的一个案例，如图1-48所示：

图 1-48

三、卖盘挂单又告诉了我们什么

卖盘挂单出现频率最多的是"压盘式卖单",下面就以压盘式卖单做详细讲解。

压盘式卖单是指在股票的委托中,卖单有大量的委托数量,导致买单一直无法将卖单买完,就像有块石头一直在压着,这种情况被称为压盘。具体来说,它表示股票上涨有很大的压力,买家很难把压盘的单子吃掉,股价因此难以上涨。

一般压盘是为了不让股价上涨过快,是主力资金常用的手段。在低位的时候,主力资金为了防止股价上涨过快,会通过打压股价的形式,让散户资金卖出,这样他们就能在低位买进。等到公司有重大利好消息出现的时候,股价就有可能直接缩量涨停。

当股价跌幅已大且处于低价区时,盘中如果出现"上压板"压盘式卖单,但走势是量增价滞,此时要留神主力是否在诱空吸筹;如果此时上压板较多且下跌无量时,则往往预示底部即将出现,股价将要上涨。如图1-49、1-50所示:

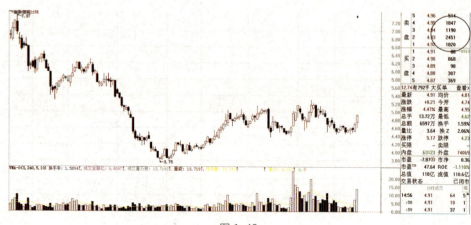

图 1-49

图 1-50

　　大单相对挂单较少且并不因此成交量有大幅变动,一般多为主力对敲所致。成交稀少的挂单意义较为明显,此时应处于主力吸货末期,在进行最后打压吸货。大单相对挂单较多且成交量有大幅变动,是主力积极活动的征兆。如果涨跌幅相对温和,一般多为主力逐步增减仓所致。

四、买盘卖盘的综合研判法则

（一）上涨的盘口特征

在涨势中常有大单从天而降，将卖盘挂单悉数吞噬，俗称扫盘。在股价刚刚形成多头排列且涨势初起之际，如果发现有大单连续横扫了多档卖盘时，则预示主力正在大举进场建仓，是投资者跟进的绝好时机。

在盘口右下侧的成交明细中，有的价位并未在委买卖挂单中出现，却在成交一栏里出现了，这就是隐性买卖盘，其中往往可发现庄家的踪迹。单向整数连续隐性买单出现而挂盘并无明显变化，一般多为主力拉升初期的试盘动作或派发初期为激活追涨跟风盘而做的盘口启动假象。

（二）盘口涨跌的先兆特征

一般来说，上有压板而出现大量隐性主动性买盘（特别是大手笔）股价不跌，是大幅上涨的先兆。下有托板而出现大量隐性主动性卖盘则往往是庄家出货的迹象。很多散户朋友往往缺少对盘口的把握，盯住盘口很关键，这有助于有效地发现主力的一举一动，从而更好地把握买卖的时机，从上压板、下托板看主力的意图和股价的方向。无论上压或下托，其目的都是操纵股价、诱人跟风，股票处于不同价区时，其作用是不同的。当股价处于刚启动不久的中低价区时主动性买盘较多，盘中出现下托板往往体现了主力做多的意图，此时可考虑介入跟庄；如果出现了下压板股价却不跌反涨，主力压盘吸货的可能性偏大，往往是股价大幅上涨的先兆。

（三）主力对敲的方式

主力对敲主要是利用成交量制造有利于主力的股票价位，吸引散户跟进或卖出。主力经常在整个运作过程中，如建仓、震仓、拉高、出货各个阶段中运用对敲。主力对敲的方式主要有以下几种：

第一，建仓时通过对敲的手法来打压股票价格，以便在低价位买到更多更便宜的筹码。在个股的 K 线图上表现为股票处于低位时，股价往往以小阴小阳沿 10 日或 20 日均线持续小幅上扬。这说明有主力在推高或拉高建仓，然后出现成交量放大并且股价连续的阴线下跌，而股价下跌就是主力利用大手笔对敲来打压股价。

这期间 K 线图的主要特征是：股票价格基本是处于低位横盘（也有拉涨停的），但成交量明显增加，从盘口看股票下跌时的每笔均量明显大于上涨或者横盘时的每笔均量。这时的每笔均量会维持在相对较高的水平（因为在低位进行对敲，散户尚未大举跟进）。另外，在低位时主力更多地运用上下夹板的手法，即上下盘都挂有大的买卖单，中间相差几分钱，同时不断有小买单吃货，其目的就是让股民觉得该股抛压沉重、上涨乏力，而抛出手中股票。

第二，拉升时利用对敲的手法来大幅度拉抬股价。主力利用较大的手笔大量对敲，制造该股票被市场看好的假象，提升股民的期望值，减少日后该股票在高位盘整时的抛盘压力（散户跟他抢着出货）。这个时期散户投资者往往有买不到的感觉，需要高报许多价位才能成交，从盘口看小手笔的挂单往往不容易成交，而每笔均量明显有节奏地在放大。强势股的买卖成交单均为万股以上，甚至于 10 万股、数十万股以上，股价上涨很轻快，不会有向下掉的感觉，下边的买盘跟进也很快，这时的每笔成交均量会急剧放大，一旦每笔均量有所减少，上涨势头将减缓甚至下跌。

（四）盘口运作特征

拉升时挂出大卖盘的含义：一只股票不涨不跌时，挂出的卖盘比较正常，而一旦拉升时，立即出现较大的卖盘，有时甚至是先挂出卖盘，而后才出现上涨。出现这种信息，如果卖盘不能被吃掉，一般说明主力吸筹不足，或者不想发动行情；如果卖盘被逐渐吃掉，且上攻的速度不是很快，多半说明主力已经相对控盘，既想上攻，又不想再吃进更多的筹码，所以拉的速度慢些，希望散户帮助吃掉一些筹码。

下跌时没有大承接盘。如果主力建仓不足，那么在洗盘时，不希望损失更多的筹码，因而下跌时低位会有一定的承接盘，自己卖给自己，有时甚至是先挂出接盘，再出现下跌动作。而在主力已经控制了较多筹码的股票中，下跌时卖盘是真实的，低位不会主动挂出大的承接盘，目的是减仓，以便为下一波拉升做准备。

分时曲线走势的自然流畅程度：主力机构介入程度不高的股票，上涨时显得十分滞重，市场抛压较大。主力相对控盘的股票，其走势是比较流畅自然的，成交也较活跃，盘口信息显示，多方起着主导作用。在完全控盘的股票中，股价涨跌则不自然，平时买卖盘较小，成交稀疏，上涨或下跌时才有意挂出单子，明显给人以被控制的感觉。

出现大阳线后次日的股价表现这个盘口信息在研判中的作用也不可小视：一支没有被控盘的股票，大阳线过后，第二天一般都会成交踊跃，股价上蹿下跳，说明多空分歧较大，买卖真实自然，主力会借机吸筹或派发；如果大阳线过后次日即成交清淡，波澜不惊，多半说明股票已被主力控盘，主力既无意派发，也无意吸筹。

微信扫码添加同花顺陪伴官小顺
获取更多图书增值服务

第二章

盘口核心指标解密

第一节　量比解密：主力侦测器

一、为什么要关注量比

量比指标的详细解读

量比是当前成交量与前期的比较。如果成交量保持平稳，那么股价多数情况下也就会按照既定的趋势平稳运行下去；但如果成交量出现突发性的增长，俗话说量在价先，巨大的成交量必然会带来股价的大幅振荡；如果股价是已经大幅度下跌，或者是蓄势已久，成交量放大当日量增价涨，那么这个时候大幅度上涨的可能性会很大；如果是先前涨幅已经很高，那么这时候量比突然增大很可能就是下跌的信号了。

量比是衡量相对成交量的指标。它是开市后每分钟的平均成交量与过去 5 个交易日每分钟平均成交量之比。其计算公式为：

量比 = 现在总手 /（5 日平均总手 /240）/ 当前已开市多少分钟。其中 5 日平均总手数 /240 表示 5 日来每分钟成交手数。

量比指标是投资者分析行情短期趋势的重要依据之一。从计算公式中可以看出，量比的数值越大，表明当日该股主动流入的资金越多，市场活跃度越高；反之，量比值越小，说明资金的流入越少，市场活跃度越低。我们从量比曲线上，可以看出主流资金的市场行为，如主力的突发性建仓，建仓完后的洗盘，洗盘结束后的拉升，这些行为可以让我们对主力运作步骤和细节一目了然！

量比在观察成交量方面，是卓有成效的分析工具，它将某只股票在某个时点上的成交量与一段时间内的成交量平均值进行比较，排除了因股本不同造成的不可比情况，是发现成交量异动的重要指标。在时间参数上，多使用5日平均量，也有使用10日平均量的。在大盘活跃的情况下，适宜用较短的时间参数，而在大盘处于熊市或缩量调整阶段宜用稍长的时间参数。

量比指标所反映出来的是当前盘口的成交力度与最近5天的成交力度的差别，这个差别的值越大表明盘口成交越趋活跃，从某种意义上讲，越能体现主力实时做盘，准备随时展开攻击前蠢蠢欲动的盘口特征。因此量比资料可以说是盘口语言的翻译器，它是超级短线临盘实战洞察主力短时间动向的秘密武器之一，它好比是黑马侦测器，在目前大部分股票行情软件涨跌幅榜中，都可以简单地用鼠标单击获得量比排行榜。当个股的当日量比小于1的时候，说明该股当日缩量；如果是大于1，就说明有放量。在每日盘后分析之时，只要有时间，我们应该把所有量比大于1的股票全面扫描一遍；如果时间不足，也至少要把量比大于2的股票全部看看，在这部分股票里面是潜藏很多黑马的，不管是在盘中看盘还是盘后分析，都要及时重点地对进入这个排行榜的个股进行扫描，及时发现其中潜在的黑马。

二、量比的含义及其构成要素

成交量分析对于股价技术分析而言有很重要的意义，而分析成交量最重要的工具，莫过于对量比数据的分析，这是研究成交量最有效率的重要秘密武器。

在对股票进行买入前，重中之重，是一定要进行成交量的量比变化的分析，如果成交量变化不大，可以说，后市行情是很难把握的。

量比指标的应用规则

量比为 0.8 ~ 1.5 倍，则说明成交量处于正常水平。

量比在 1.5 ~ 2.5 倍之间则为温和放量，如果股价也处于温和缓升状态，则升势相对健康，可继续持股，若股价下跌，则可认定跌势难以在短期内结束，从量的方面判断应可考虑止损退出。

量比在 2.5 ~ 5 倍，则为明显放量，若股价相应地突破重要支撑或阻力位置，则突破有效的概率颇高，可以相应地采取行动。

量比达 5 ~ 10 倍，则为剧烈放量，如果是在个股处于长期低位出现剧烈放量突破，涨势的后续空间巨大，是"钱"途无量的象征，但是，如果在个股已有巨大涨幅的情况下出现如此剧烈的放量，则需要高度警惕。

量比达到 10 倍以上的股票，一般可以考虑反向操作。在涨势中出现这种情形，说明见顶的可能性压倒一切，即使不是彻底反转，至少涨势会休整相当长一段时间。在股票处于绵绵阴跌的后期，突然出现的巨大量比，说明该股在目前位置彻底释放了下跌动能。

量比达到 20 倍以上的情形基本上每天都有一两只个股出现，是极端放量的一种表现，这种情况的反转意义特别强烈，如果在连续的上涨之后，成交量极端放大，但股价出现"滞涨"现象，则是涨势行将死亡的强烈信号。当某只股票在跌势中出现极端放量，而股价却不跌或跌势趋缓，则是建仓的大好时机。

量比在 0.5 倍以下的缩量情形也值得好好关注，其实严重缩量不仅显示了交易不活跃的表象，同时也暗藏着一定的市场机会。缩量创新高的股票多数是长庄股，缩量能创出新高，说明庄家控盘程度相当高，而且可以排除拉高出货的可能。缩量调整的股票，特别是放量突破某个重要阻力位之后缩量回调的个股，常常是不可多得的买入对象。

涨停板时量比在 1 倍以下的股票，上涨空间无可限量，第二天开盘即封涨停的可能性极高。在跌停板的情况下，量比越小则说明杀跌动能未能得到有效宣泄，后市仍有巨大下跌空间。

总的来说，当量比大于 1 时，说明当日每分钟的平均成交量大于过去 5 日的平均值，交易比过去 5 日火爆；当量比小于 1 时，说明当日成交量小于过去 5 日的平均水平。

三、怎样利用量比来选股

量比指标的综合运用

在实时盘口分析中，投资人较多使用的是分时曲线图和成交量，实际上量比曲线及量比指标也是一种比较好的工具。一般投资人提到量比这一概念，往往想到量比排行榜，实际使用中当股票出现在量比排行榜上时，一般都已有相当大的涨幅，盘中的最早起涨点已经错过。因此，从盘口的动态分析角度讲，光考虑量比数值大小无疑有一定的缺陷。所以进一步引进量比曲线，可以帮助我们更好地使用量比指标这一工具。

下面介绍量比指标及量比曲线的原理和使用方法。

量比是分时线上的即时量相对近段时期平均量的变化。把当日每分钟不同的量比数值不断用点描绘在一个坐标中，就形成了量比曲线。关于量比曲线，目前其他证券类实战操作书籍很少提到。而在作者个人的看盘体会中，量比曲线是很有用的。

一般而言，经过一夜市场信息发酵及人们心理上的变化，新的一个交易日开盘的时候，股价及开盘成交量的变化极大。反映在量比数值上，就是很多股票开盘时的量比数值高达数 10 倍甚至上百倍，随后量比数值又急速下跌。从量比曲线上看，就像我们提到的股价变化有时显得唐突和怪异一样。大多数股票在新的一个交易日开盘时都显得很不稳定，因此在通常行情背景下，我们应该静待量比曲线稳定后再采取行动。

使用中，当量比指标在分时曲线图上沿着一种明显趋势单边运行时，若突然出现量比急速翘头的迹象，我们认为此时不必急于采取行动。因为这仅仅是改变原来单一趋势的一种可能，我们可以等待量比曲线明显反向运行后的再一次走平、进一步修正后，再依据量价的更进一步变化采取行动。另外，还要关注市场整体的走势，如大多数个股、板块和大盘指数的走势。在日常的使用中还要多结合形态分析，往往会取得更好的研判效果。

在实战操作中，如果过早买进底部个股，由于主力庄家没有吸足筹码之前不会拉升，有时可能还要打压，搞得不好就会被套。至于刚突破整理平台的个股，若碰上主力庄家制造假突破现象，有时也会无功而返。因此，市场中的一些短线高手，如果在个股启动的第一波没有及时介入，他们宁可失去强势股连续上涨的机会，也不会一味地追涨，从而把风险控制在尽可能小的范围内。一般来说，个股放量且有一定升幅后，主力庄家就会清洗短线浮筹和获利盘，并让看好该股的投资者介入，以拉高市场的平均持股成本，减少再次上涨时的阻力。由于主力是看好后市的，是有计划的回落整理，因此下跌时成交量无法连续放大，在重要的支撑点位会缩量盘稳，盘面浮筹越来越少，表明筹码大部分已经锁定，这时候再次拉升股价的条件就具备了。如果成交量再次放大，并推动股价上涨，此时就是介入的大好时机。由于介入在缩量回调期，再次放量上攻的个股短线收益颇高，而且风险比追涨要小很多，因此这是短线投资者常用的操作手法。

那么，如何把握这种良机呢？在平时看盘中，投资者可通过股票软件中的量比排行榜，翻看近期量比小的个股，剔除冷门股和下降通道的个股，选择那些曾经持续放量上涨、近日缩量回调的个股进行跟踪。待股价企稳重新放量，且5日均线翘头和10日线形成金叉时，就可果断介入。通常，主力庄家在股价连续放量上涨后，若没有特殊情况，不会放弃既定战略方针，去破坏良好的均线形态和个股走势。若主力庄家洗盘特别凶狠的话，投资者还可以以更低的价格买进股票。需要注意的是，此类股票的 30 日或 20 日平均线必须仍维持向上的趋势，否则有可能跟上"瘟马"。

结合作者 20 多年的实战经验，笔者总结出两点"诀窍"，与广大读者共同探讨。

第一种情况是个股从底部或平台开始启动，在拉升 10% 之后，主力会视成交量情况再决断。若主力认为拉升时机不成熟，就会再次打低股价，有时会打到前期低点附近。此时成交量明显萎缩，其后若出现连续小阳线或底部逐次抬高，并伴随着成交量重新放大，预示一波上升行情将展开。

如图 2-1 所示，海泰发展（600082）在 1 月初从 3.00 元开始启动，股价最高见 3.6 元后开始回落，随后探至 3.10 元附近，接近启动前的底部。此时成交量也快速萎缩，达到启动前的成交量水平，3 月 21 日成交量比前日的 5 日均量放大了 1 倍，底部逐次抬高，20 日均线走平向上，5 日和 10 日均线多头排列，此时就可以果断介入。而随后几日成交量明显放大，可以加仓买入。4 月份时该股摸高 6.00 元，涨幅几乎翻番。如图 2-2 所示。

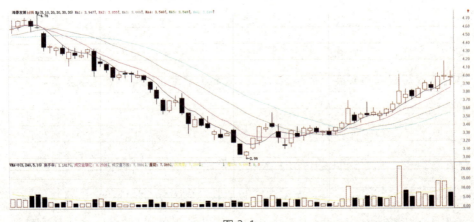

图 2-1

图 2-2

第二种情况是主力在股票上升中途洗筹，股价在创出新高后，主力不做整理，或稍做盘整，就凶狠地打压震仓。如图 2-3 所示，水井坊（600779）在 3 月创出新高后，接着两天回调整理，成交量小幅缩减受到 20 日均线支撑，重新上攻，成交量也迅速放大，此时，5 日线从下向上勾头，果断买进的话，随后 3 天可获利 20%，收益不可谓不丰。

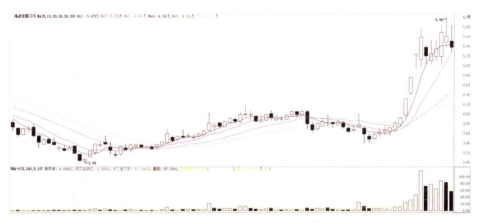

图 2-3

四、量比的实战技巧

活用量比指标捕捉短线黑马。

（一）开盘前量比选股"五部曲"

1. 9：25 竞价结束后，对量比进行排行，看前 30 名，涨幅在 4% 以下的；

2. 选择流通股本数量较小的，最好在 3 亿以下，中小板、创业板尤佳；

3. 选择之前换手率连续多日在 3% 以下或连续几日平均换手率在 3% 以下的个股；

4. 选择之前多日成交量较为均衡或有涨停未放量现象的个股，之前一直无量涨停的个股除外；

5. 最好选择个人曾经操作过的、相对比较熟悉的个股进行介入操作。

注意事项：进入选股范围的个股，一定要看看它的历史走势，看看该股是否有连续涨停的情况，或者是连续涨个不停也行，千万不要选择那些喜欢玩"一日游"行情的个股。选股就是选主力，每个主力的操盘手都有其资金、性格、操盘习惯上的规律，因此，看其历史非常重要。

当日表现：此类个股当日涨停的可能性较大；如未涨停，成交量及换手率大多会明显放大，涨幅也多在 6% 以上，被套的概率也有但极小。

后市操作建议：

1. 如当日涨停且成交量换手率未见放大，第二个交易日继续涨停可能性大，可继续持有；

2. 如当日涨停且成交量换手率均有明显放大，第二个交易日可选择逢高卖出，多会出现超过 6% 的涨幅，短线获利颇丰；

3. 如当日未涨停且成交量换手率未见放大，则观察第二个交易日开盘量比，如果继续符合选股"五部曲"则可继续持有，否则可考虑出货换股；

4. 如当日未涨停但成交量换手率明显放大，则观察第二个交易日开盘量比，如果继续符合选股"五部曲"则可继续持有，否则可考虑在该股冲高时（此类个股冲高 6% 涨幅的概率较大）出货换股；

5. 如果介入个股在连续三五个交易日内一直保持成交量的持平或不断放大，那么可以判断该股的行情不会是"一日游"行情，仍可继续持有。

注意事项：每个人都可以根据个人喜好及操作习惯，对选股"五部曲"中的换手率、开盘涨幅及流通股本的数据进行个性化的修改。

（二）盘中量比选股：于盘中选择量比稳步放大、偷偷冲击涨停的个股

开盘后，开盘前量比排名靠前个股的大数值量比会大幅下降，同样有很多开盘前小数值量比的个股随着成交量及换手率的逐步放大而放大，偷偷地向右上方进攻并发起对涨停的冲击。

我们随时都可以对所有股票进行量比排行，按照"开盘前量比选股"中对涨幅、流通股本、前期表现等指标的衡量标准，选择此类偷偷进行爬升的个股，把握好时机介入似乎更安全。

注意事项：震荡时期的大盘每次大跌之后必有个股连续大涨，量比是重要的挖掘此类牛股的指标之一。

量比指标的使用应遵守以下几个原则：

1. 量比指标线趋势向上时不可以卖出，直到量比指标线转头向下；

2. 量比指标线趋势向下时不可以买入，不管股价是创新高还是回落，短线一定要回避量比指标向下的；

3. 股价涨停后量比指标应快速向下拐头，如果股价涨停量比指标仍然趋势向上，有主力借涨停出货的可能应当回避；

4. 量比指标线向上时应积极操作，股价上涨创新高的同时量比指标也同步上涨并创新高，这说明股价的上涨受到量能放大的支撑，应当积极买入或持股；

5. 如果股价下跌量比指标上升，这时应赶快离场，因为这时股价的下跌是放量下跌，说明股价下跌的背后肯定有利空的原因；

6. 在短线操作时如果股价是首次放量上涨，要求量比指标不可超过 5，否则数值太大对后期股价上涨无益，如果股价是连续放量，那要求量比数值不可大于 3，否则有主力出货的可能；

7. 量比数值相对成交量的变化来讲有明显的滞后性。

（三）短线黑马选股方法

1. 在 9：30 开市前，通过集合竞价开盘时，我们都有几分钟的时间浏览大盘和个股，这是一天中最宝贵的时间，是捕捉当日黑马的最佳时刻。因为我们能看出大盘开盘的情况（是高开还是低开），能发现个股是怎样开盘的、主力的计划怎样，在这短短的时间内要做出迅速反应。

具体方法如下：

（1）在开盘前，将盘后作业选好的股票和通过各种渠道得来的可能涨的个股输入电脑的自选股里，进行严密监视；

（2）在开盘价出来后，判断大盘当日的走势，如果没问题，可选择当日操作的个股；

（3）快速浏览个股，从中选出首笔量大、量比大（越大越好）的个股，并记下代码；

（4）快速看这些个股的日（周）K 线等技术指标，作出评价，再筛选技术上支持上涨的个股；

（5）开盘成交时，紧盯以上有潜力的个股，如果成交量连续放大，量比也大，观察卖一、卖二、卖三、卖四、卖五上挂出的单子是否都是三四位数的大单；

（6）如果该股连续大单上攻，应立即打入比卖五上的价格更高的价格买进，以确保成交（有优先买入权，且实际成交价通常比打出的价格要低些）；

（7）通常股价开盘上冲 10 多分钟后都会有回档的时候，此时看准个股买入，能弥补刚开盘时踏空的时机损失；

（8）如果经验不足，那么在开盘 10 ~ 15 分钟后，综合各种因素，买入具备以上条件的个股更安全；

（9）该法成功率几乎达到90%。

2.首先在每天开盘前的集合竞价当中找出成交量前五名（沪、深各前五名）的股票，在这十只股票当中必定有当天涨停的股票，那么如何找出来呢？

（1）先去掉新股（如果有的话）；

（2）酌情去掉ST这类面临退市的股票；

（3）在余下的股票当中找出当前的热点板块中的热门股，然后结合K线图和各项技术指标分析并确定其处于强势；

（4）当日的开盘价涨幅在2%以下；

（5）前期升幅已大的股票要除去，不能考虑。

综合上述，选出最好的一只股票在开盘3～5分钟之内重仓买进，这样选定的股票当日涨停的可能极大。股市越是处于强势，集合竞价成交量前五位的股票当日涨停的越多。当日一旦选错，第二日开盘即卖掉，并重新选定买进。

此种方法如不是短线高手需谨慎使用。

其操作要点在于：正确判定当前股市是处于强势还是弱势，强势可用，弱势不可用。其次要能把握住当前股市的热点，并能灵活掌握技术分析的方法。艺高人胆大，即使一周内有三次选错、两次选对，你在这一周内也能稳赚10%以上。哪怕是四次错、一次对，也不会赔钱（前提是大盘处于上升状态）。

师傅领进门，修行在个人。最后再强调一遍：不是高手不要用此招，仅供短线高手参考。

最后谈一下预期目标设定问题。这当然得看我们参与个股的具体表现，但以笔者的经验，预期赢利率定在2%～4%左右为好（若市场走软时可相应降低或最好不做，而在极度疲弱的市场中则几乎没有操作的必要）。如果买进当天已经获利，并且个股走势相当强（如封上涨停或收在全天最高价附近），则可于次日挂略高于前收盘的价位参与集合竞价，否则可视次日走势相机行事。短线投机者应当坚持的原则是：赚钱是第二位的，不亏钱或尽量少亏钱才是第一位的；卖出后再度上涨的钱理所当然应该由别人赚，我们只要能赚取超短持股时间的超短线收益便应该满足了。

可实现周收益率 10% 的选股技巧：

（1）选择周 K 线 MACD 在低位金叉，但股价还没有突破 20 日均线的股票；

（2）再在其中选择日 K 线多头排列，日换手率 ≥ 5%，量比 ≥ 5 的股票；

（3）从中选择属于当前热点板块的 1 ~ 2 只股票；

（4）调用其 60 分钟 K 线，逢低介入。

第二节　委比委差解密：研判市场人气

一、为什么要关注委比委差

委比指标和委差指标的详细解读

委比和委差都是用以衡量一段时间内买卖盘相对强度的指标。其计算公式为：

委差＝委买手数－委卖手数

委比＝（委买手数－委卖手数）/（委买手数＋委卖手数）×100%

其中，委买手数指现在所有个股委托买入价格最高五档的总数量，委卖手数指现在所有个股委托卖出价格最低五档的总数量。例如：华远地产（600743）在 8 月 10 日收盘即时最高买入委托报价及委托量为买一 9.44 元、124 手，向下四档分别为买二 9.43 元、1678 手，买三 9.42 元、157 手，买四 9.41 元、434 手，买五 9.40 元、210 手；最低卖出委托报价及委托量分别为买一 9.35 元、217 手，向上四档分别为卖二 9.36 元、129 手，卖三 9.37 元、57 手，卖四 9.38 元、81 手，卖五 9.39 元、222 手，则此时的即时委比为 -57.52%。显然，此时场内抛压较大。如图 2-4 所示，结合盘面分析，该股很可能正在压盘震仓。一旦量能萎缩，浮筹得到有效清洗，待大盘企稳后，该股将步入拉升，如图 2-5 所示。

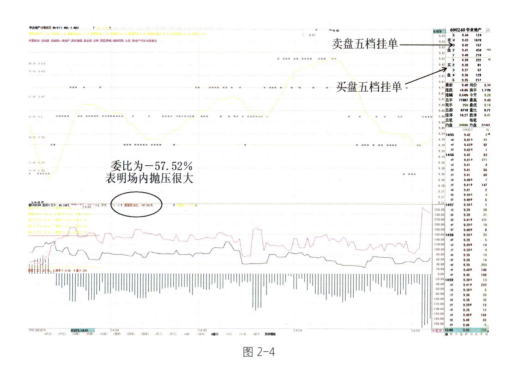

图 2-4

图 2-5

通过委比指标，投资者可以及时了解场内的即时买卖盘强弱情况。

委比值变化范围为 +100%至 –100%。当委比值为正值并且委比数大，说明市场买盘强劲。

当委比值为负值并且负值大，说明市场抛盘较强。

委比从 –100%至 +100%，说明这是买盘逐渐增强、卖盘逐渐减弱的过程。相反，从 +100%至 –100%，说明这是买盘逐渐减弱、卖盘逐渐增强的过程。

我们知道，交易报价中委买委卖是排在最前的买卖盘的提示，现在大家能够看到的是队列的前五位，即买一至买五，卖一至卖五。它是未成交的价和量，某种程度上讲，委买委卖的差值（即委差），是投资者意愿的体现，一定程度上反映了价格的发展方向。委差为正，价格上升的可能性就大；反之，下降的可能性大。之所以加上"某种程度上"，是因为还有人为干扰的因素，比如主力制造的假象等。但是，对于市场中所有股票的委买委卖值的差值之总和，却是一个不容易被任何人干扰的数值。它是一个相对真实的数据。因为任何一个单独的主力都不能影响它，散户更不能。

它是所有主力和散户行为的综合，确实能够反映市场真实的买卖意愿。我们根据这个委差数据，可以判断大盘的短期方向以及大盘是否转折。数值为正，表明买盘踊跃，大盘上升的可能性大；反之，说明卖盘较多，下跌的可能性则较大。道理清楚了，根据具体的情况，还需要作具体的分析。有时候指数的委差居高不下，但是指数下滑。这种情况说明，接盘的量很大，且是有计划的。而卖盘的力量，是主动抛出，有可能是散户的行为，这种情况不是很危险。相反，倒有一种较危险的情况——指数上升而委差却总是大大的负数。这时候我们应该怀疑主力是否在有计划地出货。

二、委比、量比和涨幅的综合应用

将委比、量比和涨幅综合起来研判指的是在涨幅榜、量比榜和委比榜上排名靠前的个股。这类个股已经开始了新一轮启动，是投资者短线介入的重点选择对象。具体研判技巧如下：

（一）通过涨幅研判个股强弱程度，以及该股是否属于当前市场热点

一般名列涨幅前列的个股，上涨趋势明显，走势强悍。但投资者不仅要观察个股的涨幅情况，还需要观察涨幅榜中与该股同属于一个板块的个股有多少。如果在涨幅前 30 名中，有 10 只左右是同一板块的个股，就表示该股属于市场中新崛起的热点板块，投资者可以重点关注。有的板块上市公司数量较少，如小额贷款金融板块、涉矿资源板块等，则需要观察该板块是否有一半的个股名列涨幅榜之中。

（二）通过量比研判量能积聚程度

量比是当日成交量与前 5 日成交均量的比值，量比越大，说明当天放量越明显。股市中资金的运动决定了个股涨跌的本质，资金的有效介入是推动股价上升的原动力。涨幅榜上的个股在未来时期是否能继续保持强势，在很大程度上与之前的资金介入状况有紧密的联系。所以，热点板块的量能积聚过程非常重要，只有在增量资金充分介入的情况下，个股才具有持久性。而量比的有效放大，则在一定程度上反映了量能积聚程度。

（三）通过委比研判市场买卖强度

委比需要和涨幅榜、量比结合起来分析，才能发挥有效作用，单纯分析委比是不能作为买卖依据的。因为委比只能说明在这一时刻，这只股票买卖的强度对比。很多时候会出现某只股票涨势不错，而委比却显示空方力量比较强的情况，此时就需要对这只股票进行连续观察，才能发现该股的真实买卖强度。

当个股同时位于三榜前列的情况时，投资者需要根据该股所处的历史位置，迅速做出是否追涨的决策。这类个股成为短线飙升黑马的概率极大，如果股价仍然处于较低价位或者股价虽然已经涨高但仍然保持着良好的上升趋势时（股价没有进行明显的拉升，价格与均线的乖离在正常范围内），投资者应该积极

追涨买入。大多数情况下，这类强势股会在早上开盘后不久，就封上涨停板。因此，在运用这种实战技法时，投资者要尽量选择上午实施操作。

第三节　内外盘解密：内盘外盘指标探测

一、为什么要关注内盘外盘

内盘外盘指标的详细解读

股票软件一般都有外盘和内盘，同花顺软件也不例外，打开个股实时走势图，在窗口的右边就会显示个股的外盘和内盘情况。通过对比外盘和内盘的数量大小及比例，投资者可以发现当前行情是主动性的买盘多还是主动性的卖盘多，是一个较有效的盘口短线指标。

委托以卖方价格成交的纳入外盘，它是主动性买盘；委托以买方价格成交的纳入内盘，它是主动性卖盘。

例如：某股票盘口挂单揭示如下：

卖一：25.15　252 手

买一：25.10　161 手

由于买入委托价和卖出委托价此时无法撮合成交,该股此刻正在等待成交，买与卖处于僵持状态。这时，如果场内买盘较积极，突然报出一个买入 25.15 元的买单，则该股票会在 25.15 元的价位成交，这笔成交被划入外盘，或者，如果场内抛盘较重，卖单下挂至 25.12 元，这时突然报出一个卖出 25.10 元的卖单，则该股票会在 25.10 元的价位成交，这笔成交被划入内盘。

在同花顺软件中，外盘以红色箭头表示，内盘用绿色箭头表示。如图 2-6 所示。

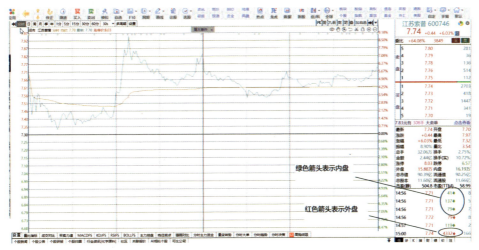

图 2-6

外盘：在成交量中以主动性叫买价格成交的数量，所谓主动性叫买，即在实盘买卖中，买方主动以高于或等于当前卖一的价格挂单买入股票时成交的数量，显示多方的总体实力。

内盘：在成交量中以主动性叫卖价格成交的数量，所谓主动性叫卖，即在实盘买卖中，卖方主动以低于或等于当前买一的价格挂单卖出股票时成交的数量，显示空方的总体实力。

从其含义中，我们总的可以理解为：外盘大于内盘，股价看涨。反之，外盘小于内盘则看跌。但在具体研判上，则需考虑股价所处形态位置的高与低、目前股价的技术态势等，这需要靠盘口以外的功夫。

外盘和内盘相加的总量为成交量。分析时，由于卖方成交的委托纳入外盘，如外盘很大，意味着多数卖的价位都有人来接，显示买势强劲；而以买方成交的纳入内盘，如内盘过大，则意味着大多数的买入价都有人愿卖，显示卖方力量较大；如内盘和外盘大体相近，则买卖力量相当。但事实上内外盘之比真的能准确地反映股票走势的强弱吗？庄家既然能做出虚假的日 K 线图和成交量，难道就做不出虚假的内外盘？所以关于内外盘的细节，我们还有仔细研究的必要。投资者在使用外盘和内盘时，要注意结合股价在低位、中位和高位的成交情况及该股的总成交量情况进行观察。因为外盘、内盘的数量并不是在所有时间都有效，许多时候外盘大，股价并不一定上涨；内盘大，股价也并不一定下跌。有时庄家会利用外盘、内盘的数量情况来欺骗股民，使股民按照其意愿进行交易，常见的有以下几种情况：

1. 股价经过较长时间的下跌处于较低价位，成交量极度萎缩。然后，成交量开始温和放量，当日外盘数量增加，大于内盘数量，此时股价将可能上涨。

2. 股价经过较长时间的上涨，股价处于较高价位，成交量放大到近期的最大量，当日内盘数量放大，大于外盘数量，此时股价可能下跌。

3. 在股价阴跌过程中，时常会出现外盘大、内盘小的情况，此时并不一定表明股价会上涨。因为有时庄家会用几笔卖单将股价打压至较低位置，然后在卖一、卖二挂卖单，并且自己买自己的卖单，造成股价暂时横盘或小幅上升。有时外盘明显大于内盘，投资者认为庄家在吃货，从而纷纷买入，结果次日股价继续下跌。

4. 在股价上涨过程中，时常会出现内盘大、外盘小的情况，此时并不一定表明股价会下跌。因为有时庄家会用几笔买单将股价拉升至一个相对的高位，然后在股价下跌后，在买一、买二挂买单。一些投资者认为股价会下跌，从而纷纷以庄家挂出的买价卖出股票，但庄家分步挂单，将卖单通通接走。这种先拉高后低位挂买单的手法，常会显示出内盘大、外盘小的行情，待庄家吸足筹码后又会迅速推高股价。

5. 股价已上涨了较大的涨幅，如果某日外盘大量增加，股价却不涨，说明可能是庄家在制造假象准备出货。

6. 股价已下跌了较大的幅度，如果某日内盘大量增加，股价却不跌，说明可能是庄家在制造假象打压吸货。

庄家常用的内盘外盘欺骗手法还有：

1. 在股价已被打压到较低价位，在卖一、卖二、卖三、卖四、卖五挂有巨量抛单，使投资者认为抛压很大，因此在买一的价位提前卖出股票，实际庄家在暗中吸货，待筹码接足后，突然撤掉巨量抛单，股价大幅上涨。

2. 在股价上升至较高位置，在买一、买二、买三、买四、买五挂有巨量买单，使投资者认为行情还要继续发展，纷纷以卖一价格买入股票，实际庄家在悄悄出货，待筹码出得差不多时，突然撤掉巨量买单，并开始全线抛空，股价迅速下跌。

二、内盘外盘的实战含义

经常看盘的朋友应该都有过这样的经验，当某只股票在低位横盘，主力处于吸筹阶段时，往往是内盘大于外盘的，具体的情形就是主力用较大的单子托住股价，而在若干个价位上面用更大的单子压住股价，许多人被上面的大卖单所迷惑，同时也经不起长期的横盘不涨，就一点点地卖出，3000 股、5000 股地卖，行情特别低迷的时候还可见到一两百股的卖单，此时主力并不急于抬高价位买入，只是耐心地一点点承接，散户里只有少数人看到股价已无深跌可能，偶尔比主力庄家打高一点少量买入，才形成一点点外盘，这样一来就造成主动性卖盘远大于主动性买盘，也即内外盘比较大，这样的股当时看起来可能比较弱，但日后很可能走出大行情，尤其是长期出现类似情况的股票值得密切关注。

但如果股价经过充分炒作之后已经高高在上了，情形就恰恰相反。盘中买单要较卖单大，主力庄家用大买单赶着散户往上冲，他一点点地出，出掉一些后把价位再抬上去，其实是原来的大买单撤了又高挂了。看起来像是大家奋勇向前，其实是散户被人当过河卒用了。偶尔有跟庄的大户一下子把底下的托盘给砸漏了，我们才会看到原来下面的承接盘如此弱不禁风。原因就是大家都被赶到前面去了，个别没买上的恐怕还赶紧撤单高挂，大有不买到誓不罢休的架势，底下其实并没几个单子了，主力庄家只好尽快补个大单子顶住。这个时候的外盘就远大于内盘了，你说是好事吗？短线跟进，快进快出可能还行，稍不留神就可能被套进去了，让你半年不得翻身。上面提到的是主力庄家吸筹和出货时的两种典型情况，当时内外盘提供的信号就与我们通常的认识相反，所以看待内盘外盘首先要做的是搞清楚股价处于什么位置。在没有前提条件的情况下，单纯地分析根本就得不出有意义的结论。

当然很多时候股价既非高高在上也不是躺在地板上不动，而是在那上蹿下跳，或走上升通道，或走下降通道，或做箱形震荡，或窄幅横盘整理。这时候又如何来判断内外盘的意义呢？当股票沿着一定斜率的浪形上升时，在每一波的高点之前，多是外盘强于内盘，盘中常见大买单层层推进或不停地有主动买盘介入。股价在冲刺过程中价量齐升，此时应注意逐步逢高减仓，而当股价见顶回落时，内盘就强于外盘了，此时更应及时离场。因为即使以后还有高点，必要的回档也会有的，我们大可等低点再买回来，何况我们并没有绝对的把握说还会有新高出现。后来股价有一定跌幅，受到某一均线的支持，虽然内盘仍强于外盘，但股价已不再下跌，盘中常见大买单横在那，虽然不往上抬，但有多少接多少，这就是所谓逢低吸纳了。此时我们也不妨少量参与，即使上升通道被打破，前一高点成了最高点，我们起码也可寄希望于双头或头肩顶，那样我们也还是有逃命的机会。

上面是指股价运行在上升通道中的情况，而股价运行在下降通道中的情况恰恰相反，只有在较短的反弹过程中才会出现外盘大于内盘的情况，大多数情况下都是内盘大于外盘。对于这样的股，我们不参与也罢。

至于箱形震荡的股票，由于成交量往往呈有规律的放大和缩小，因此介入和退出的时机较好把握，借助内外盘做判断的特征大致和走上升通道的股票差不多。

窄幅盘整的股票，则往往伴随成交量的大幅萎缩，内外盘的参考意义就更小了。因为看待内外盘的大小必须结合成交量的大小来看，当成交量极小或极大的时候往往是纯粹的散户行情或主力庄家大量对倒，内外盘已经失了本身的意义，虚假的成分太多了。

当股价处于低位的上升初期或主升期，外盘大于内盘，则是主力大资金进场买入的表现。

当股价处于高位的上升末期，外盘小于内盘，则是主力大资金出场卖出的表现。

当股价处于低位的上升初期或横盘区，外盘远小于内盘，不管日线是否收阴，只要一两日内止跌向上，则往往是主力大资金假打压、真进场买入的表现，是在诱空。

当股价处于高位的上升末期或高位横盘区，外盘远大于内盘，但股价滞涨或尾市拉升，无论日线阴阳，往往是主力大资金假拉升、真卖出的表现，是在诱多。

另外有两种极端的情况就是涨停和跌停时的内外盘。当股价涨停时，所有成交都是内盘，但上涨的决心相当坚决，并不能因内盘远大于外盘就判断走势欠佳，而跌停时所有成交都是外盘，但下跌动力十足，因此也不能因外盘远大于内盘而说走势强劲。

总而言之，内盘和外盘的大小对判断股票的走势有一定帮助，但一定要同时结合股价所处的位置和成交量的大小来进行判断，而且更要注意的是股票走势的大形态，千万不能过分注重细节而忽略了大局。

三、内盘外盘分析技巧

1.下有托板，而出现大量隐形内盘，为庄家出货迹象。

2.上有盖板，而出现大量隐形外盘，股价不跌，为大幅上涨的先兆。

3.外盘大于内盘，股价仍上升，看高一线。

4. 内盘大于外盘，股价不跌或反有微升，可能有庄家进场。

5. 外盘大于内盘，股价不上涨，警惕庄家出货。

6. 内外盘都较小，股价轻微上涨，是庄家锁定筹码，轻轻地托着股价上走的时候。

7. 内盘大于外盘，价跌量增，连续第二天是明眼人最后一次出货的机会。

盘口中，买卖盘上所放的挂单，往往是主力骗散户用的假象。大量的卖盘挂单俗称上盖板，大量的买盘挂单俗称下托板。而真正主力庄家目的性买卖盘通常是及时成交的，隐形盘虽在买卖盘口看不到，但在成交盘中是跑不了的。因此，研究隐形盘的成交与挂单的关系，就可看清主力庄家的真实意图。

主力庄家只要进出，是很难逃脱内外盘盘口的。虽可用对敲盘暂时迷惑人，但主力大量筹码的进出，必然会从内外盘中表现出来。

第四节　换手率解密：行情活跃度

一、为什么要关注换手率

换手率指标的详细解读

换手率是指每日的成交量与股票的流通股本的比值，通常以百分比计算。换手率可以作为看图时固定运用的指标，比较客观，有利于横向比较，能准确掌握个股的活跃程度和主力动态。换手率可以帮助我们跟踪个股的活跃程度，找到"放量"与"缩量"的客观标准，判断走势状态，尤其是在主力进货和拉升阶段，可以估计主力的控筹量。

以下是一个交易日换手率的参考数据表：

日换手率	股票状态	盘口观察	资金介入程度	操作策略	走向趋向
1% ~ 3%	冷清	不关注	散户资金	观望	无方向
3% ~ 7%	相对活跃	适当关注	试探介入	原则观望	小幅上落
7% ~ 10%	高度活跃	高度关注	大举介入	考虑买入或卖出	稳步上升或回落
10% ~ 15%	非常活跃	重点关注	尝试介入	大举买入或卖出	大幅上升或回落
15% ~ 25%	极度活跃	极度关注	全线介入	短线进入或中线清仓	有可能暴跌
25% 以下	走势异常，强势上涨的高点不远，不能强势上涨的，大跌在即。				

如图 2-7 所示，重庆港（600279）在一波大行情中，该股在 4 元 ~ 5 元的区间内徘徊了四个多月，交易十分冷清，其换手在 3% 以下。随即主力悄悄入场，成交量温和放大到换手达 7% 左右，市场交投逐步活跃起来，此时我们也跟随进场。当换手达到 10% 时，股价已从底部的 4 元多涨至 8 元左右，走出明显的上升趋势，此时可逐渐增大仓位，静待主力拉升浪的到来。当换手接近 15% 时，市场人气已十分火热，此时我们就应该做到"众人皆醉我独醒"，时刻保持警惕，做好随时退场的准备。一旦发现主力出货的迹象，要果断卖出。6 月 14 日该股以涨停开盘，而后放巨量打开涨停，虽然股价最终还是以涨停板 17.55 元报收，但当天换手达 26.43%，市场人气已经亢奋，放出该股上市以来的天量。股谚云：天量对天价，此时不卖，更待何时？此时应果断离场。随后股价惯性冲高 2 天后创出 19.60 元的历史新高即迅疾下跌，展开了为期 4 年多的漫漫熊途，至今尚无法回到 19.60 的历史高位。如图 2-8 所示。

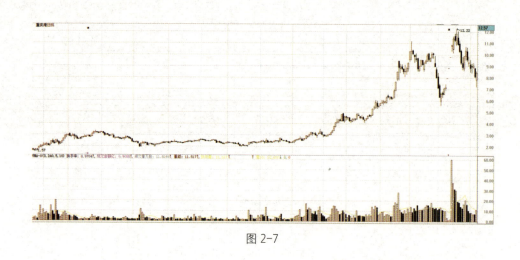

图 2-7

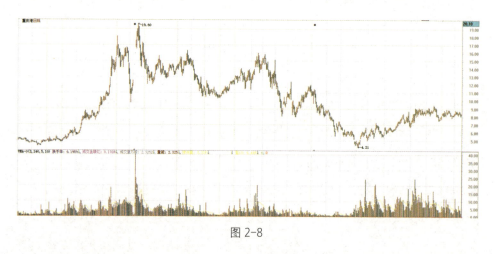

图 2-8

二、换手率与量比的综合使用

换手率与量比的综合使用规则如下：

1. 量比应该是在换手率从低换手突变为高换手时放大为宜，也就是说，不能在换手率由高换手转变成巨量换手时去看量比，因为此时多数情况下已经在阶段性的高点附近了。

2. 量比的最大功用，是及时发现冷门股突变为热门股的那一刻，用量比选股应尽量选择价格处于较低位置的个股，并及时捕捉之。

3.运用量比时，只能在两点上着手，寻求高利润。一个是股价调整后，经过缩量整理，股价突放大量反转向上时；第二个是股价在上升过程中经过震荡整理，放量向上突破重要价格或阻力位的时候。

4.在股价运行中一定要注意换手率的变化，一般来说，个股的日换手率要达到5%以上股价才会表现活跃，但如果要股价持续活跃，还必须成交量以各种形式持续放大才能保证，但对换手率也要有个度，一般日换手率大于20%以上，容易引发阶段性高点。

5.成交量的放大应该促成股价的上涨，并与上涨的强度成正比，放量不涨、放大量小涨、放量反而下跌都是不健康的情况，要具体情况具体分析。除了股价大幅上涨后放量下跌是可信的真跌外，在超跌或者股价底部的放量不涨，都要仔细分析，很多情况下可能是主力的刻意洗盘行为。既然主力刻意震仓，那就应该等到他洗盘结束了我们再陪他玩，要不然可能落得个"心急吃不了热豆腐"的下场。这个标志时刻就是再度放量突破巨量洗盘当日的高点后，再择机介入。

6.谨防下跌途中主力玩弄放量上涨的骗线把戏。股价在完成上升趋势后，就会进入新的趋势，先前或者是横盘整理，但终归会进入下跌趋势。标志就是在股价日K线组合中创下第一个低点反弹后（在下跌途中只要当日收盘价高于上个交易日高点就算反弹），再度跌破第一个低点，就可以说这个股票正式进入下跌趋势了。在这个过程中，主力会时不时地来个放量反弹，对这种走势要特别谨慎对待。可以用三把尺子来过滤主力可能的骗线：第一，看看跌幅，从高点算起跌幅小于25%，骗线可能很大；第二，看放量后成交量是否持续，如果随后的交易日量能迅速萎缩，主力肯定是在挖坑做陷阱；第三，看是否是量增价升的正常良好走势，如果量增而价格却滞重难行，是绝对不能碰的，而且此时量能大幅放大，价增量升的K线应该是阳线，就算是跳空大涨的阴线都是不好的，要慎重对待。这第三条也同样适用于上涨行情之中。

　　换手率数值越大，不仅说明交投活跃，还表明交易者之间换手的充分程度。换手率在市场中是很重要的买卖参考，应该说这远比技术指标和技术图形来得更加可靠。如果从造假成本的角度考虑，尽管交易印花税、交易佣金已大幅降低，但成交量越大所缴纳的费用就越高是不争的事实。如果在K线图上的技术指标、图形、成交量三个要素当中选择，主力肯定是最没有办法时才会用成交量来骗人。因而，研判成交量乃至换手率对于判断一只股票的未来发展有很大帮助。从中能区分出换手率高是因为主力要出货，还是主力准备拉抬，这是很重要的信息。

　　一般来讲，换手率高的情况大致分为三种：

　　1. 相对高位成交量突然放大，主力派发的意愿是很明显的。然而，在高位放出量来也不是很容易的事，一般伴随有一些利好出台时，才会放出成交量，主力才能顺利完成派发，这种例子是很多的。相反，像西藏天路（600326）这种股票是很会骗人的庄股，先急跌然后再强劲反弹，并且超过前期整理平台，引来跟风盘后再大举出货。对于这类个股规避风险的办法就是回避高价股、回避前期曾大幅炒作过的股票。如图 2-9 所示。

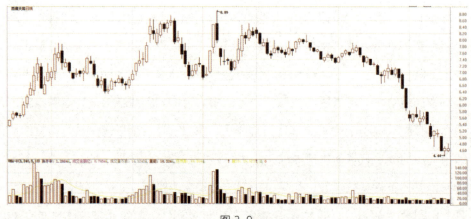

图 2-9

2. 新股，这是一个特殊的群体，上市之初换手率高是很自然的事儿，一度也曾上演过新股不败的神话，然而，随着市场的变化，新股上市后高开低走成为现实，显然已得不出换手率高一定能上涨的结论。虽然前几年上市的新股星星科技、仟源制药的表现格外抢眼，硬用高换手率而得出他们上涨的结论显然失之偏颇，但其换手率高也是支持它们上涨的一个重要因素。如图 2-10、2-11 所示。

图 2-10

图 2-11

3. 底部放量，价位不高或价格处于低位的强势股，是我们讨论的重点，其高换手率的可信程度较高，表明新资金介入的迹象较为明显，未来的上涨空间相对较大，越是底部换手充分，上行中的抛压越轻。换手率高是强势股的必要特征，强势股就代表了市场的热点。因而有必要对换手率高的个股重点关注。

而对于换手率高的个股也要有所区分，一种是刚刚放量的个股，另一种是放量时间相对较长的个股。对于近期放量的个股必须满足了重股价（价格要低）、重股本结构（股本要小，股本结构要单一）、重质量（公司质地要好）的三重条件，如符合则越早介入越好。

但如果只是充分换手就是不涨，反而应该引起我们的警惕，或者调低对其的盈利预期。而对于一批面临退市风险的 ST 股，尽管它们的换手率也很高，但还是敬而远之为好。由于其未来的风险实在较大，主力对倒自救吸引跟风也就是一种无奈的选择。

对成交量进行分析是实际操作中很重要的一个方面。由于流通盘的大小不一，成交金额的简单比较意义不大。在考察成交量时，我们不仅要看成交股数的多少，更要分析换手率的高低。换手率的变化分析远比其他的技术指标的分析和形态的判断都更加可靠。换手率的高低不仅能够表示在特定时间内一只股票换手的充分程度和交投的活跃状况，更重要的是它还是判断多空双方分歧大小的一个重要参考指标。低换手率表明多空双方的意见基本一致，股价一般会由于成交低迷而出现小幅下跌或步入横盘整理。高换手率则表明多空双方的分歧较大，但只要成交活跃的状况能够维持，一般股价都会呈现出小幅上扬的走势。

对于换手率的观察，投资者最应该引起重视的是换手率过高和过低时的情况。过低或过高的换手率在多数情况下都可能是股价变盘的先行指标。一般而言，在股价出现长时间调整后，如果连续一周多的时间内换手率都保持在极低的水平（如周换手率在 2% 以下），则往往预示着多空双方都处于观望之中。由于空方的力量已经基本释放完毕，此时的股价基本已进入了底部区域。此后即使是一般的利好消息都可能引发个股较强的反弹行情。

对于高换手率的出现，投资者首先应该区分的是高换手率出现的相对位置。如果此前个股是在成交长时间低迷后出现放量的，且较高的换手率能够维持几个交易日，则一般可以看作是新增资金介入较为明显的一种迹象。此时高换手的可信度比较好。由于是底部放量，加之又是换手充分，此类个股未来的上涨空间应相对较大，同时成为强势股的可能性也很大。投资者有必要对这种情形作重点关注。如果个股是在相对高位突然出现高换手而成交量突然放大，一般成为下跌前兆的可能性较大。这种情况多伴随有个股或大盘的利好出台，此时，已经获利的筹码会借机出局，顺利完成派发，"利好出尽是利空"的情况就是在这种情形下出现的。对于这种高换手率，投资者应谨慎对待。

除了要区分高换手率出现的相对位置外，投资者还要关注高换手率的持续时间，是刚刚放量的个股，还是放量时间较长的个股。多数情况下，部分持仓较大的机构都会因无法出局而采取对倒自救的办法来吸引跟风盘。对于那些换手充分但涨幅有限的个股反而应该引起警惕。但对于刚刚上市的新股而言，如果开盘价与发行价差距不大，且又能在较长时间内维持较好的换手，则可考虑适时介入。

实际上，无论换手率过高或过低，只要前期的累计涨幅过大都应该小心对待。从历史观察来看，当单日换手率超过 20% 时，个股进入短期调整的概率偏大，尤其是连续数个交易日的换手超过 10%，则更要小心换手率的持续性。如果一只股票突然在底部量能放大且只持续了一天，并不能说明任何问题，反而有可能是危险信号。相反，在高位放大且只持续一天，也不能说明任何问题，反而有可能是买进信号，要看其是否有持续性。

1. 股价走势决定换手率的大小，比如涨幅大小，换手率放大的位置高低等；

2. 前期换手率的大小决定现在换手率的大小是否安全；

3. 换手率的可靠性决定判断当时换手率的属性，这要看实战经验；

4. 近期换手率总和决定现在换手率的大小是否安全；

5. 阻力位的换手率决定现在换手率的大小是否安全；

6. K 线形态决定现在换手率的大小是否安全；

7. K 线组合决定判断当时换手率的属性；

8. 主力控盘度也决定当时换手率的大小是否安全；

9. 均线排列也决定判断当时换手率的属性。

三、换手率选股"六部曲"

1. 每日收盘后对换手率进行排行，观察换手率在 6% 以上的个股；

2. 选择流通股本数量较小的，最好在 3 亿以下，中小板、创业板尤佳；

3. 选择换手率突然放大 3 倍以上进入此区域或连续多日平均换手率维持在此区域的个股；

4. 查看个股的历史走势中连续上涨行情发生概率较大而"一日游"行情发生概率较小的个股；

5. 第二日开盘阶段量比较大排在量比排行榜前列的个股；

6. 最好选择个人曾经操作过的、相对比较熟悉的个股进行介入操作。

市场表现：

此类个股一般会出现连续多日内达半数交易日涨停的大涨行情，当然也不可避免被"一日游"行情所害。

后市操作建议：

1. 如当日涨幅超过 8% 且换手率维持或再次放大，投资者应继续持有以把握大涨行情；

2. 如当日涨幅极小甚至小于 0（及下跌）且换手率明显减小，很可能是"一日游"行情的个股，只能自认倒霉，这也是观察该股在开盘时量比大小的关键所在，大数值量比下出现此类情况的机会较小；

3. 只要排除掉"一日游"行情的危险，就一定要坚持持有该股 3 个交易日以上，才能不至于错过大行情。

微信扫码添加同花顺陪伴官小顺
获取更多图书增值服务

第三章

看盘核心技术解密之一

第一节　从盘面中识别主力伎俩（上）

一、收盘前快速下砸

在当天收盘前突然连续出现几笔大卖单以很低的价位抛出，把股价砸至很低位。其目的是：

1.使日 K 形成光脚大阴线，或十字星，或阴线等较"难看"的图形使持股者恐惧而达到震仓的目的；

2.使第二日能够高开并大涨而跻身升幅榜，吸引投资者的注意；

3.操盘手把股票低价位卖给自己或关联人；

4.为日后拉高出货打下基础。

如图 3-1、3-2 所示：

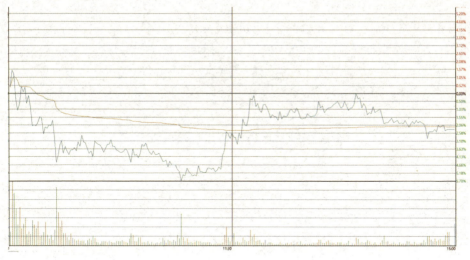

图 3-1

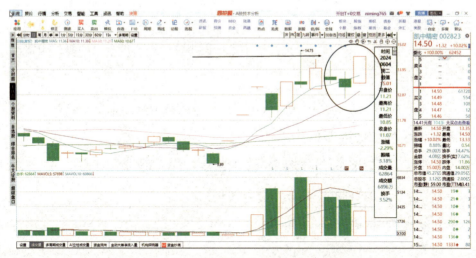

图 3-2

二、盘中快速大幅拉高

主要为做出长上影线，快速大幅拉高，盘中以涨停或很大升幅一次拉高，但瞬间又回落。其目的是：

1. 试盘动作，试上方抛盘是否沉重；

2.试盘动作，试下方接盘的支撑力及市场关注度；

3.操盘手把筹码低价卖给自己或关联人；

4.为主力拉高出货作掩护，掩人耳目。

如图 3-3、3-4 所示：

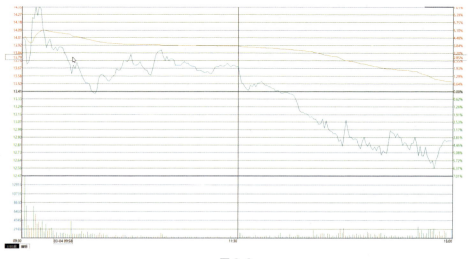

图 3-3

图 3-4

三、识别骗人的向上突破

1. 从某只个股的日 K 线图表上看，自底部算起，这类个股的累计涨幅一般已经相当大，通常已经具有 80% 左右的上涨幅度；

2. 这类个股的庄家既然已经把它拉至高位，且手中筹码又没脱手，就形成了一个高位平台，然后一边护盘一边出货；

3. 经过一段时间的横盘，当该股的庄家已经卖出了大部分筹码后，便再次快速拉抬股价令其创出新高，制造出再次向上突破的假象；

4. 当该类股票再次向上突破并再创新高之时，跟风盘会不请自到，一拥而入；

5. 主力庄家看到这种情况，心里自然高兴，他就是要利用市场看好还有一波的气氛时进行派发；

6. 派发时一般是大笔资金出货，小笔资金拉抬。虽然出货的价格并非在最高位，但足以实现预定目标了；

7. 出货完毕后，该股会阴跌不止，毫无支撑点位；

8. 这类个股的最大特点是：往上突破之时，阳线实体太短，通常有上影线。同时，换手率太过惊人，放量最大的 3 天的换手率一般高达 30% 以上。

如图 3-5 所示，亿阳信通（600289，现名 *ST 信通）经历长达 40 余天的高位横盘后，于 4 月 16 日放量创出新高，很有攻城拔寨的气势，但这只是主力构筑的诱多陷阱。

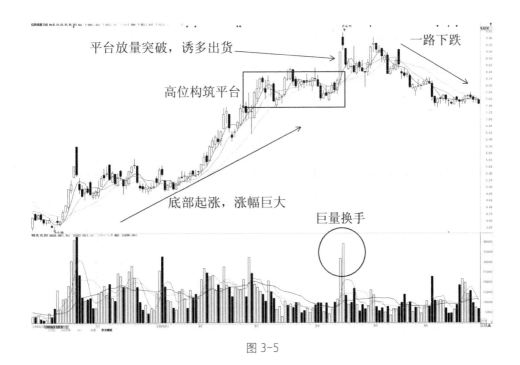

平台放量突破，诱多出货

高位构筑平台

一路下跌

底部起涨，涨幅巨大

巨量换手

图 3-5

四、盘口对比识强庄

1. 在实时盘口中，当大盘下跌时个股不跌或小跌，大盘小涨个股却大涨，此为强势股主要特征之一，如发现可加入自选股密切关注；

2. 在实时盘口中，大盘成交量与前几日持平，但个股明显放量，如有强势特征，可果断介入，一般都买在主力拉升点；

3. 在实时盘口中，大盘在放量，个股却缩量，如强势不跌，则表明主力正在逆市洗盘，可择机介入。

如图 3-6 所示，青青稞酒（002646，现名天佑德酒）开盘后底部渐渐抬高，逐波上涨，而此时大盘却呈弱势下跌，待到量能逐渐萎缩，即将企稳之时，青青稞酒迅速放量拉升，创出盘中新高，此时为介入良机，该股最终以涨停报收。

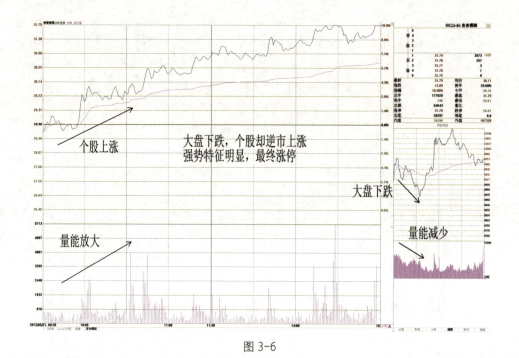

图 3-6

　　如图 3-7 所示，永泰能源（600157）在大盘两波快速下跌时能缩量小跌，表明盘中筹码锁定较好，一旦大盘企稳，主力将顺势拉升。图中主力两次拉至涨停价位，虽没封住，但表明主力做多意愿坚决，尾盘又逢大盘跳水，但该股始终运行在均价线之上，于收盘时大涨 8.39%。

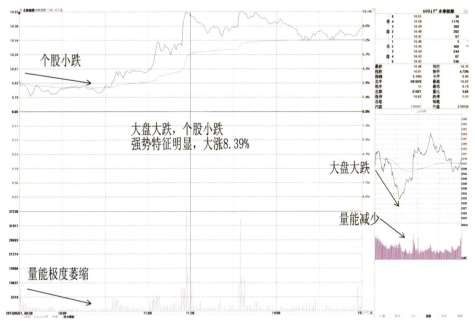

图 3-7

第二节　从盘面中识别主力伎俩（中）

一、庄家出货三种手法

1. 震荡出货法

在高价区反复制造震荡，让散户误以为只是在整理而已，于震荡中慢慢分批出货。这种出货时间长，常用于大盘股或重要的指标股出货操作。如图 3-8 所示：

图 3-8

2. 拉高出货法

发布突发性的重大利好消息，之后巨幅高开，吸引散户全面跟进，这时一边放量对倒，一边出货，往往一两天就完成出货操作。这种出货方式要求人气旺盛，消息刺激性强，适合中小盘股操作。但这种出货方式庄家风险很大，只能在行情较为火爆时才能稍有把握成功出货。如图 3-9、3-10 所示：

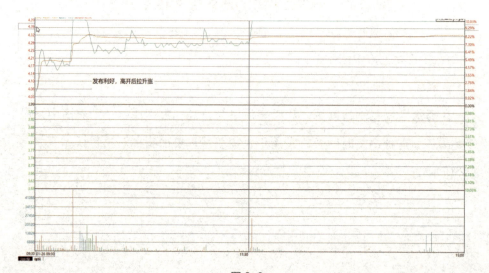

图 3-9

图 3-10

3. 打压出货法

直接打压股价出货。这种情况的出现，往往因为庄家发现了突发性的利空，或者某种原因迫使庄家迅速撤庄。投资者千万别以为庄家只有拉高股价才能出货，事实上庄家持股成本远远低于大众持股水平，即使打压出货也有丰厚利润。这种出货方式阴险毒辣，容易将股性搞坏，一般庄家不愿采用，但万不得已时也会出现。如图 3-11、3-12 所示：

图 3-11

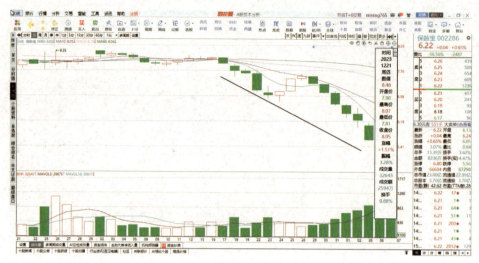

图 3-12

　　在实战中主力出货的手法千变万化，还需要我们自己不断总结，最终以不变应万变。

二、空头陷阱

　　所谓空头陷阱，简单地说就是市场主流资金大力做空，通过盘面中显露出明显疲弱的形态，诱使投资者得出股市将继续大幅下跌的结论，并恐慌性抛售的市场情况。股价急转直下，热门股纷纷跳水，指数连续快速下跌，这时投资者更要谨防空头陷阱。对于空头陷阱的判别主要是从消息面、成交量、技术分析等方面进行综合分析研判。

　　1. 从消息面上分析。主力资金往往会利用宣传的优势，营造做空的氛围。所以当投资者遇到市场利空不断时，反而要格外小心。因为正是在各种利空消息满天飞的重磅"轰炸"下，主流资金才可以很方便地建仓。

　　2. 从技术形态上分析。空头陷阱在 K 线走势上的特征往往是连续几根长阴线暴跌，贯穿各种强支撑位，有时甚至伴随向下跳空缺口，引发市场中恐慌情绪的连锁反应。在形态分析上，空头陷阱常常会故意引发技术形态的破位，让投资者误以为后市下跌空间巨大，而纷纷抛出手中持股，从而使主力可以在低位承接大量的廉价股票。

3. 从成交量分析。空头陷阱在成交量上的特征是随着股价的持续性下跌，量能始终处于不规则萎缩中，有时盘面上甚至会出现无量空跌或无量暴跌现象，盘中个股成交也是十分不活跃，给投资者营造出阴跌走势遥遥无期的氛围。恰恰在这种制造悲观的氛围中，主力往往可以轻松地逢低建仓，从而构成空头陷阱。

如图 3-13、3-14、3-15 所示：

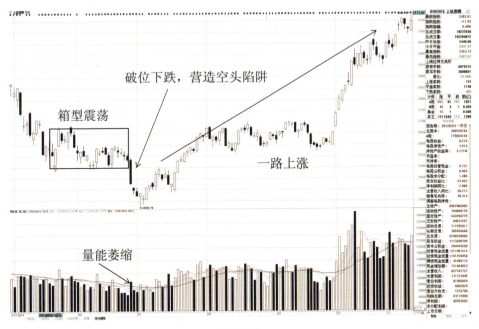

图 3-13

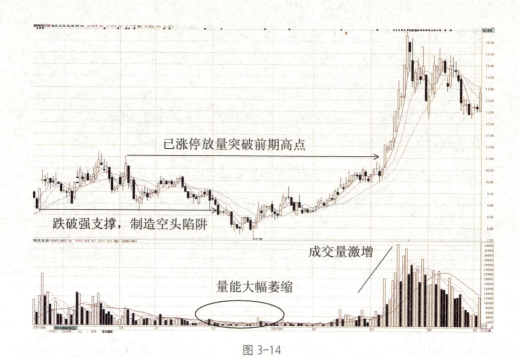

图 3-14

由于三季报预亏，市场一片看空，主力乘机打压，破位下跌营造恐慌气氛，制造空头陷阱，待到低位，放量大肆收集廉价筹码，从 3.00 元一气拉到 22.00 元。涨幅惊人，主力获利丰厚

破位下跌

不规则大幅放量

图 3-15

三、盘口量能的含义

做股票一段时间后，我们经常听到的一句话就是：量在价先。久而久之我们往往容易形成一种思维定式——只要有成交量在，什么都好办。其实，一只股票成交量的放大与缩小，很多时候预示着股价将来一段时间的走势。更重要的是不同时段的量能有着不同的含义。

无论是做中长线还是做短线，如突发巨量，尤其是在高位，此时你就得警惕了，需判断是否到顶了。如图 3-16、3-17 所示：

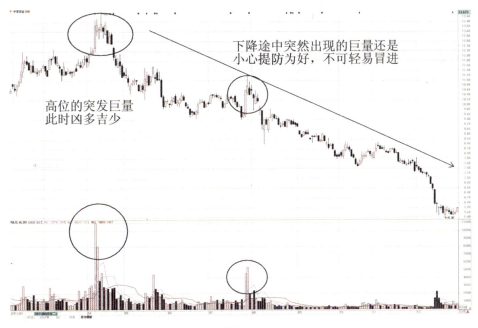

图 3-16

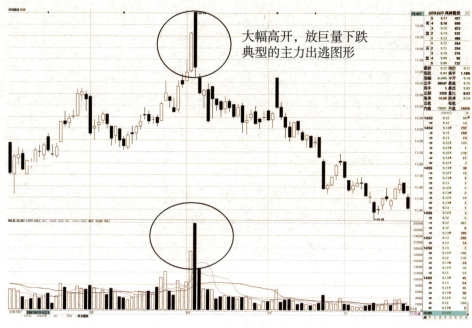

图 3-17

四、大单在主力运作中的市场含义

大单是在盘中发现主力的重要依据之一，尽管主力刻意利用对倒等手段来制造虚假的大单交易，但大单分析在整个盘口分析中的价值还是不容忽视。经笔者多年实战总结，盘口大单细分为：突然大单、连续大单、大单压托、扫盘垫单、砸盘压单、密集成交、主买大单、主卖大单、压盘托盘等，下面一一讲解：

1. 突然大单，单笔换手在 0.5% 以上，在上升趋势中多为主力启动拉升时的对倒盘或主动性扫盘，在下降趋势中多为主力的抛盘或市场的恐慌盘。如图 3-18 所示：

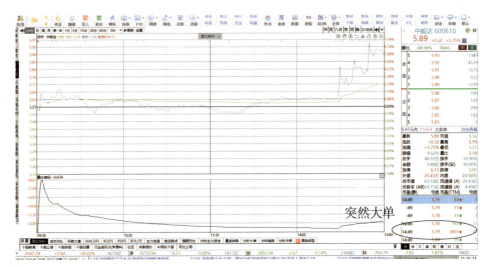

图 3-18

2. 连续大单，单笔换手在 0.05% 以上，连续 3 笔以上，其市场含义和突然大单类似，都为有目的性的成交单。如图 3-19 所示：

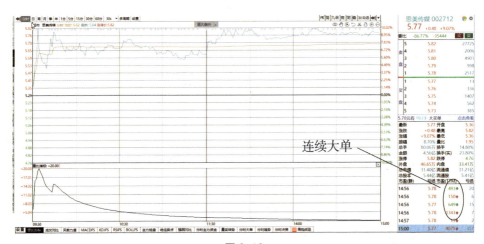

图 3-19

3.大单压托，压盘托盘，这是发现主力运作的重要依据，当主力要吸筹时会在卖一至卖五都挂上大单，显示压力重重，引诱恐慌盘卖出，可大肆收集廉价筹码。反之，如要出货，则在买一至买五上挂出大单，造成买盘积极的假象，引诱散户接盘。如图3-20所示：

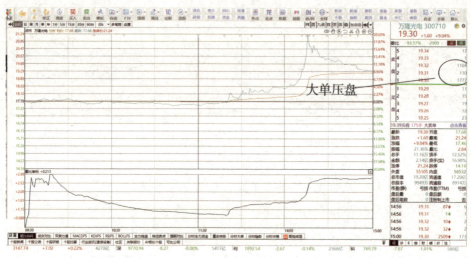

图 3-20

4.密集成交，这是主力拉升前的行为之一。当卖一上挂出大单后（市场上的单子），主力用小单密集地向大卖单打去，逐渐吃掉大卖单后迅速拉升，其含义为主力拉升时不愿意其他买盘跟风。拉升动作较为隐秘，多为吸货末期、拉升初期的盘口现象，在洗盘末期即将启动拉升时也时常用到该手法。如图3-21所示：

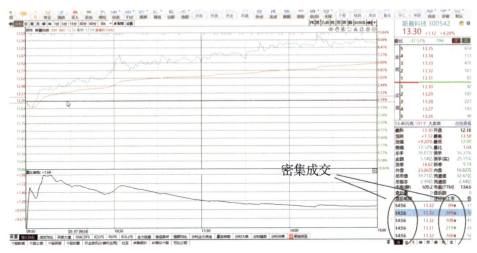

图 3-21

5. 主买大单、主卖大单，这主要是主力在拉升和出货砸盘时出现的大单交易，其含义和突然大单类似。如图 3-22 所示：

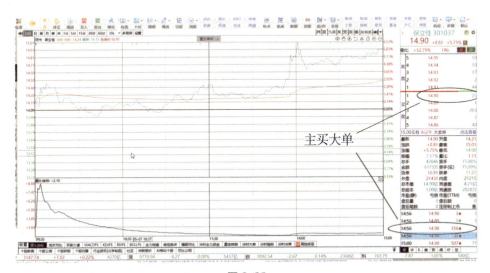

图 3-22

6.扫盘垫单、砸盘压单，和主买、主卖大单类似，是主力启动拉升和恐慌砸盘时较常出现的手法之一。如图 3-23 所示：

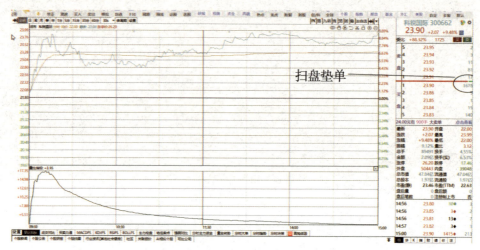

图 3-23

第三节　从盘面中识别主力伎俩（下）

一、高位"吊颈线"

吊颈线——就是实体非常短小、基本上没有上影线，同时下影线却极长的 K 线。股票在当天的相对高位开盘后无力继续上冲，出现较大幅度的回调，但尾市又得到主力的拉抬而收于开盘价位附近。

1.高位"吊颈线"一般出现在股价持续攀升了一段时间之后，由于总体升幅太大，买盘不足，同时获利盘获利了结的欲望开始增强；

2.此时主力也加大了出货的力度，于是卖盘增加，买盘减少，造成接盘无力，股价走低，有时甚至下跌到前一天的收盘价之下；

3. 由于短时跌幅较大，一些原来看好该股却不敢追高买进的投资者此时总算等到了"逢低吸纳"的良机，抓紧时机入市捡货，主力也顺势拉高；

4. 主力拉抬价格，并不是想要继续推升股价，而是为了掩护第二天出货。因此第二天股价多半无法继续上攻，往往是向下跳空低开，开盘之后即开始逐步走低；

5. 高位"吊颈线"，一般出现在连续涨停之后。这时主力会利用一切骗人的手段，花样百出，努力让 K 线看上去完美，但无论如何都掩盖不了主力出逃这一事实。

高位吊颈线在实战中非常具有警示意义，一旦出现，持股的投资者应该在当天尾市拉高时坚决清仓。

如图 3-24、3-25 所示；

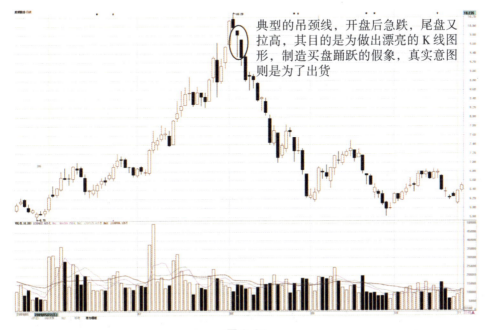

图 3-24

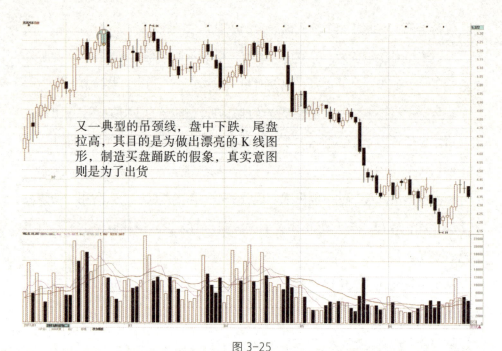

又一典型的吊颈线，盘中下跌，尾盘拉高，其目的是为做出漂亮的K线图形，制造买盘踊跃的假象，真实意图则是为了出货

图 3-25

二、空方衰竭及买入信号

1.地量见地价。股市里主力机构的手法多种多样，可谓"乱花渐欲迷人眼"，唯有成交量是真实的。股票下跌一段时间后，在惜售心理和恐惧心理同样严重的情况下，往往会出现盘面的极度沉闷。具体表现为，量能极度萎缩，买卖清淡等。而此时却恰恰是空方衰竭和股价见底的时候，这样的股票需要我们高度关注。我们要关注的是转机何时来临，这个转机就是量能的放大。无论K线形态多么难看（N连阴），只要在持续的缩量后，某天突然放量，我们要敢于在第一时间果断买入，赢在起涨点上。

2.股价连续下跌，跌幅已经逐渐缩小，且成交极度萎缩；或横盘一段时间，其间K线阴阳交错，阳多阴少。若成交突然变大且价涨，并出现高换手时，即表示有主力资金进场吃货，这时我们就应该果断买进。

3.股价由跌势转为涨势初期，成交量逐渐放大，并保持较高换手率，形成价涨量增，均线系统呈向上发散趋势，暗示后市看好，新高可期，宜果断买进。

实战中，上述几点要综合应用，对于符合条件的股票要大胆买入，果断进场。

如图 3-26、3-27 所示：

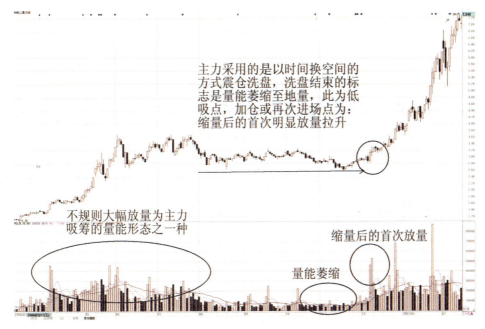

图 3-26

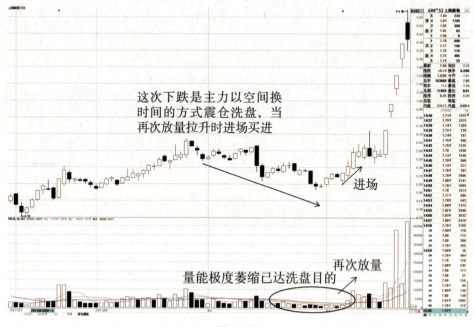

这次下跌是主力以空间换
时间的方式震仓洗盘，当
再次放量拉升时进场买进

进场

量能极度萎缩已达洗盘目的

再次放量

图 3-27

三、主力进场的信号

投资者进入股市，首要的目的就是获取差价，都希望自己买入的股票能涨，能连续不停地上涨。那么怎样才能买到连续上涨的股票呢？个股的涨跌固然有其自身的特殊规律，但除此之外，更重要的是有无主力。众所周知，个股的上涨靠的是资金推动，仅靠中小投资者手中有限的资金是做不到这点的。俗话说得好，庄家选股散户选庄。因此要想买到能够连续上涨的股票，必须关注主力的动向，即所谓"炒股要听主力的话"。

那么，主力入场有什么表现呢？怎样才能买到有主力关注的个股呢？古人云：若要人不知，除非己莫为。只要我们细心观察，就可以及早发现主力关注的个股。综合起来看，笔者觉得从以下几个方面多少可以看出主力的动向：

1. 分时图上忽上忽下，盘中经常出现 100 手以上的买盘；

2. 换手非常活跃，呈增加趋势；

3. 原先成交极度萎靡，某天起成交量逐步放大；

4. 股价在低位整理时出现逐渐放量；

5. 在 5 分钟、15 分钟等分时 K 线图上经常出现一连串的小阳线；

6. 大盘急跌它盘跌，大盘大跌它小跌，大盘横盘它微升，大盘反弹时它强劲反弹，且成交量放大；

7. 股价回落的幅度明显小于大盘。

实战中，投资者只要胆大心细，发现主力的蛛丝马迹，紧跟主力的步伐，使自己的投资收益最大化是可以实现的。如图 3-28、3-29 所示：

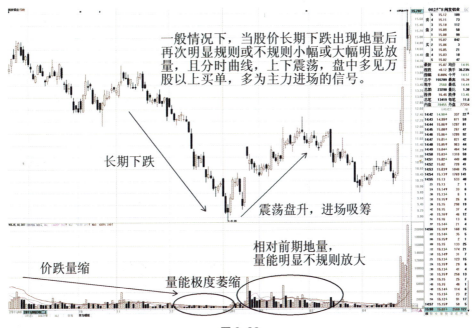

图 3-28

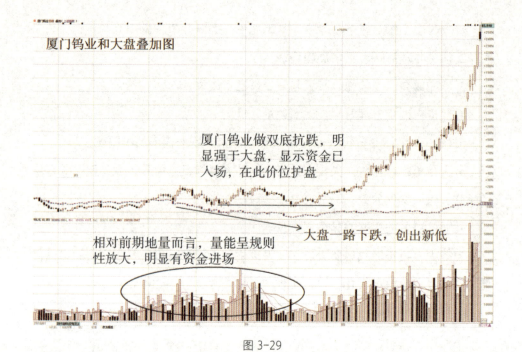

厦门钨业和大盘叠加图

厦门钨业做双底抗跌，明
显强于大盘，显示资金已
入场，在此价位护盘

大盘一路下跌，创出新低

相对前期地量而言，量能呈规则
性放大，明显有资金进场

图 3-29

四、用盘口语言判断主力出货的技巧

主力盘口出货时的迹象

1. 市场成交相对拉升期较为稀少；

2. 上方卖一、卖二、卖三、卖四、卖五的挂单很少；

3. 下方买一、买二、买三上的挂单也不多，但在买四、买五上出现大的挂单；

4. 突然盘口出现主动性卖出大单进行砸盘，但仅限于一两笔大单砸盘，随后股价又基本上恢复到原位，上下档挂单也基本上恢复原状。也就是恢复到下方买一、买二、买三上的挂单较少，但在买四、买五上出现大的买单这一状态。同时，买一、买二、买三时不时地出现稍大一些的挂单，给人一种买盘比较踊跃的感觉。

盘口语言解密

1.突然的主动性大单卖出，可以有两种可能情况：一是主力自己大单卖出；二是主力以外的资金大单卖出；

2.市场中的小单多是真实性的交易，所以盘口上的买盘小挂单一般是市场普通投资者所为，而下方的三档处的大挂买单，则肯定是主力所为；

3.如果突然成交的大卖单不是主力所为，按照主力的操盘作风和运作手法，主力发现市场上有大单在抛售，是不会再次挂出大单去主动承接抛盘的，主力会采取让市场慢慢去消化，哪怕股价下跌，主力也不会在乎。因此，从主力多次在买三上挂大单去承接抛盘的现象来看，上面突然的大单卖出，应该是主力所为，也就是说主力在出逃。但是，主力又不想做得太显眼，因此，一两笔大单卖出以后，主力又会休息、维护股价相对稳定，在买三上继续挂出大单，同时在买一、买二处也偶尔挂出一些小单迷惑散户，给市场一种买盘积极的感觉，从而诱惑一些想买该股的人主动在买一、买二上挂单（因为主力大单是挂在买三的，目的就是要引诱散户挂在他的前面）。一旦买一、买二的挂单差不多有一定数量了，上方的大单砸盘又会突然出现。如此循环并加上盘口的适当变化，达到主力悄悄出货的目的。

操作策略：这样的股票不碰；如果持有该股，建议逢高卖出为主。

第四章

看盘核心技术解密之二

第一节　图说盘口陷阱

在实盘操作中对盘中的许多陷阱如果能有效识别，可以规避很多风险。笔者十几年前操作时，常常是十笔操作成功，但一笔就可以将十笔累积的盈利打光，这就是风险控制无力的结果。只有控制了风险，留下的才是利润。笔者将多年看盘实战的经验总结，归纳为以下几点供读者朋友参考。下面以图说的方式一一讲解。

一、快速拉高，急速回落

如图 4-1、4-2、4-3、4-4 所示，金丰投资（600606，现名绿地控股）主力开盘后迅速拉高，5 浪拉升大有一举封涨停之势。可就在涨到 9.2% 时，盘中出现主动的大单砸盘，分时曲线图上形成尖锐的顶。再看其日 K 线图，仅仅一个月时间股价从 4.70 启动，最高涨至 11.32，涨幅翻番有余。主力获利丰厚，随时都有出逃可能。

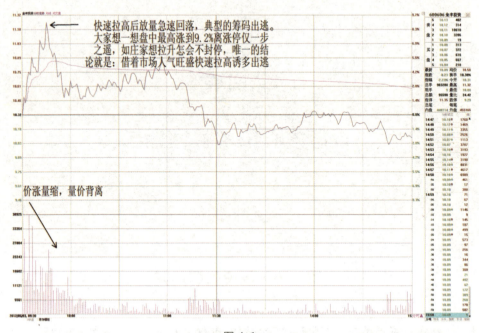

快速拉高后放量急速回落，典型的筹码出逃。大家想一想盘中最高涨到9.2%离涨停仅一步之遥，如庄家想拉升怎会不封停，唯一的结论就是：借着市场人气旺盛快速拉高诱多出逃

价涨量缩，量价背离

图 4-1

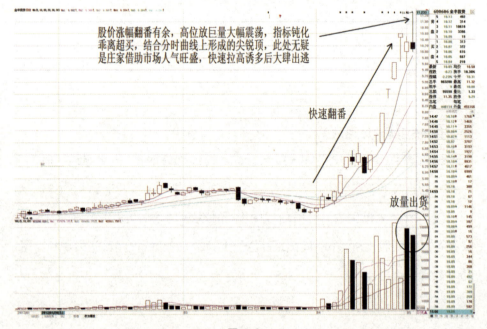

股价涨幅翻番有余，高位放巨量大幅震荡，指标钝化乖离超买，结合分时曲线上形成的尖锐顶，此处无疑是庄家借助市场人气旺盛，快速拉高诱多后大肆出逃

快速翻番

放量出货

图 4-2

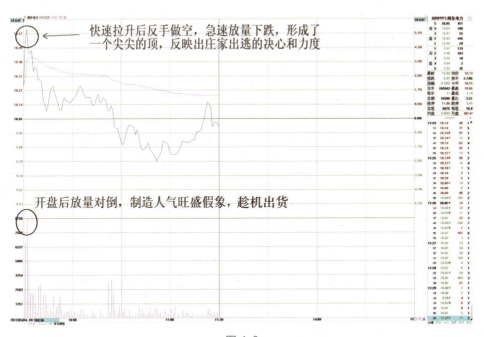

快速拉升后反手做空，急速放量下跌，形成了
一个尖尖的顶，反映出庄家出逃的决心和力度

开盘后放量对倒，制造人气旺盛假象，趁机出货

图 4-3

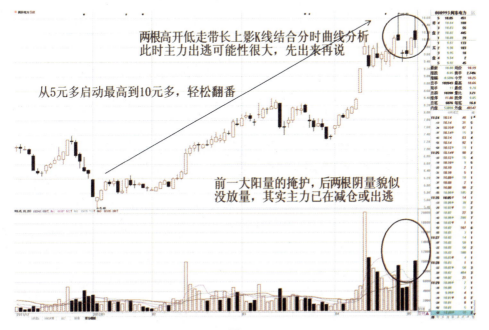

两根高开低走带长上影K线结合分时曲线分析
此时主力出逃可能性很大，先出来再说

从5元多启动最高到10元多，轻松翻番

前一大阳量的掩护，后两根阴量貌似
没放量，其实主力已在减仓或出逃

图 4-4

二、垫单推高诱多，快速大单砸盘

如图4-5、4-6、4-7、4-8、4-9、4-10、4-11、4-12所示，山西三维（000755，现名山西高速）在5月3日大盘强劲攀升的背景下，该股主力利用大单扫盘，在买盘上挂出上千手的买单来引诱散户，不断推升股价。待市场踊跃跟风后反手做空，快速连续用百手以上大单砸盘。此种推高手法说明了主力无心拉升或其实力较弱，一旦下跌其速度将非常迅猛。

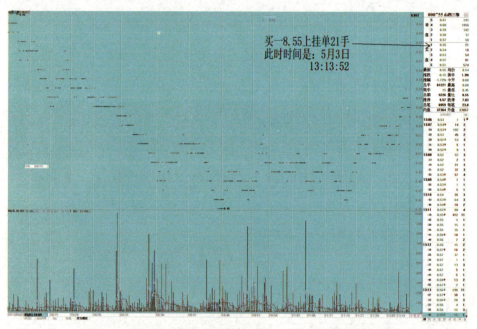

图 4-5

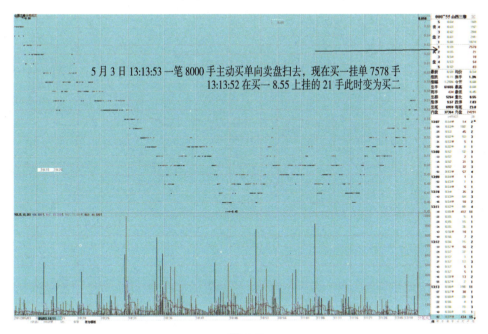

5月3日13:13:53一笔8000手主动买单向卖盘扫去，现在买一挂单7578手
13:13:52 在买一8.55上挂的21手此时变为买二

图 4-6

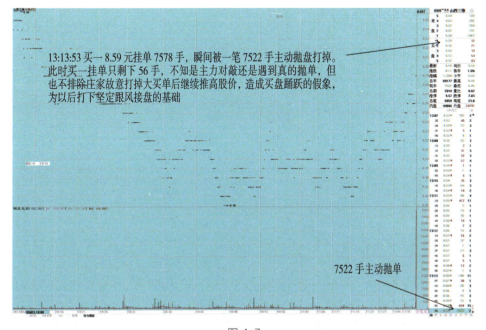

13:13:53买一8.59元挂单7578手，瞬间被一笔7522手主动抛盘打掉。
此时买一挂单只剩下56手，不知是主力对敲还是遇到真的抛单，但
也不排除庄家故意打掉大买单后继续推高股价，造成买盘踊跃的假象，
为以后打下坚定跟风接盘的基础

7522手主动抛单

图 4-7

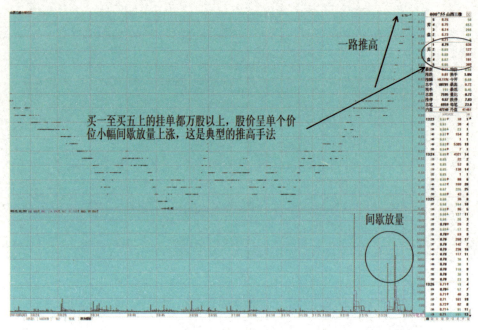

一路推高

买一至买五上的挂单都万股以上，股价呈单个价位小幅间歇放量上涨，这是典型的推高手法

间歇放量

图 4-8

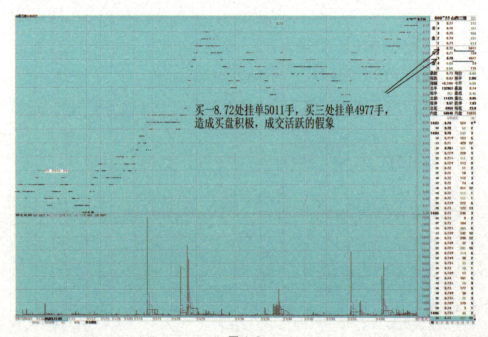

买一8.72处挂单5011手，买三处挂单4977手，造成买盘积极，成交活跃的假象

图 4-9

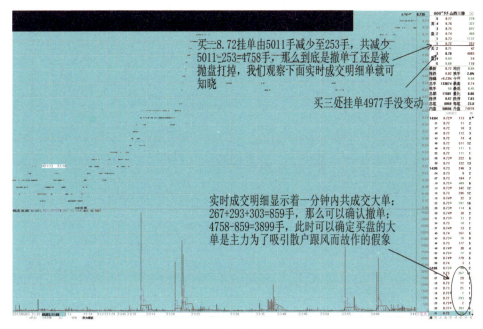

买二8.72挂单由5011手减少至253手，共减少
5011-253=4758手，那么到底是撤单了还是被
抛盘打掉，我们观察下面实时成交明细单就可
知晓

买三处挂单4977手没变动

实时成交明细显示着一分钟内共成交大单：
267+293+303=859手，那么可以确认撤单：
4758-859=3899手，此时可以确定买盘的大
单是主力为了吸引散户跟风而故作的假象

图 4-10

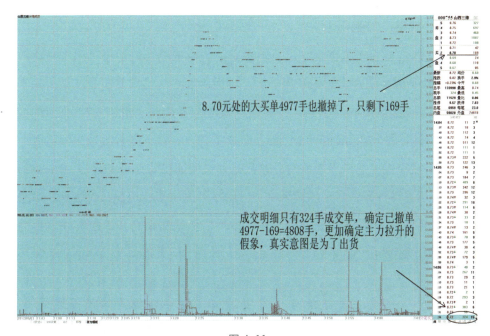

8.70元处的大买单4977手也撤掉了，只剩下169手

成交明细只有324手成交单，确定已撤单
4977-169=4808手，更加确定主力拉升的
假象，真实意图是为了出货

图 4-11

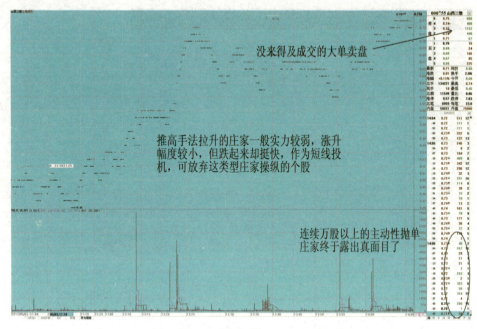

图 4-12

三、高开低走，外强中干

高开低走多为庄家洗盘和出货惯用手法，虽说老套，但很管用，特别是
ST 股，几乎成了庄家出货的经典手法。辨别此种手法是出货还是洗盘，主要
看它处在价格运动的哪个阶段。一般确定大盘属于中期行情时，高开低走的 K
线离底部区域平均价格的涨幅不超过 30% 左右，不管其是否放量，都可视为
洗盘。当然投机市场中没有绝对，这只是大概率而已。如涨幅超过 30% 达到
100% 甚至更高，那么宁可信其为出货，而不可抱侥幸心理视其为洗盘。如遇
到特别强势的主力个股，这时先出来，待价格重新站稳高开低走 K 线后再进
场也不迟。如图 4-13、4-14、4-15 所示：

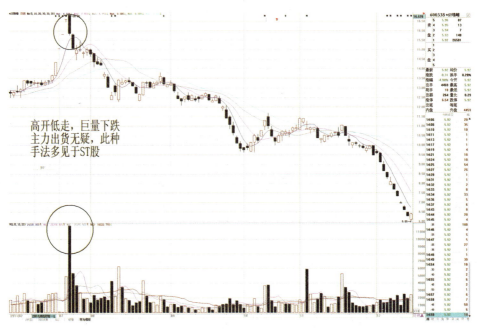

高开低走，巨量下跌
主力出货无疑，此种
手法多见于ST股

图 4-13

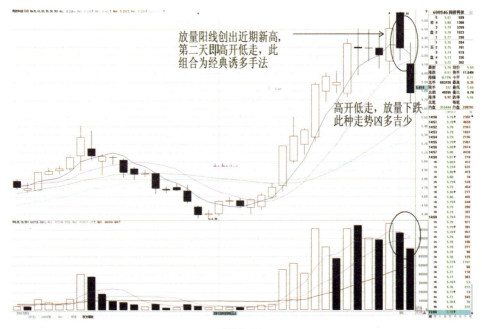

放量阳线创出近期新高，
第二天即高开低走，此
组合为经典诱多手法

高开低走，放量下跌
此种走势凶多吉少

图 4-14

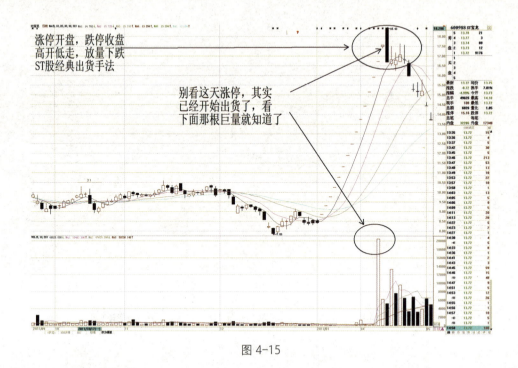

图 4-15

涨停开盘，跌停收盘
高开低走，放量下跌
ST股经典出货手法

别看这天涨停，其实
已经开始出货了，看
下面那根巨量就知道了

四、低开高走，启动信号

在消息面真空的情况下，低开高走一般是主力洗盘结束，将要拉升的信号。其出现的位置要求涨幅不大，距离底部最大涨幅不能超过 30%。如在高位出现低开高走 K 线，很可能是主力的诱多行为，宁可错失机会，也不可冒险贪进。如图 4-16、4-17、4-18 所示：

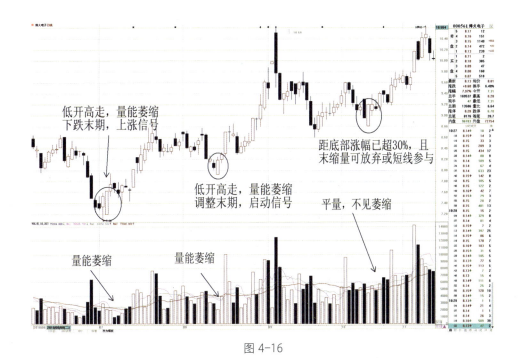

图 4-16

图 4-17

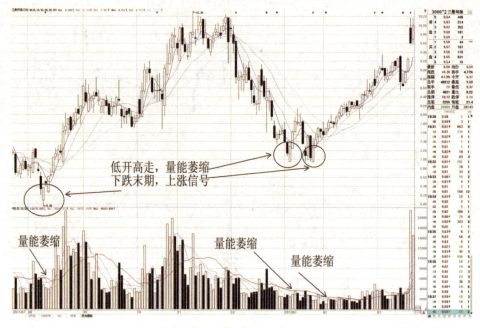

低开高走，量能萎缩
下跌末期，上涨信号

量能萎缩

量能萎缩

量能萎缩

图 4-18

第二节　看盘技术解析

一、各种大单解析

　　股价大幅上升或下跌是由主力资金推动的，主力资金不可能一手两手地买卖股票，因此真正的热门股应该是盘中大买卖单成交活跃的个股。大单，即每笔成交中的大手笔单子。当委托买卖中出现大量买卖盘，且成交大单不断时，则往往预示着主力资金动向。假如一只股票长期极少出现连续大手成交买卖单，基本上可以认定为散户行情，易跌难涨。

　　一般而言，委卖盘越大，说明市场抛售欲望强烈，股价看跌；委买盘越大，说明欲买进的投资人众多，股价看涨。

小规模暗中吸筹　有时买盘较少，买一、买二、买三、买四、买五处只有十至九十几手，在卖单处也只有几十手，但大于买盘。不时出现抛单，但买一未明显减少，有时买单反而增加，且价位不断上移，主力同时敲进买、卖单。此类股票如蛰伏于低位，可作中线关注，在大盘弱市尤为明显。一般此类主力运作周期较长，且较有耐心。

常规性大买单　多指500手以上的成交单中卖单较少的连续向上买单。卖一价格被吃掉后又出现抛单，而买一不见增加反而减少，价位甚至下降，很快出现小手买单将买一补上，但不见大单，反而在买三或买四处有大单挂出，一旦买一被打掉，小单又迅速补上，买三或买四处大单同时撤走，价位下移后，买二成为买一，而现在的买三或买四处又出现大单（数量一般相同或相似）且委比是100%以上，如果此价位是高价位，则可以肯定主力正在出货。小单买进，大单卖出，同时以对敲维持买气。

扫盘大单　在涨势中常有大单从天而降，将卖盘挂单连续悉数吞噬，即称扫盘大单。在股价刚刚形成多头排列且涨势初起之际，若发现有大单一下子连续地横扫了多笔卖盘时，则预示主力正大举进场建仓，是投资人跟进的绝好时机。

低迷期的大单　首先，当某只股票长期低迷，某日股价启动，卖盘上挂出巨大抛单（每笔经常上百、上千手），买单则比较少，此时如果有资金进场，将挂在卖一、卖二、卖三、卖四、卖五的压单吃掉，可视为是主力建仓动作。注意，此时的压单并不一定是有人在抛空，有可能是庄家自己的筹码，庄家在做量吸引市场注意。大牛股在启动前就时常出现这种情况。

盘整时的大单　当某股在某日正常平稳的运行之中，股价突然被盘中出现的上千手大抛单砸至跌停板附近，随后又被快速拉起；或者股价被突然出现的上千手大买单拉升然后又快速归位。这表明有主力在其中试盘，主力向下砸盘，是在试探基础的牢固程度，然后决定是否拉升。该股如果一段时期总收下影线，则向上拉升可能性大，反之出逃可能性大。

下跌后的大单 某只个股经过连续下跌，在其买一、买二、买三、买四、买五常见大手笔买单挂出，这是绝对的护盘动作，但这不意味着该股后市止跌了。因为在市场中，股价护是护不住的，"最好的防守是进攻"，主力护盘，证明其实力欠缺，否则可以推升股价。此时，该股股价往往还有下降空间。但投资者可留意，因为该股套住了主力，一旦市场转强，这种股票往往一鸣惊人。

二、解读集合竞价的盘口密码

一年之计在于春，一日之计在于晨。集合竞价对我们跟踪盘口强弱、预判全天大盘个股走势，有极大的参考价值。集合竞价往往隐含着主力当日运作意图，是市场各方经过一夜深思熟虑，及市场共同预期的结果。这是实战看盘的第一着眼点。认真分析集合竞价的情况，可以及早进入状态，熟悉最新的盘口信息，敏锐发现机会，这是很多散户朋友容易忽略的问题。

（一）集合竞价的交易规则

要准确掌握集合竞价的实盘指导意义，就必须对集合竞价的交易规则有清晰的了解。

所谓集合竞价，是将数笔委托报价或一时段内的全部委托报价集中在一起，根据价格优先、时间优先的原则，以不高于申买价和不低于申卖价的原则产生一个成交价格，且在这个价格下成交的股票数量最大，并将这个价格作为全部成交委托的交易价格。

9：15开始可以进行集合竞价，9：20之前可以撤单，9：25分竞价结果报出。当股票的申买价低而申卖价高而导致没有股票成交时，上海股市就将其开盘价空缺，将连续竞价后产生的第一笔价格作为开盘价。

而深圳股市对此却另有规定：若最高申买价高于前一交易日的收盘价，就选取该价格为开盘价；若最低申卖价低于前一交易日的收盘价，就选取该价格为开盘价；若最低申买价不高于前一交易日的收盘价、最高申卖价不低于前一交易日的收盘价，则选取前一交易日的收盘价为今日的开盘价。

以上就是集合竞价的基本过程，其实参加集合竞价并没有资金上的限制。至于其优点，更适合新股首日上市，行情看涨时第一时间介入，或者某股有利好消息出台时抢先杀入，介入价位相对理想。

（二）从集合竞价看当日大盘走势

集合竞价是每个交易日最先开始买卖的时机，蕴含了大盘和个股当天运行趋势的某些信息，应及时并正确地解读集合竞价信息，适时对自己的投资计划作出调整。

在笔者看来，集合竞价的实际意义在于按当天供求关系校正股价，初步反映出价、量情况及主力操盘情况。在无新股上市的情况下，集合竞价基本反映市场各方对当天走向的看法。当然，这种看法会随着连续竞价而发生调整。

如果集合竞价交投踊跃，以集合竞价涨停的个股数量居多，或逐步增多，预示早盘走势将极为强势；如果集合竞价上涨个股数量较多，也可以看出当天盘面走强的可能性很大，反之，大盘则呈现弱势。

一般情况下，如果开盘委买单大于委卖单2倍以上，则表明多方强势，做多概率较大，短线者可立即跟进；反之如卖单大于买单2倍以上，则表明空方强势，当日做空较为有利，开盘应立即卖出，逢低再补回。

特别提示：关注权重股的开盘竞价情况，从中可以大致推测当日大盘的走势。如，中国石油、中国石化、中国中铁、中国国航、大秦铁路、工商银行、中国联通、宝钢集团等大盘指标股，竞价价格不断走高，反映市场做多的预期强烈。

反之，当大盘指标股在竞价时走低的居多，当日开盘就不太乐观，很可能低开。一旦低开，市场人气会受到一定的影响，而大盘当日会趋于下跌。当然，这不是绝对的，但是有相当的指导作用。

（三）从集合竞价看当日热点板块

板块热点的把握上，比如：以某日开盘为例，有色金属竞价排名第一，另外，与有色板块联动性较好的资源类板块也位列前茅。这显示其高举高打的强势，我们应配合大盘，密切关注主力短线轮动的可能性。

还要结合 61、63 个股竞价排行榜来看，有色金属的板块联动性较好，它们有成为今日盘中热门板块的潜质，应密切关注。再配合 5 分钟涨幅排行榜，可进一步跟踪有上攻意图的个股。

其中，5 分钟涨速排行、资金总额、量比排行也是关注的重点。从中可以发现有急速上攻意图的个股，量能放大，说明有主力运作，应密切关注。

（四）集合竞价预判个股强弱

对于个股操作而言，集合竞价是必须关注的第一要点，它可以反映出该股票是否活跃。如果活跃，集合竞价所产生的价格一般比前一日高，表明买盘踊跃。如果是非活跃股或冷门股，通过集合竞价所产生的价格一般比前一日低，当日购买欲望不强。

值得注意的是，如果强势主力旨在拉升股价，为减少跟风盘，往往会把拉升安排在集合竞价时间。你会看到集合竞价的价格波动在不断上升，甚至达到涨停价格。沪深两市最强势的股票，就是开盘就涨停，而且这些涨停具有很强的连续性。因此，一旦我们看到个股集合竞价涨停就必须引起关注。

当然，主力肯定是要根据抛盘的成交量情况做出决定，否则就持有了过多的筹码。在竞价最后时刻，只要主力认为目前的抛盘不是压力，就会以天量直接将股价顶在涨停板上。如果主力感知大盘不对，就会临时改变计划。

因此，集合竞价时要重点关注交投活跃的个股。如果该股在行业中权重较大，则有可能带动整个行业，如果有群体异动，则必须重点跟踪。

实战操作中，当早盘 9：25 集合竞价出来以后，5 分钟内快速浏览 61、63

中排行榜中价升量增的高开个股，结合热门板块排序，看是否有高开的板块联动效应。迅速查看 81、83 个股龙虎榜，查看周、日 K 线，是否有符合自己操作风格的个股出现，以便在早盘连续竞价时密切跟踪，寻找最佳介入时机。

具体操作方法，如果准备以最低价买入暴跌的热门股抢反弹，也可以参加集合竞价。因为前一日暴跌的以最低价收盘的个股，当日开盘价可能也就是当日最低价。

值得注意的是，在集合竞价中如发现手中热门股有 5% 左右的升幅，且伴随成交量放大几十万甚至几百万股，则应立即以低于开盘价卖出所持有的热门股，以免掉入多头陷阱被套牢。这个时候，一般不应追涨买入热门股。

三、关注开盘价

开盘价分为三种：高开，低开，平开。

1. 平开。今日开盘价与昨日收盘价完全一致，出现这种情况的概率不大，同时技术意义也不强，可基本忽略。

2. 高开。是指当天第一笔撮合的价格高于前一个交易日的收盘价格，它一般意味着市场对该股未来的走势有所期待，属于看多个股后市的开盘。

首先要看高开的幅度，其次看高开时的量能，量能参照量比指标。如果高开的幅度在 1% 以内，量比在 3 以下，则信号并不强烈。如果高开的幅度并不大，但量比异常放大，比方开盘时量比超过 10，也是有较强的短线意义的。

如果量比并不显著，但高开的幅度高于 5%，也有较强的短线意义；这种情况一般极少见，因为常规而言上涨都需要量能的推动，只有连续上攻的一字线涨停可能会出现这种情况。

有操作参考意义的是在强势市场中高开的个股。如果高开幅度在 3% 以上，而且能够稳住，不再大幅下跌回补缺口，这样的个股就应该高度关注。因为这样的个股短期内会有持续上涨的动力，所以有短线机会。相反，在弱市中，如果股价大幅低开，并且没有反弹回补缺口，或者即使回补缺口但成交很小，就意味着该股还将有较大的跌幅，应及早卖出回避风险。对于一般的个股股价出现略微的高开或者低开，仅仅从开盘价格是无法预测今后的走势的。

这里重点研究的是高开 3%，并配合高量比的情况，这种情况最具有实战意义。

笔者在这里提示散户朋友，开盘价不是针对技术买点而言，是针对技术卖点而言。也就是说，如果你昨天买进一只个股了，今天是否需要卖出，那么早盘的第一笔成交可以给我们透露出一些信号。当这种信号非常强烈时，就具有很强的参考价值。

高开 3% 以上的个股，当天分时图上即留下一个向上的跳空缺口。如果是昨天涨停的个股，次日高开要求配合高量比，这个量比在早盘前 5 分钟，或开盘的第一笔成交可能达到 10 以上，通常会在 20 左右，甚至能达到 50 以上。随着后市继续走强，封住涨停，则量比数值就会降下来，全天量比一般在 3 ~ 7 之间。

前一日涨停追入的个股，今日要不要卖出？第一个关注点就是看开盘价高开的幅度，第二就是看这一笔成交时的量比。如果量比在 20 以上，跳空高开 3% 以上，则 70% 以上的概率这只个股是昨天追击成功了。虽然后市的演变还有很多的不确定性，但套你的概率已很低，只是利润多少的问题了。

应对策略：

（1）缺口：向上高开后，最强的股票不会再回到缺口下方运行了，一般经过 1 到 3 波之后，会直接攻击涨停并封死。也有一些个股会向缺口下方游荡，但一般不会完全封闭当天的跳空缺口。这种情况也属于强势了。如果 1 小时之内就把缺口全部封闭，则后市走弱的可能性就很大了，由此可以推测，早盘的高开行为是诱多的可能性居大。

（2）昨日收盘价：这也是一个重要的价位，也是一个基本底线。如果昨天很强的个股，高开后又回到昨天收盘价下方运行，并且运行时间超过半小时仍不见发力上攻，基本可以推断早盘高开为诱多行为，应及时寻找短线离场机会。

（3）分时均价线：分时均价线也是一个重要的参考价位。最强势的个股极少回到分时均价线下方运行，当然也有一些超级强势的个股会装弱，全天在分时均价线下方运行超过3小时，然后收盘前再攻击并封死涨停；但这类个股一般不会再回到当天的缺口下方运行，更不会回到昨天收盘价下方运行。

通过以上分析，我们不难发现，昨日强势追击的个股，次日强弱的重要参照技术值有：开盘价、量比、缺口大小、分时均价与即时成交价的位置关系、昨天收盘价、周期等。只要以上参考因素同时给出正面信号，则应坚决持股。如果出现不良信号，则应随机应变，及时出局；绝不能因为昨天的强势而主观臆断，今天绝对会如何如何，否则容易受到大的伤害；短线最重要的原则是永不大亏。

3.低开。强势个股次日出现低开的情况，已经是第一个不良信号，第一反应是降低预期，如果低开3%以上，则昨日诱多的概率可以上升至70%以上，除非在10分钟之内翻红，否则应寻找一切机会跑掉。

如果低开在1%以内，要求开盘后半小时之内必须翻红，否则首先应考虑出局。

在实战看盘中，开盘价是非常关键的，比如一个正处于主升的品种，低开、高开、平开都是有一定含义的。主升中的低开常常隐藏杀机，尤其在上涨了相当的幅度后，一个低开足以致命。在分时观察中要注意的是以下几种现象：

（1）开盘后立即上攻，开盘价就是最低，盘口显示出很强的攻击盘。但是盘中整理时莫名其妙地跌破开盘价，一度创出新低，收盘前再度拉高。这么一来，K线便出现了下影线，这种走势其实已经蕴含了一种多空的转换，如果做盘资金坚决，那根本不可能让场外捡到低价位筹码。因为资金在拉高时，本身就是在承接，而出现了比其承接价还低的价位，无疑是让场外的成本低于他的成本。这就像从主力的口袋里掏钱，是主力所无法容忍的。一旦出现这种走势，需要观望。

（2）开盘后略微上攻即迅速跌破开盘价，且始终无法再冲破开盘价位。如果这种走势是在阴线的后面，所透露的盘面信息是不给前一天的高位买入者解套的机会。如果盘中持续低走，是一种极其虚脱的态势。

（3）开盘后一度短时间上攻，但是回调跌破了开盘价后，还能继续创新高。这里要观察新高距离前期高点的幅度，如果只是略微创出新高，那这种新高的持续创出力度值得怀疑，这里需要观察的是该品种在回调时的折返点。如果回调后的低点和第一波冲高后，跌破开盘价创出的低点不会差得太远，那该品种的做多动力是较为虚弱的。如果回调后的低点低于第一波冲高后、跌破开盘价创出的低点，那当天走势很可能都是以调整为主，不会有太过凶猛的涨势。即使尾市出现拉抬，那也要慎重。

以上三种情况都是针对开盘价而言的，所以开盘价就像一个人早起时的精神面貌，高开说明斗志昂扬，平开还算端庄，低开则是精神萎靡。一个好的精神状态可以让一只个股一天都表现良好，事半功倍。

提防"操纵开盘价"陷阱

操纵开盘价的手法具有隐秘性强、诱惑性大的特点，很多散户朋友尚不能完全认清"操纵开盘价"的本质和危害，容易盲目跟风炒作，结果造成高位接盘、深度套牢的严重后果。其操纵交易手法主要有以下特点：

（1）申报量大。在集合竞价阶段的9点15分至9点20分期间，个别游资炒作大户进行多次、大额买申报，其委托量往往较大，占集合竞价阶段市场总委托量的比重也较高。

（2）买申报价高。账户的上述买委托申报价格往往大大高于股票的前日收盘价，部分账户甚至常以当日涨停价进行申报。当账户的委托量占市场比重达到一定程度，其申报价格将对行情实时显示的模拟开盘价产生重大影响，从而达到对其他投资者产生误导的目的。

（3）对买申报全部撤单。当其他投资者跟风买入，股价得到维持后，立即对之前买申报全部撤单。

（4）当日实际大量卖出。在"操纵开盘价"成功后，账户通常会进行大量卖出以获利，这也是其操纵股价的真正目的。

随着股市新股发行的加快，庄家企图利用广大中小投资者"打新"和"炒新"的热情，从事包括"操纵开盘价"在内的短线操纵行为。散户朋友应避免首日盲目跟风"炒新"，避免在新股上市首日开盘集合竞价期间盲目报价。

四、盘口语言与盘感

形象地说，盘口语言就像你的形体语言一样，当你要达到某种目的的时候，就可以通过形体语言来表达你的思想。比如你竖起大拇指，别人一看就知道你想说"好棒"。体育教练将两只手掌组成 T 字形的时候，你就知道他要求暂停。股票也是如此，主力动用大资金操纵股价的最终目的是获取暴利，为达到此目的展开吸筹、拉升、洗盘、出货等所有的意图，都将在 K 线与分时曲线图上表达得淋漓尽致。所以只要个股没有被停牌，天天都会说出盘口语言，正所谓言多必失，就像一个人一开口说话总是会暴露他的一些意图，通过盘口语言你可以了解到主力坐庄的思路，从而洞察主力的未来动向。

有人认为，图谱是主力诱骗中小投资者上钩的工具，比如主力可以刻意影响和控制很多市场较为关注的常用指标。的确，盘口表现出的价格形态既被称为盘口语言，语言中自然会含有真话也会流露谎言，比如主力常常对倒放量制造假象，这就是盘口谎言，需要投资者辩证对待。盘口语言体现主力资金进出的动向，可谓千变万化，但从形态上看无非是上行通道、下降通道、横盘三种趋势。如果你能在了解趋势的前提下，熟读各种 K 线图形与分时走势形态，慢慢地你就看懂或者说是听懂了盘口语言。那么某一天你在实战中看到类似的形态时，便立即会条件反射般预判出该股短期内最可能产生怎样一种走势，为你的操作提供重要的参考依据。就如你熟识的朋友，你对他的性格了如指掌，在特定情况下，你无须问他，就知道他最可能采取怎样的行动。

什么是盘感呢？盘感就是形容你对盘口语言的熟悉程度。我们深知主力以其雄厚的资本、深远的战略眼光与常人无法比拟的耐力，占据了市场的主导地位，成为最后的成功者。而散户缺乏的恰恰就是这种资金、眼光与耐力。所幸我们尚能从主力的盘口语言中洞察其蛛丝马迹，这是我们驾驭庄股的突破口。只有对每一种图谱倒背如流，你才有良好的盘感。就如神箭手眯着眼睛就能轻松做到百步穿杨，又如迈克尔·乔丹随手一抛也能命中目标一样。当你像古人熟读兵书一样熟读了各种 K 线形态，那么磨刀不误砍柴工，你就能在股市这个没有硝烟的战场上游刃有余，成为最后的赢家！

盘口语言在实战中的意义

1. 庄家凭借资金实力，能够骗线、骗图、骗量、骗技术指标，但它无法骗资金的进出（或称筹码的进出）。读懂庄家的盘口语言，就是要看懂大资金在盘中是实进虚出，还是虚进实出，这是盯盘的关键，也是分析庄家行为的关键。学习盘口语言的目的，就是为了确定资金流向的真实性。

2. 要实时盯盘，最多不宜超过 3 只个股。再多你就无法了解庄家的举动。比如庄家的大单卖盘，是实出还是虚出，得看当时下档有没有突然出现大挂单：如有，是虚出，即庄家并没有出，而是为了一定目标故意为之；如没有，则为实出。

3. 对主力资金运作的盘口观察是感性的，有时候我们很容易被自己的感情所欺骗。盘口语言分析，必须结合 K 线组合、单笔成交股数等其他行之有效的分析方法，才能更有效地分析主力的行动目的。

五、盘口语言的逻辑解读

对一个短线投资者而言，看盘水平的高低会直接影响其操作效果，即使是中线投资者也不能忽视其存在价值（如果中线投资者在较高位介入，却不懂利用高抛低吸降低成本，即使获利，也不是合格的职业投资者）。

通过盘中的大盘及个股走势，研判出多空双方力量的强弱，决定了投资者对股票的炒作节奏的把握，也是其是否盈利及盈利多少的关键。职业投资者与普通投资者的最大区别在于他们往往能从股市中的细微之处见微知著，洞察先机。他们之所以能看出盘中诸多变化所传递的信息，主要是靠经验的积累。这种积累往往是通过多年对其自身操作失败经历的反复总结而得。许多投资者入市多年还是散户（不论其资金量多大），即其不善于总结之故。因此，看盘水平的高下是衡量一个职业投资者水平高低的重要依据。

看盘主要应着眼于大盘及个股的未来趋向的判断，大盘的研判一般从以下三方面来考量：

1. 大盘股指与个股方面选择的研判（观察股指与大部分个股运行趋向是否一致）。

2. 盘面股指（走弱或走强）的背后隐性信息。

3. 掌握市场节奏，高抛低吸，降低持仓成本（这一点尤为重要），这里主要对个股研判进行探讨。

盘中个股走势是一天的交投所产生的形态，能够清晰地反映当日的交易价格与数量，体现投资者的买卖意愿。为了能更好地把握股价运行的方向，我们必须看懂盘中走势，并结合其他因素作出综合判断。一般的理解是，看盘需要关注开盘、收盘、盘中走势、挂单价格、挂单数量、成交价格、成交数量与交投时间等。但这只是传统认知，其他因素在下文中详细探讨。

挂单

投资者进行短线交易时，常常进行盘口分析，而一般的交易系统软件可提供的及时图表是公布五档买卖盘的交易情况，即买一、买二、买三、买四、买五和卖一、卖二、卖三、卖四、卖五。这种买卖盘挂单交易往往是庄家"表决心"的窗口，但由于目前数据传输质量和分析软件的缺陷，使投资者难以看到真实的交易情况，加之主力利用此缺陷频频做出盘中骗线，使投资者产生错误的交易行为。笔者将自己多年对盘口买卖单观察时的记录及理解写下来，希望对投资者朋友有所帮助。

总结：挂单真正的含义是主流资金在当日的运作布局，是主流资金当日控制即时股价波动区域的窗口。注意理解"波动区域"真正的含义，如：主流资金在什么价位挂出大单，上压下托的位置。关注焦点是：到达此价位，是否有主动性买卖盘的出现。一定要关注此时关键位置的即时买卖盘以及成交重心，它充分体现了主流资金的控制意图。如大盘不好，个股挂单被瞬间击破，要看是大额抛单还是散户的小额抛单以及股价下落的幅度、速度，其后能否瞬间收回，量能是否萎缩、放量是否真实。想要知道当天盘中主流资金的挂单布局意图是吸货、洗盘，还是拉高、出货，需要结合股价日K线图表的相对位置（高、低位）来研判，细节在下面将一一展开。

1. 单向整数大抛单的真实意义

单向连续出现整数（多为100手以上，视流通盘大小而定）抛单，而挂单为持续的较小单（多为单手或数十手），且并不因此而出现成交量的大幅改变，此种盘口一般多为主力在隐蔽式对敲所致，尤其在大盘成交稀少时极为明显，此时应是处于吸货末期，进行最后打压吸货之时（当然应结合股票的整体趋势来判断）。

例如：笔者在当年初持有的云南城投（600239），在低位（6.50元～6.85元左右）曾经持续突然出现100手连续抛单，且每隔几日便突然出现，而成交却并不活跃，换手率仍处在 0.30% ~ 1.30% 之间。翻开该股的月线图表，可清楚地看到该股自 12 月 4 日见到中期大顶之后，一路下行，连续阴跌 13 个月之久，与大盘的跌幅进行比较，该股跌幅超过 43% 以上。周线日线技术图表也表明该股处于历史低价区域，十大股东中广东证券持有 1344857 股，而几名个人股东才持有 481286 股，其中顾庆其持有 360000 股，尹秀芳持有 316378 股。其中广东证券有限公司是公司 2001 年配股的主承销商，通过"余额包销"的方式，成为公司前十名股东之一。再加上日线图中经常出现上下影线，可初步判断有资金被套，在如此低的价位，此种表现可判断为其主力正在小仓位吸货，后续在技术面配合下出现短线拉升。如图 4-19 所示：

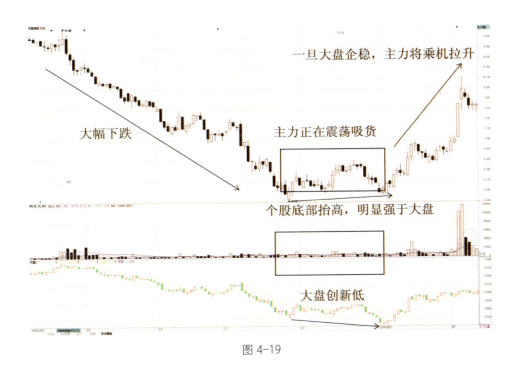

图 4-19

再如，中兴商业（000715）在短线躁动后持续杀跌，跌幅超过 50%。其运行较为典型，该股近几年以来，一直在 5.89 元 ~ 14.23 元的大型箱体中运行，究其原因，可能是基本面欠佳之故。但自从大盘见顶以来，该股出现强势横盘状态，盘中震荡幅度开始加大。但一到技术的关键位置，便有人为调控的痕迹，控盘庄股中经常出现的长上下影线的 K 线图形开始越来越多。在 9 月 21 日该股突然出现大幅打压，一个月后该股震荡盘出上升通道，换手率也保持在 3%以下，盘中筹码锁定较好。股价运行至 11 月 27 日时，距历史高点 14.23 元只有一步之遥，盘中分时上蹿下跳。在 12 月 4 日 9 点 52 分，一笔 416 手的大单打开局面，其后在卖一上挂出 500 手左右的卖单。注意，此时的抛单并不一定是主力在抛空，应是庄家自己的筹码，主力在制造成交量吸引散户注意。随着买单的汹涌而出，卖单也不断加大。在 900 多手卖单被吃掉后，盘中主力被激怒，此日竟在卖一上压出 1600 多手卖单，无论买盘多大，仍让其保持至收盘。第三日，连续携量突破，第四日创出 14.22 元的近 5 年的高点，但盘中抛盘如注。在下跌时成交持续放大，其后的走势也出乎笔者意料。该股从 14.22 元一口气跌至 6.93 元，跌幅之猛之快至今仍让人心有余悸。如图 4-20 所示：

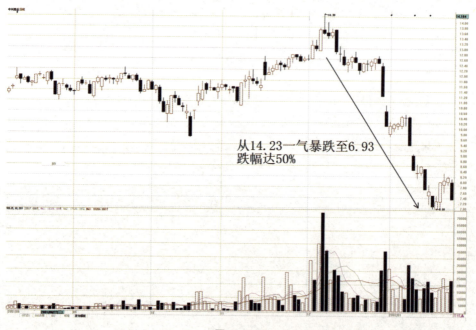

图 4-20

2. 无征兆的大单解读

一般无征兆的大单多为主力对股价现有运行状态实施干预所致，如果是出现连续大单的个股，现有运作状态有可能被改变。如出现不连续的情况也不排除是资金量较大的个人大户或小机构所为，其实际研判意义不大。

（1）股价处于低位（复权后），买单盘口中出现层层较大买单（多为100手以上，视流通盘大小而定），而卖单盘口只有零星小单，但突然盘中不时出现大单炸掉下方买单，然后又快速扫光上方抛单，此时可理解为震荡吸货。

例如某股卖一在 6.60 元挂出 200 手卖单，买一 6.59 元挂 100 手买单，然后股价重心出现震荡上移，但始终是在卖一、买一中间相差一分钱。一旦出现6.60 元单子，便被资金迅速吃掉，然后不再向上高挂。以此手法显示上档抛压较为沉重，诱使投资者抛出筹码，以达到迅速建仓的目的。

（2）股价处于高位（复权后），卖单盘口中出现层层较大卖单（多为100手以上，视流通盘大小而定），而买单盘口只有零星小单。但突然盘中不时出现小单持续吃掉上方大卖单，然后又快速炸掉下方出现的较大买单，此时可理解为主力诱多减仓。

例如某股在卖一 12.92 元，只有 17 手小笔挂单，买一 12.91 元有 5 手小笔挂单。成交价为 12.92 元、成交为 331 手，而卖一处只减少了 14 手，显然此次成交是盘中资金对倒行为所致。假如该股处在高位，可以判断主力开始大幅对倒减仓。

3. 买二、买三、买四，卖二、卖三、卖四的解读

在盘面中不断有大单在卖五、卖四、卖三、卖二、卖一处挂出，并且股价价位不断上涨。最后突然出现一笔大买单（至少 200 手），一口吃掉所有挂单，然后股价立刻被打爆，出现短线大幅拉升。此时主力用意有二：一方面显示自己的资金实力；另一方面引诱跟风者持续跟入，减少自己实际资金过多介入，以控制仓位，利用同向合力形成技术共振，减少拉升压力。

有时买盘较少，买一、买二、买三、买四、买五处每档只有几十手挂单，在卖单处也只有几十手，却不时出现抛单，而买一却未明显减少，有时买单反而悄然增加，且价位不断上移，可以肯定主力在做买、卖单对敲。此类股票如蛰伏于低位，可作中线关注，在大盘弱势时尤为明显。一般此类主力是中长线慢牛庄家，且较为有耐心。

4. 虚假买单解读

如 200 手以上连续向上买单而卖单较少。卖一价格被吃掉后又出现抛单，而买一不见增加反而减少，价位甚至下降。很快出现小手买单将买一补上，但不见大单，反而在买三处有大单挂出。一旦买一被打掉，小单又迅速补上，买三处大单同时撤走。价位下移后，买二成为买一，而现在的买三处又出现大单（数量一般相同或相似）且委比是 100% 以上。如果此价位是高价位，则可以肯定主力正在出货。小单买进，大单卖出，同时对敲维持人气。

六、涨停板股票的盘口分析

1. 无量空涨型和有量仍封死涨停型

（1）无量空涨型。股价的运动从盘中解释，即买卖力量的对比，如果预期较高，没有多空分歧，则形成无量空涨。

（2）有量但封死涨停不开板。此类比前一类可能上涨幅度要稍逊一筹，含义是有一部分看空的抛出，但看多的更多，始终买盘庞大，拒绝开板，庄家有意显示其超凡实力。K 线图中形成"一条横杠"，高、开、低、收四个价合为一个价，此时对买主来说，只是缘木求鱼而已，而只想告诉卖主一声，且慢出手。造成这种情况的原因不外乎一是突发性政策利好，反正造成巨单封涨停的假象就好，自己往外甩货，有时打开之后，根据市场分时走势状况用小量再拉上去。

2. 吸货型、洗盘型和出货型的开过板的涨停板

反复打开涨停板的情况较为复杂，主要应从股价涨幅及大势冷暖两大方面研判：

（1）吸货型。多数处于近期无多大涨幅的低位，大势较好。低迷市、盘整市则无需在涨停板上高位吃货。特点是刚封板时可能有大买单挂在买一等处，是主力自己的，然后大单砸下，反正是对倒，肥水不流外人田，造成恐慌，诱人出货，主力在买，之后小手笔挂在买盘，反复震荡，有封不住的感觉。

（2）洗盘型。股价处于中位，有了一定的涨幅，为了提高市场成本，有时也为了高抛低吸，赚取差价，也会将自己的大买单砸漏或直接砸下面的接盘（不是主力自己的买盘），反复震荡，大势冷暖无所谓。

（3）出货型。股价已高，大势冷暖无所谓，因为越冷，越能吸引市场注意。此时买盘中就不能挂太多自己的单子了，因为是真出货，主力或者做出在撤单前要追涨买入的假象，就要使买盘积极踊跃，比如挂在买一已有100万股，你如想买1万股，则排在100万股后，即挂单变成101万，此时成交总数比如也是100万，那么到总手为201万时，你的1万股挂单就买进了，但如果那100万挂的买单有假，主力撤80万，那么总手在121万时，你的挂单就买进了，可再根据接下来的走势判断第二天是否止损出货。

但是，不要认为封涨停的主力都是主力在大力运作，有时仅是四两拨千斤而已。比如某天某股成交了200万股，并封涨停，可能主力仅动用了20万股，甚至10万股直拉至8、9个点，而未触及涨停。尤其是早盘开盘不久，主力在吸引市场注意力和跟风盘之后就掉头向下，这往往是诱多，应快跑。今天封死在涨停，第二天低开，还是出货。因为今天进去的，明日低开没获利，不情愿出；主力要出在你前面，以免散户和庄家抢着卖；而今天没追进的，第二天以为捡了便宜，跟风买盘较多。不光是涨停板，有些尾市打高的，也是为第二天低开以便于出货。

七、吸筹完毕步入拉升的盘口踪迹

具备下述特征之一就可初步判断庄家建仓已进入尾声，即将进行拉升。

1. 缩量便能涨停的次新股

新股上市后，相中新股的庄家进场吸货，经过一段时间收集，如果庄家用很少的资金就能轻松地拉出涨停，那就说明庄家筹码收集工作已近尾声，具备了控盘能力，可以随心所欲地控制盘面。

如图 4-21 所示，电科院（300215）上市后在 35 元至 40 元左右横盘震荡吸筹，于 7 月 4 日小幅放量轻松涨停，创出上市来的新高，正式步入拉升，其后一个月即攀升至 58.88 元，涨幅几乎达到 50%。

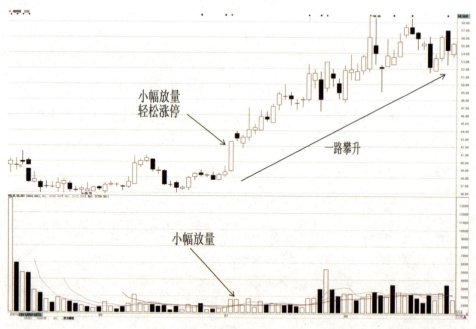

图 4-21

2. 走出独立行情的股票

有的股票，大盘涨它不涨，大盘跌它不跌。这种情况通常表明大部分筹码已落入庄家囊中：当大势向下，有浮筹砸盘，庄家便把筹码托住，封死下跌空间，以防廉价筹码被人抢了去；大势向上或企稳，有游资抢盘，但庄家由于种种原因此时仍不想发动行情，于是便有凶狠的砸盘出现，封住股价的上涨空间，不让短线热钱打乱炒作计划。股票的 K 线形态就横向盘整，或沿均线小幅震荡盘升。

中铁二局（600528，现名中铁工业）在 4 万亿救市行情中争当领头羊，第一个发动行情引领大盘走出一波中级行情。当年全球都处在美国次贷危机的阴影下，各国股市大幅下跌，A 股自然不能独善其身，短短一年从 6124 点一气跌至 1664 点，跌幅达 70%。就在市场最恐慌、最绝望的时候，管理层出台了 4 万亿的救市方案，旨在拉动国内经济持续向好向稳发展。此时中铁二局已悄然盘出底部，在大盘继续下跌创出 1664 点新低时，该股却盘而不跌，成交量温和放大。先知先觉的资金已明显进场吸筹，待到大盘下跌企稳，将要筑底上升时，中铁二局已创新高，尽显龙头风范。我们在同花顺软件中使用大盘指数叠加功能，如图 4-22 所示：

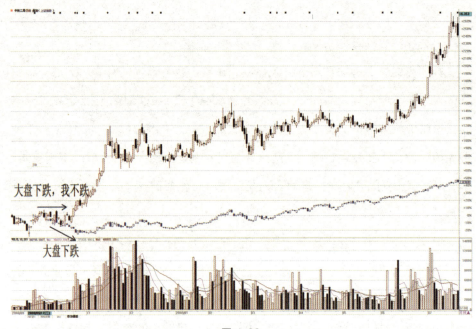

大盘下跌，我不跌

大盘下跌

图 4-22

3. 走势震荡成交萎缩的股票

　　庄家到了收集末期，为了洗掉短线获利盘，消磨散户持股信心，便用少量筹码做图。从日 K 线上看，股价起伏不定，一会儿到了浪尖，一会儿到了谷底，但股价总是冲不破箱顶也跌不破箱底。而当日分时走图上更是大幅震荡，给人一种莫名其妙、飘忽不定的感觉。成交量也极不规则，有时几分钟才成交一笔，有时十几分钟才成交一笔。分时走势图画出横线或竖线，形成矩形，成交量也极度萎缩。上档抛压极轻，下档支撑有力，浮动筹码极少。

　　如图 4-23 所示：*ST 园城（600766，现已退市）的主力庄家在拉升前图中方框内所示 K 线图，其 K 线大都有上下影线，这是主力吸筹后进行洗盘的经典 K 线图形。主力既不愿股价深幅下跌，又要达到洗盘震仓的效果，只有利用每日盘中分时走势上下震荡，忽涨忽跌，不断扰乱持股者的判断，打击持股者的信心，以此达到洗盘目的。

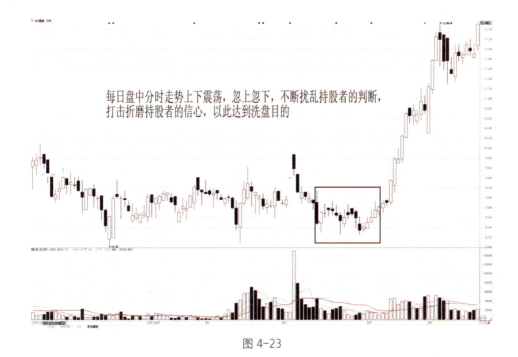

每日盘中分时走势上下震荡，忽上忽下，不断扰乱持股者的判断，打击折磨持股者的信心，以此达到洗盘目的

图 4-23

4. 该跌不跌的股票

突发性利空袭来，主力庄家措手不及，散户筹码可以抛了就跑，而主力庄家却只能兜着。于是盘面可以看到利空袭来当日，开盘后抛盘很多而接盘更多，不久抛盘减少，股价企稳。由于害怕散户捡到便宜筹码，第二日股价又被主力庄家早早地拉升到原来的水平。

如图 4-24 所示，南方建材（000906）该股主力借利空打压洗盘，放量破位下跌后第二日即快速上涨复位，该跌不跌，理应上涨，随后主力逆势进入拉升，成为当时市场上的明星股。

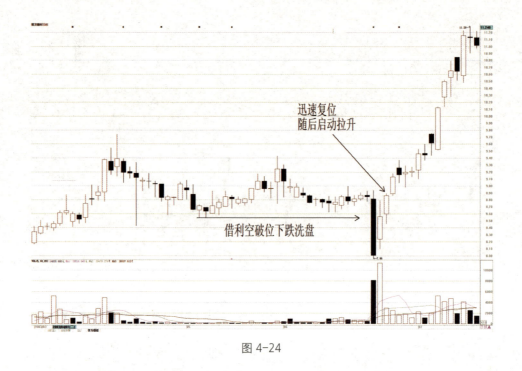

图 4-24

八、实用的盘口技术准则

盯盘要诀：（如何在盘口观察市场研判市场变化，盘口的语言很丰富，不同时期的主力盘中手法不一样。）

1. 在上午开盘时成交量急速放大且形态较好的个股，可在分时走势图中即时买进，不放量不买。

2. 涨幅榜居前的同类强势个股，可寻机买进。

3. 今天继续强势的上一日强势股，可逢低买入，强者恒强。

4. 低开后平稳上涨且有大手笔成交的个股，可伺机买进。

5. 尾盘进入 60 分钟涨幅排名榜（前 20 名）个股，可今买明卖。

6. 盘中涨幅不多而突然放量上涨的个股，可及时买进。

7. 炒股票必须把握好成交量剧增的个股及同类股的良机，趁热打铁"买就买热点"。

8. 对于那些首次进入成交量排行榜，股价又涨的股票须有买进的准备；对于那些首次进入成交量排行榜，股价又跌的股票应有出货的考虑。

9. 开盘大幅低开后，走高至涨停（特别在大盘不太强时），可在分时走势中及时跟进。

10. 每周第一天收盘往往与本周周线收盘相吻合，即同阴阳，可关注。

11. 每月第一天收盘往往与本月月线收盘相吻合，即同阴阳，可关注。

12. 不论何种原因上午停盘的股票，复盘后只要不涨停立即卖掉（无论消息好坏）。

13. 第一天出现"小猫钓鱼"走势，可大胆跟进并持有，一旦"钓鱼线"反抽必须卖掉。要斩就早斩，要追就早追，犹豫不决，股市大忌。逢高不出货，套牢不斩仓，热点转移不换手，这是才解套又被套的亏损股民共有的特性。

14. 在上午临收盘时成交稀少且弱于大盘走势的个股，应逢高了结。

15. 前一日上涨靠前，而今日弱势调整的个股，说明庄家实力较弱，应退出为上。

16. 高开低走且有大手笔成交的个股，必须即时卖出。

17. 尾盘进入 60 分钟跌幅榜的个股，必须先卖掉，恐有利空。

18. 在强势时，可在周初重仓，而在周末轻仓，并养成一种习惯。但在敏感区域必须空仓。

19. 在弱势时，可在周中小仓，而在周末平仓，并养成一种习惯。最好不要全仓。逆市有风险。

20. 在平势时，可在周一小仓，而在周中平仓，并养成一种习惯。最好不要全仓。逆市有风险。

21. 每次个股大涨之后的第二天上午 10 时 30 分以前，5 浪不封涨停板则出货。特别在平衡市中要见利即出。

22. 股市容易在每日下午 14：30 后开始出现大波动，买卖须在此时观察清楚后再采取行动。最后一分钟买入，风险只有一分钟。

23.应付股市的突然变化，唯一的方法就是果断斩仓，壮士断腕。

24.中国股市只要大幅高开先出总没错。

25.大盘跌的时候，内盘大于外盘会下跌，而且两者差异愈悬殊则跌幅愈大。

26.当第一个跌停板出现以后要有警觉心，特别同板块的股票应做先行出货的考虑。

27.当个股即将触及跌停板前，应先做最坏的打算（即先出来），不可有反弹回升的幻想。

28.以上两条出现跌停的股票若是龙头或领涨股，则必须不打折扣立即逃跑。涨跌停板具有极强的传染性。

29.带量冲关之后如被拉回，必跌幅不浅（尤其弱市）。逃顶卖货！

30.高开低走且均价线向下，反抽必卖。

31.高开高走不涨停，先卖掉。

32.分时走势图中出现数次急跌拉回，小心庄家砸盘出货。

33.分时走势图中出现冲高回落走势并于上午伴有较大成交量，只要不涨停，5浪或拐头时先出货。

34.当股价跌破前一天涨停板价时，说明前一天的涨停毫无意义，就是最后一涨。

35.炒股不需要提前预测，也不需要到处打听消息，只要看懂了盘面，就能轻轻松松逃顶和抄底。盘面反映一切。

36.在相对高位区，"事故多发地带"散户应采取"一看二慢三通过"和"宁等三分不抢一秒"及"卖要坚决、买要谨慎、割肉要狠、止损要快"的策略。

九、看盘秘诀十八条

1.大盘股（白线）上涨得比小盘股（黄线）快，要出现回调；而黄线上涨比白线快，则会带动白线上涨。

2. 涨跌比率大于 1 而大盘跌，表明空方势强；反之多方强。此状况高位看跌，低位看涨。

3. 成交量大的股票开始走软，或者前期股市的热门板块走软，应小心行情已接近尾声。

4. 股票已经走软，市场在旧热点消失还没有出现新市场热点的时候，不要轻易去买股票。

5. 成交量屡创天量，而股价涨幅不大，应随时考虑派发；反之，成交量极度萎缩时不要轻易抛出股票。

6. 大盘 5 分钟成交明细若出现价量配合理想，当看好后市；反之要小心。

7. 成交量若上午太小，则下午反弹的机会多；如上午太大，则下午下跌的概率大。

8. 操作时间最好在下午，因为下午操作有上午的盘子作依托，运用 60 分钟 K 线分析，可靠性好。

9. 上涨的股票若压盘出奇的大，但最终被消灭，表明仍会上涨。

10. 一般股票的涨跌贴着均价运行，若发生背离将会出现反转。

11. 盘面经常出现大手笔买卖，买进时一下吃高几个档位，表明主力机构在扫货。

12. 个股在盘整或下跌时，内盘大于外盘，且阴线实体小、成交量大，日后该股有行情的可能性大；大盘暴跌，而该股没跌多少或者根本没跌，下档接盘强，成交放得很大，后市有戏的可能大。

13. 股价上冲的时间多于下跌的时间，应看好该股。

14. 在下跌的行情里，应选逆势股；在上涨的行情里，应选大手笔买卖的股票。

15. 开盘数分钟就把股价往上直拉，而均线没有跟上，往往都是以当天拉升失败、收长上影的形式而告终。

16. 当日下跌放巨量，但收的阴线实体不大，而且大部分时间在昨日收盘以上运行，第二天涨的机会多。

17. 涨幅在 5% ~ 7% 以上，内盘大于外盘，高点不断创新，低点不断抬高，说明有主力机构在进货。

18. 分价表若是均匀分布，说明机构不在里面，否则有机构介入。

第三节　股价拉升前的盘口奥秘

一、"泰山压顶不弯腰"：盘口压盘解密

盘口是主力感知散户和市场的主要渠道之一，也是市场主力之间相互沟通和探测对方的主要方式。本小节专门讲解主力通过盘口运作时常用的一些手法，这些手法过去存在，现在还在运用，将来也不会消失，顶多是换汤不换药而已。因为人性的贪念、恐惧、多疑、幻想是不变的，什么时候人性变了，这些盘口手法也就失效了。

本小节再次讲解一下盘口中压盘的真实含义，市面上关于压盘的定义有很多种，笔者对压盘的定义为：卖一至卖五上都有明显的大单，而买一至买五上却都是明显的小单，使人一眼看上去就感觉压力重重，犹如泰山压顶般，让人感觉股价随时都可能跌下来。反过来即为托盘，即卖一至卖五上只有明显的小单，而买一至买五上却都是明显的大单，给人的感觉是买盘特别充足，股价跌不下来，让人感到特别放心。（注意：现在有了 L2 行情，可以看到很多档的买卖盘，但绝大多数的散户只能看到买五卖五，所以主力只会在买一卖一至买五卖五上做文章。）

　　限于篇幅本节只讲压盘的含义及用途。压盘上的卖单必须是买单的数倍，越大越好，最好压得整整齐齐。盘口上的卖盘压单越大，说明主力持有的筹码越多。在股价没有大幅拉升前，主力持有这么多筹码干吗呢？主力现在持有大量筹码都是为了将来运作到高位再出货赚钱的，现在低位压盘只想拿到更多的低价筹码，以便轻松控盘运作到高位后赚更多的钱。所以压盘的主要目的是吸筹，其次是为了拉升前的测试，在低位（股价没有明显的大幅拉升过）的压盘是主力吸筹行为，但在高位（股价经过明显的大幅拉升）的压盘就是市场真实的卖压阻力了，如图 4-25、4-26 所示：

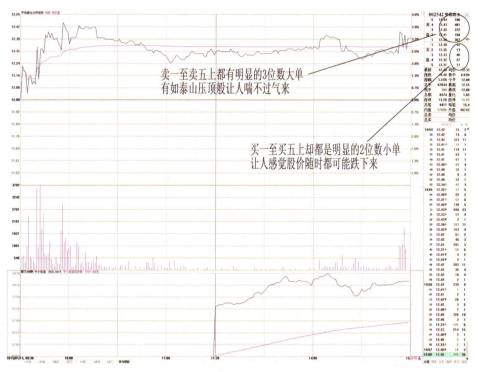

图 4-25

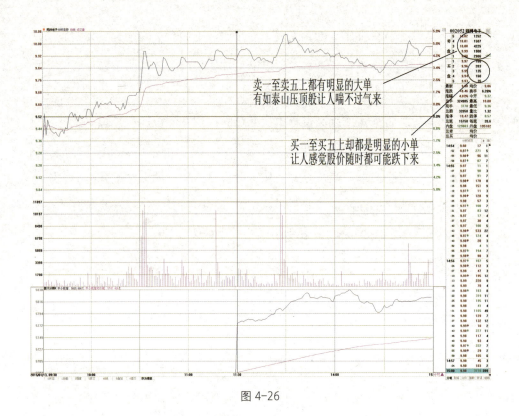

卖一至卖五上都有明显的大单
有如泰山压顶让人喘不过气来

买一至买五上却都是明显的小单
让人感觉股价随时都可能跌下来

图 4-26

二、主力测试盘口：盘口压单解密

本节的盘口压单和上节的压盘有一字之差，但其市场含义都是一样的。压单是指卖一至卖五的任意一个卖档上有明显的大单压着，买一至买五的任意一个买档上都只有明显的小单。而压盘却是卖一至卖五每个档上整个卖盘都有明显的大单压着。压单看上去让人感觉盘口卖压很大，股价涨不上去，反之就是托单，在此只讲压单的含义及用途。一般来说压盘是为了骗筹，而压单是主力在盘口测试散户跟单和抛单的情况变化而制定不同策略的一种试盘。如压单后市场抛盘增多，主力会继续压单，直到市场抛盘减少（盘口下面的成交明细不见大单，且单数稀少），再择机拉升。注意：压单和压盘的目的都是一样的，只是主力操作的手法不一样而已，如图 4-27、4-28 所示：

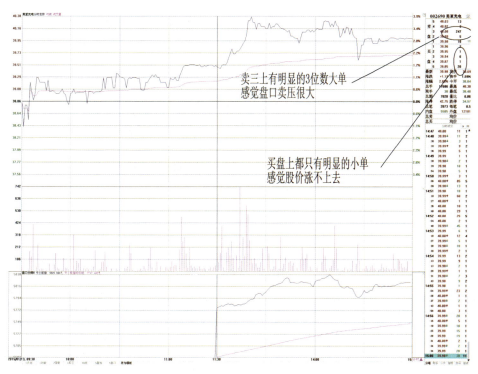

图 4-27

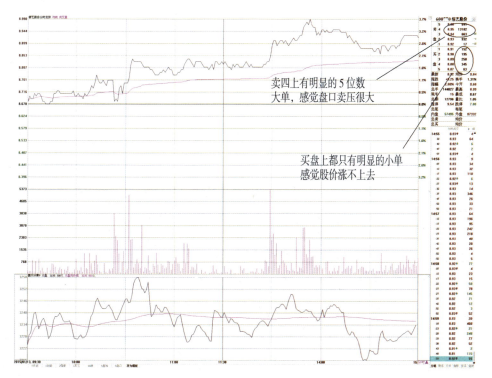

图 4-28

三、主力拉升前的盘口秘诀

由于主力是大资金运作，在盘口上必定会留下操作的痕迹，本章节即专讲主力拉升之前在盘口出现的一些特征。现将笔者在日常操盘中利用盘口捕捉主力拉升的盘口秘诀公布出来与大家分享，以回报读者对笔者的支持与厚爱。

主力在拉升前的盘口特征具体表现为：

1. 股价必须没有出现过明显的大幅拉升。

2. 在低位出现压盘特征，一是主力吸筹（不在本书谈论范围），二是主力拉升前故作压力状（见本章第一节）。此时大盘的分时曲线最好是下跌状态，而盘口上有明显的压盘，买盘却都是小单，让人感觉股价摇摇欲坠，随时都会跟随大盘下跌，然而在这危急关头，股价就是不跌，而且盘口下面的成交明细中不见大单成交（此时不要管成交明细单的颜色是红还是绿，因为买卖单主力都可做出假象），且成交稀少（指每分钟成交笔数比较少，详情见前面章节），整个盘口表现出"泰山压顶不弯腰"的状态。

3. 或者在低位出现压单特征，这是主力在拉升前测试盘口的主要手法之一（压单特征详见本章第二节）。此时大盘的分时曲线最好是下跌状态，而盘口上有明显的压单，买盘却只有小单，让人感觉心里不踏实，担心股价会跟随大盘下跌，然而在这微妙关头，股价就是不跌，而且盘口下面的成交明细中不见大单成交（此时不要管成交明细单的颜色是红还是绿，因为买卖单主力都可做出假象），且成交稀少（指每分钟成交笔数比较少，详情见前面章节），整个盘口表现出"任他风雨飘摇，我自岿然不动"的状态。

4. 在大盘下跌时，盘口出现压盘或压单特征，并符合以上第一点和第二点或第三点时，个股却不跟随大盘下跌，盘中也不见大的抛单，说明筹码大都在主力手上，市场上的浮筹较少，主力已控盘，盘面相当稳定，主力随时可以启动拉升。当大盘分时曲线盘中下跌即将企稳时，如个股盘口出现明显的大单或连续的、密集的（每分钟成交笔数明显上升）大单扫掉压盘或压单时，可及时跟进，做到买在主力拉升的那一瞬间。如图 4-29、4-30、4-31所示：

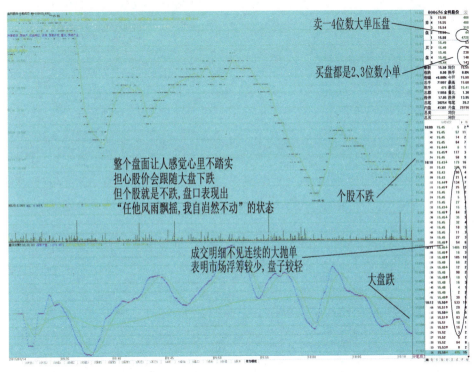

图 4-29

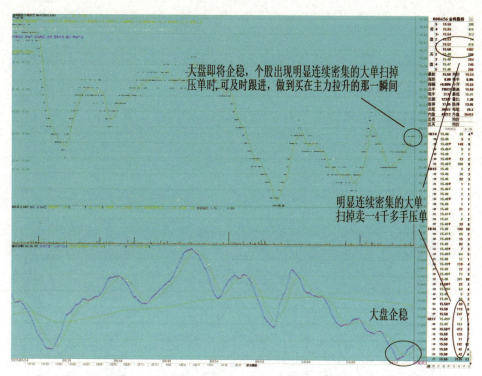

大盘即将企稳，个股出现明显连续密集的大单扫掉
压单时，可及时跟进，做到买在主力拉升的那一瞬间

明显连续密集的大单
扫掉卖一4千多手压单

大盘企稳

图 4-30

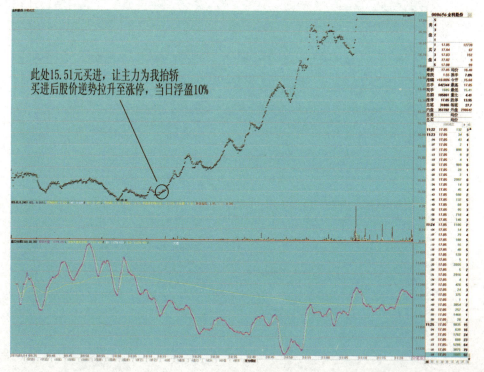

此处15.51元买进，让主力为我抬轿
买进后股价逆势拉升至涨停，当日浮盈10%

图 4-31

　　读者可将"主力拉升前的盘口秘诀"结合"分时图操作技术"（参见《同花顺分时技法实战精要》）中的技法综合使用，会达到更好的效果。

　　盘口在选股择时上是非常重要的一环，但盘口的很多东西都千变万化，非笔墨所能尽述。由于笔者文笔欠佳，以上所讲的"压盘和压单"部分用文字只能阐述一个大概，请读者不要误认为笔者有意卖关子。实在是不管写多少，都有言不能尽的感觉，说比写要容易得多，更何况是写盘口，每一个盘口特征都是千变万化的，比如压盘和压单在主力运作的每个阶段都会用上。不论是吸筹、洗盘，还是拉升和出货，都有压盘和压单存在。主力手法不会变，变的只是价格所处的位置和市场所处的状态。

微信扫码添加同花顺陪伴官小顺
获取更多图书增值服务

第五章

盘口解读：上压盘解析

上压盘是指上方委卖栏中出现的委卖挂单明显大于下面委买栏中的委买挂单，并且这些挂单长时间不动，只是数字出现一些不同的变化。

第一节　单档压盘

单档压盘是指信息栏中上档委卖盘中出现了一档明显超过其他委卖盘的委卖挂单。

一、基本特征

单档压盘的基本特征是，委卖盘中其他委卖挂单都相对较小，只有一档挂单明显多于其他委卖挂单。

二、市场含义

单档压盘出现时，说明市场中有相对多的委卖盘在等待成交，预示市场中的卖出意愿较强，市场买入不够活跃。

　　然而，在实战当中，很多时候并不能用这么简单的思维方式来理解这种类型的委卖挂单。因为事实上，很多时候这种情况的出现往往意味着主力的一些控盘行为。比如，当市场交投清淡的时候，主力为了抑制股价的上涨，在低位吸筹，便会故意在委卖盘中挂出大单压盘。因为当市场中的买方意愿不够强烈的时候，一笔大单压盘足以抑制股价的上涨。

　　所以，无论是哪一种情况出现，只要委卖盘中出现单档压盘，都属于股价暂时止涨的看淡信号。如果该情况出现在市场高位下跌阶段，则后市持续下跌的概率就会增大。

三、图例阐述

　　我们来看一下单档压盘形态在实战中的表现情况。如图 5-1、5-2 中所示。

　　从图中可以看到，两只个股委卖栏中均出现了一栏委卖挂单大于其他委卖挂单的情况，形成单档压盘现象。这说明市场当时的卖盘挂单远大于买盘挂单，且又缺乏主动买盘。这种情况出现时，通常预示着市场中的买方人气薄弱，卖方人气浓厚。如果市场正处于下跌阶段，后市持续下跌的概率较大。

600057 象屿股份			14:58	6.05	147	S
委比	-25.70% 委差	-810	14:58	6.06	1	B
卖⑤	6.08	304	14:58	6.05	162	S
卖④	6.07	452	14:58	6.06	53	B
卖③	6.06	76	14:59	6.05	131	S
卖②	6.05	1007	14:59	6.05	24	B
卖①	6.04	142	14:59	6.05	127	B
买①	6.03	63	14:59	6.05	113	B
买②	6.02	182	14:59	6.04	56	S
买③	6.01	277	14:59	6.05	194	B
买④	6.00	549	14:59	6.05	280	B
买⑤	5.99	100	14:59	6.05	54	B
现价	6.05 今开	5.99	14:59	6.05	1	B
涨跌	0.00 最高	6.25	14:59	6.05	13	B
涨幅	0.00% 最低	5.96	14:59	6.04	26	S
总量	13.1万 量比	0.63	14:59	6.04	3	B
外盘	63468 内盘	68026	14:59	6.04	361	S
换手	3.06% 股本	8.60亿	14:59	6.04	36	B
净资	1.64 流通	4.29亿	15:00	6.04	201	B
收益(⊟)	0.192 PE(动)	23.7	15:00	6.05	0	

图 5-1

600717 天津港

委比	-35.42% 委差	-1257
卖⑤	6.65	274
卖④	6.64	65
卖③	6.63	20
卖②	6.62	9
卖①	6.60	2035
买①	6.59	10
买②	6.58	146
买③	6.57	434
买④	6.56	209
买⑤	6.55	347
现价	6.58 今开	6.70
涨跌	-0.10 最高	6.72
涨幅	-1.50% 最低	6.58
总量	31694 量比	0.97
外盘	17011 内盘	14683
换手	0.19% 股本	16.7亿
净资	6.52 流通	16.7亿
收益(三)	0.458 PE(动)	10.8

时间	价格	量	
14:57	6.60	4	B
14:57	6.60	15	B
14:57	6.60	10	B
14:57	6.60	71	B
14:57	6.60	21	B
14:58	6.60	20	S
14:58	6.60	27	B
14:58	6.59	27	S
14:58	6.59	184	B
14:58	6.59	263	S
14:58	6.60	311	B
14:59	6.60	7	B
14:59	6.60	7	B
14:59	6.59	2	S
14:59	6.60	8	B
14:59	6.59	8	S
14:59	6.59	58	B
15:00	6.58	80	S
15:00	6.60	20	B
15:00	6.58	0	

图 5-2

四、实战总结

在实战交易中，投资者遇到单档压盘情况时，应注意以下几点：

1. 单档压盘现象出现时，如果市场正处于下跌走势中，且在整个交易日中不断出现这种情况，说明主力拉升意愿不强烈；

2. 单档压盘现象出现时，如果市场正处于上涨走势中，并且每当这种情况出现时，就被主动买盘很快吃掉，说明主力正在隐蔽吸筹；

3. 单档压盘现象出现时，如果当日行情正处于横盘整理阶段，且每当股价触碰到该压盘时，股价就停止上涨，甚至由涨转跌，这说明主力此时无意拉升股价，上涨时机尚需等待；

4. 单档压盘现象出现时，如果股价正处于顶部下跌阶段，每当出现这种情况时，股价就再度下跌，甚至创出新低，这说明市场中的主动卖盘太多，主力无意控盘；

5. 单档压盘现象出现时，如果其委比和委差均为负数，内盘又远大于外盘，则后市下跌的概率较大。

当然，上述的五项原则不但适合单档压盘，还适合其他压盘形态。

第二节 双档压盘

双档压盘是指信息栏的上档委卖盘中同时出现了两档明显超过其他委卖盘的委卖挂单。

一、基本特征

双档压盘的基本特征是，委卖盘中其他委卖挂单都相对较小，只有两档数目不同的挂单明显多于其他委卖挂单。

二、市场含义

双档压盘形态出现时，说明市场中的委卖盘较多，市场看多信心不足。如果开盘1小时内股价出现了下跌，则说明当日买方力量薄弱，后市走低概率较大。如果该情况出现后，股价开始逐步下移，且在新低的位置再度出现新的压盘，则说明市场多头力量薄弱，而空方杀跌的力量较大。

该情况如果出现在顶部高位，说明主力正在逐步卖出股票。其原理是：顺应股价的下跌不断挂单，只要有主动买家出现，就会很快成交。即他们紧跟现价挂单，这样只要大盘一上涨，市场中就必然会出现一些跟风买盘，这样他们的压盘挂单自然就会成交一些，达到借大盘上涨的时机步步出货的目的。这种情况不但适用于双档压盘，也适合于单档压盘和下面要讲述的多档压盘。

三、图例阐述

我们来看一下双档压盘形态在实战中的表现情况。如图 5-3、5-4 中所示。

600087 长航油运			09:25	2.15	62	
			09:30	2.16	3123	B
委比	-54.08% 委差	-3284	09:30	2.16	6	B
卖⑤	2.20	878	09:30	2.16	10	B
卖④	2.19	1161	09:30	2.16	2	B
卖③	2.18	557				
卖②	2.17	582				
卖①	2.16	1500				
买①	2.15	558				
买②	2.14	170				
买③	2.13	315				
买④	2.12	164				
买⑤	2.11	187				
现价	2.16 今开	2.15				
涨跌	0.02 最高	2.16				
涨幅	0.93% 最低	2.15				
总量	3203 量比	10.86				
外盘	3172 内盘	31				
换手	0.01% 股本	33.9亿				
净资	1.55 流通	29.0亿				
收益(三)	-0.159 PE(动)	—				

图 5-3

600031 三一重工			09:47	11.90	108	S
			09:48	11.90	93	S
委比	-33.37% 委差	-1695	09:48	11.90	180	S
卖⑤	11.92	610	09:48	11.90	101	S
卖④	11.91	1338	09:48	11.90	20	B
卖③	11.90	1011	09:48	11.90	65	B
卖②	11.89	309	09:48	11.90	25	B
卖①	11.88	119	09:48	11.90	6	B
买①	11.87	126	09:48	11.89	84	S
买②	11.86	179	09:48	11.90	77	B
买③	11.85	290	09:48	11.89	89	S
买④	11.84	869	09:48	11.90	131	B
买⑤	11.83	228	09:48	11.89	20	S
现价	11.88 今开	11.83	09:49	11.89	2	B
涨跌	-0.02 最高	11.95	09:49	11.88	23	S
涨幅	-0.17% 最低	11.80	09:49	11.89	27	S
总量	20182 量比	0.87	09:49	11.88	38	S
外盘	10850 内盘	9332	09:49	11.89	61	B
换手	0.03% 股本	75.9亿	09:49	11.88	176	S
净资	2.46 流通	70.3亿				
收益(三)	1.010 PE(动)	8.8				

图 5-4

上面两张图中，个股委卖栏中均出现了双档压盘现象。这说明市场当时的卖盘挂单远大于买盘挂单。从之后的股价走势中，我们可以看到，除了图 5-3 之外，图 5-4 的股票在双档压盘出现后下跌，并且其委比和委差均为负数，内盘又远大于外盘。该形态如果出现在实战交易中，通常预示市场买方人气匮乏，卖方人气浓厚，后市下跌的概率较大。

四、实战总结

在实战交易中，投资者遇到双档压盘情况时，应注意以下几点：

1. 双档压盘现象出现时，如果股价正处于下跌阶段，说明市场中的卖盘力量尚未宣泄完毕，后市持续下跌的概率较大；

2. 双档压盘现象出现时，如果股价在双档压盘下方出现了快速下跌，则说明主力主动接盘做多意愿不强；

3. 双档压盘现象出现时，如果股价正处于上涨阶段，说明市场中有获利盘正在挂单卖出，这通常是主力短线出货的征兆；

4. 双档压盘现象出现时，如果股价不跌反涨，而双档压盘也不断上移，这往往是主力偷偷吸筹的征兆；

5. 双档压盘现象出现时，没过多久就被主动买单吃掉，并在成交栏中出现大单成交，如果这种情况出现在行情上涨阶段，则说明主力正在全力拉升股价。

第三节　多档压盘

多档压盘是指信息栏的上档委卖盘中同时出现了多档明显超过其他委卖盘的委卖挂单，甚至上档委卖挂单全部大于下档委买挂单。

一、基本特征

多档压盘的基本特征是，委卖盘中的五档委卖挂单中，大部分或全部的委卖挂单都明显多于其下方的委买挂单。

二、市场含义

多档压盘现象出现时，说明市场中大多数的挂单都是委卖挂单，卖盘明显比买盘多，该现象出现时，通常预示市场中的卖方力量较大，买方力量较弱，属于看淡后市的信号。

然而，在实战交易中，这种情况出现时，不同的行情走势其含义也完全不同。比如，当行情正处于上涨阶段，或当日行情出现明显上涨，则主力刻意在上方埋单压盘的概率较大。这说明股价上涨的速度超出了主力的预期，所以，不得不采用多档压盘的形式来削弱股价上涨的力量，以便延长吸筹时间；反之，如果行情正处于下跌阶段，或当日股价下跌，则该现象出现时就属于真实的空方压盘而股价走弱信号。特别是多档压盘出现后，股价随即走低，且之后的挂单始终处于压盘下方甚至远离多档压盘两三个档成交卖出。

三、图例阐述

我们来看一下多档压盘形态在实战中的表现情况。如图 5-5、5-6 中所示。

从图中可以看到，两只个股的委卖栏中均出现了多档压盘现象。图 5-5 中的个股在多档压盘下方出现了下跌，且其委比和委差均为负数，内盘又远大于外盘。这说明上述个股的卖盘踊跃，空方杀跌的力量较重。

而图 5-6 中个股的股价则与上述个股不同，其股价是在尾盘出现多档压盘的。虽然图中个股的委比和委差均为负数，但其下方的外盘是 70132，内盘却只有 37440，内盘的主动卖盘成交远小于外盘的主动买盘成交，说明该股整个交易日中的买盘非常踊跃。所以，该股当日出现上涨走势，并在尾盘出现多档压盘现象，实际上是一种主力做盘手法，以防止股价在当日收盘之前，出现突然的大笔主动买盘而影响股价的收盘计划。

600493 凤竹纺织

				时间	价格	量	B/S
委比	-37.52%	委差	-299	14:57	6.26	19	B
卖⑤	6.31		120	14:57	6.27	128	B
卖④	6.30		137	14:58	6.26	2	B
卖③	6.29		62	14:58	6.25	30	S
卖②	6.28		53	14:58	6.26	20	B
卖①	6.27		176	14:58	6.26	1	B
买①	6.26		4	14:58	6.25	35	S
买②	6.25		97	14:58	6.25	10	S
买③	6.24		43	14:58	6.26	4	B
买④	6.23		10	14:59	6.25	146	B
买⑤	6.22		95	14:59	6.26	11	B
现价	6.26	今开	6.65	14:59	6.26	5	B
涨跌	-0.39	最高	6.65	14:59	6.22	63	B
涨幅	-5.86%	最低	6.25	14:59	6.26	77	B
总量	30296	量比	0.99	14:59	6.26	60	B
外盘	10418	内盘	19878	14:59	6.26	55	B
换手	1.11%	股本	2.72亿	14:59	6.27	13	B
净资	2.30	流通	2.72亿	14:59	6.26	2	B
收益(三)	0.005	PE(动)	893.5	15:00	6.27	30	B
				15:00	6.26	0	

图 5-5

600649 城投控股

				时间	价格	量	B/S
委比	-73.91%	委差	-4697	14:58	6.46	14	S
卖⑤	6.50		1702	14:58	6.46	103	S
卖④	6.49		879	14:58	6.46	58	S
卖③	6.48		1071	14:58	6.46	313	S
卖②	6.47		1191	14:58	6.46	69	B
卖①	6.46		683	14:58	6.46	37	B
买①	6.45		352	14:58	6.46	4	B
买②	6.44		94	14:59	6.46	20	B
买③	6.43		158	14:59	6.45	68	S
买④	6.42		74	14:59	6.46	71	B
买⑤	6.41		151	14:59	6.45	345	S
现价	6.45	今开	6.30	14:59	6.45	51	S
涨跌	0.20	最高	6.51	14:59	6.45	69	S
涨幅	3.20%	最低	6.15	14:59	6.45	56	B
总量	10.8万	量比	2.46	14:59	6.44	8	S
外盘	70132	内盘	37440	14:59	6.44	3	S
换手	0.47%	股本	23.0亿	14:59	6.45	131	B
净资	5.35	流通	23.0亿	14:59	6.45	30	B
收益(三)	0.394	PE(动)	12.3	15:00	6.45	207	B
				15:00	6.45	24	S

图 5-6

四、实战总结

在实战交易中，投资者遇到多档压盘情况时，应注意以下几点：

1. 多档压盘现象出现时，如果行情正处于下跌走势中，且股价在多档压盘出现后的当日大幅下跌，则主力没有护盘意图；

2. 多档压盘现象出现时，如果行情正处于上涨走势中，且股价当日的走势也是上涨，则该形态属于主力隐蔽拉升的意图比较明显；

3. 多档压盘现象出现时，如果行情正处于上涨阶段，且当日的股价也走势稳定，没有较大的起伏，盘中出现多档压盘的现象，多于多档托盘（后面我们要讲述的一种挂单现象），则说明市场中的主动卖盘暗流涌动。主力刻意采用多档压盘的形式压制股价，以避免股价过分活跃引起市场注意；

4. 多档压盘现象出现时，市场若已经出现明显的超买，且股价也出现高位滞涨现象，此时出现多档压盘，无论当日的股价是上涨还是下跌，都属于主力阶段性出货的信号；

5. 多档压盘现象出现时，如果个股的委比和委差均为负数，且内盘远大于外盘，则后市下跌的概率较大。

第四节　开市压盘

开市压盘是指开盘阶段出现的上压盘现象，这种情况通常意味着早盘主动卖盘较多，市场早盘做多的意愿不强。

一、基本特征

开市压盘的基本特征是，市场刚刚开盘，其上方委卖栏中就出现了大笔的卖单压盘，这种情况出现后，股价往往会止涨不前。

二、市场含义

开市压盘出现时，意味着市场早盘买方力量较弱，后市看淡的投资者居多。这种情况如果出现不久，股价就应声而下，且在开盘 1 小时后的上档压盘一直多于下档托盘，当日收成阴线的概率较大；反之，如果开盘 1 小时后行情出现了逆变，上压盘不断地被主动的买盘吃掉，且成交栏中又不断出现主动成交的买方大单，则后市上涨的概率较大。

实战交易中，投资者要注意的一种特殊现象是，当委卖栏中的大单挂出后，股价不但不下跌，反而还上涨，并且上面的压盘也不断出现撤单现象，即上压盘瞬间消失了，但在成交栏中并没有出现大单成交的现象。此时，说明市场中的主动买盘较强劲，主力为了避免筹码的丢失，而不得不放弃压盘计划，减少挂单，以防筹码流失。

三、图例阐述

我们来看一下开市压盘形态在实战中的表现情况。如图 5-7、5-8 中所示。

从下面的两幅图中可以看到，图中所示的个股均出现了开市压盘现象，说明开市阶段看空后市的气氛浓厚，做空动能依然存在。

两只个股在开盘不久均出现了不同程度的下跌（图中所示的交易时间是9：30，开盘时的行情信息）。

600057 象屿股份		09:25		5.96		270
委比	-50.27% 委差	-188				
卖⑤	6.02	53				
卖④	6.00	22				
卖③	5.98	30				
卖②	5.97	100				
卖①	5.96	76				
买①	5.95	17				
买②	5.91	24				
买③	5.90	44				
买④	5.88	2				
买⑤	5.85	6				
现价	5.96 今开	5.96				
涨跌	-0.09 最高	5.96				
涨幅	-1.49% 最低	5.96				
总量	270 量比	0.34				
外盘	135 内盘	135				
换手	0.01% 股本	8.60亿				
净资	1.64 流通	4.29亿				
收益(三)	0.192 PE(动)	23.3				

图 5-7

600077 百科集团			09:25	10.59	12	
			09:30	10.59	18	S
委比	-63.02%	委差	-409			
卖⑤	10.66		10			
卖④	10.65		13			
卖③	10.60		230			
卖②	10.59		54			
卖①	10.58		222			
买①	10.47		3			
买②	10.42		10			
买③	10.41		66			
买④	10.40		31			
买⑤	10.37		10			
现价	10.59	今开	10.59			
涨跌	0.09	最高	10.59			
涨幅	0.86%	最低	10.59			
总量	30	量比	0.25			
外盘	6	内盘	24			
换手	0.00%	股本	5.37亿			
净资	0.52	流通	1.31亿			
收益(三)	-0.020	PE(动)	—			

图 5-8

所以，在实战交易中，这种情况如果不能在开盘 1 小时内得到改善，转跌为涨，则当日的行情走势就不会太乐观。特别是开市初期是单档压盘，但到了后期，随着行情的走低变成多档压盘的现象出现时，则当日的行情走势便很难有改观。

四、实战总结

在实战交易中，投资者遇到开市压盘情况时，应注意以下几点：

1. 开市压盘现象出现时，如果行情前日出现下跌情况，则说明市场中的做空情绪依然浓厚，后市持续下跌的概率便会增大；

2. 开市压盘现象出现时，如果行情已经出现大幅度的上涨，且没多久股价就开始大幅下跌，下跌的幅度超过 3% 以上，就属于主力阶段性出货的信号，该股当日走低的概率较大；

3. 开市压盘现象出现时，股价不跌反涨，并且上档的压盘很快就被主动买盘吃掉，这种情况通常会出现在行情长期上涨的牛市之中。这种情况出现时，后市持续上涨的概率较大；

4. 开市压盘现象出现时，如果行情正处于长期下跌的过程中，则属于空方杀跌力量未尽的信号。这种情况如果连续几日不断地出现，且股价又没有止跌企稳的迹象，则说明主力手中依然有未出尽的仓位；

5. 开市压盘现象出现时，如果个股的委比和委差长时间为负数，且内盘远大于外盘，如果这种情况不能在开盘后 1 小时内改变，则后市持续下跌的概率较大。

第五节　收市压盘

与开市压盘相对应的便是收市压盘，收市压盘出现时，说明市场中有大量的委卖挂单没有成交。

一、基本特征

收市压盘的基本特征是，股价临近收盘时，上档大量的委卖挂单依然没有撤走，直到收盘时，这些挂单依然存在。

二、市场含义

收市压盘是一种非常有意义的盘口现象，在讲述收市压盘现象时，我们必须明白市场中挂单的基本原理。

通常情况下，普通投资者都会在开盘后 15 分钟到收盘前 15 分钟这段时间内，将自己的交易结束。

绝大多数的投资者都不会在市场收盘时还愿意将没有成交的单子挂在盘中，实际上 99% 的二级市场投资者都会在自己想要买进的时候以市价成交。无论是买入的单子，还是卖出的单子。

所以，收盘时依然挂在盘中的单子绝不会是普通投资者的单子，此时委买栏和委卖栏中的挂单绝大多数都是主力自己的单子。通过收市压盘现象，我们不但可以了解到市场当日的交易情况，还可以大致知道主力的做盘意图。

三、图例阐述

我们来看一下收市压盘形态在实战中的表现情况。如图 5-9、5-10 中所示。

从图中可以看到，每只股票都出现了收市压盘的情况，说明当日上述股票

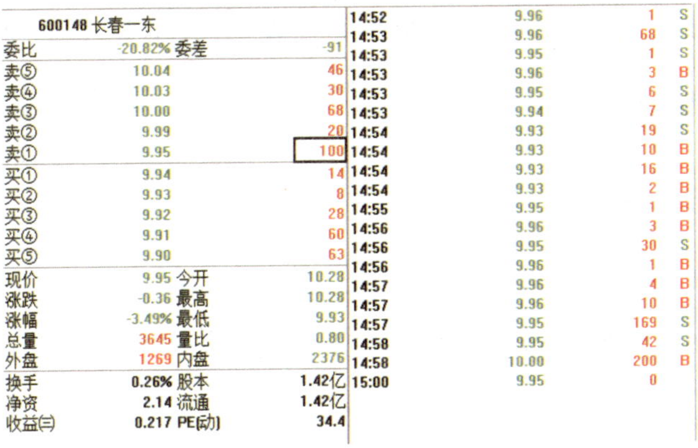

600148 长春一东

委比	-20.82%	委差	-91
卖⑤	10.04		46
卖④	10.03		30
卖③	10.00		68
卖②	9.99		20
卖①	9.95		100
买①	9.94		14
买②	9.93		8
买③	9.92		28
买④	9.91		60
买⑤	9.90		63
现价	9.95	今开	10.28
涨跌	-0.36	最高	10.28
涨幅	-3.49%	最低	9.93
总量	3645	量比	0.80
外盘	1269	内盘	2376
换手	0.26%	股本	1.42亿
净资	2.14	流通	1.42亿
收益(三)	0.217	PE(动)	34.4

14:52	9.96	1	S
14:53	9.96	68	S
14:53	9.95	1	S
14:53	9.96	3	B
14:53	9.95	6	S
14:53	9.94	7	S
14:54	9.93	19	S
14:54	9.93	10	B
14:54	9.93	16	B
14:54	9.93	2	B
14:55	9.95	1	B
14:56	9.96	3	B
14:56	9.95	30	S
14:56	9.96	1	B
14:57	9.96	4	B
14:57	9.96	10	B
14:57	9.95	169	S
14:58	9.95	42	S
14:58	10.00	200	B
15:00	9.95	0	

图 5-9

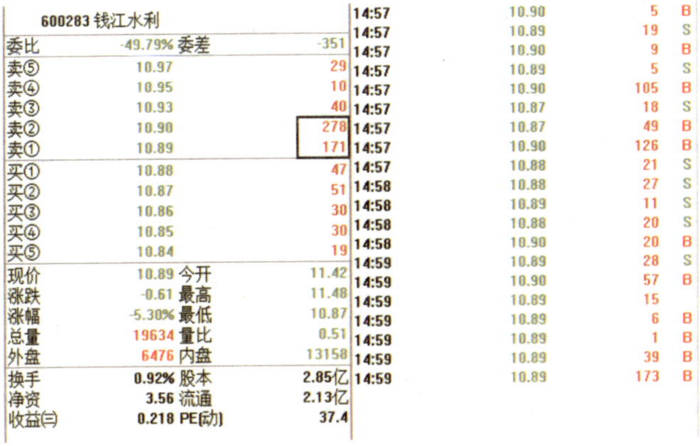

600283 钱江水利

委比	-49.79%	委差	-351
卖⑤	10.97		29
卖④	10.95		10
卖③	10.93		40
卖②	10.90		278
卖①	10.89		171
买①	10.88		47
买②	10.87		51
买③	10.86		30
买④	10.85		30
买⑤	10.84		19
现价	10.89	今开	11.42
涨跌	-0.61	最高	11.48
涨幅	-5.30%	最低	10.87
总量	19634	量比	0.51
外盘	6476	内盘	13158
换手	0.92%	股本	2.85亿
净资	3.56	流通	2.13亿
收益(三)	0.218	PE(动)	37.4

14:57	10.90	5	B
14:57	10.89	19	S
14:57	10.90	9	B
14:57	10.89	5	S
14:57	10.90	105	B
14:57	10.87	18	S
14:57	10.87	49	B
14:57	10.90	126	B
14:57	10.88	21	S
14:58	10.88	27	S
14:58	10.89	11	S
14:58	10.88	20	S
14:58	10.90	20	B
14:59	10.89	28	S
14:59	10.90	57	B
14:59	10.89	15	
14:59	10.89	6	B
14:59	10.89	1	B
14:59	10.89	39	B
14:59	10.89	173	B

图 5-10

在收盘时有大量的挂单没有成交。

然而，我们也要知道，这种情况对于不同走势的股票也有不同的含义。对于当日下跌的股票来说，如图 5-9 所示，收市压盘意味着主力挂出的大笔委卖盘没有成交，特别是压盘越大，说明委卖盘越多。

可是，对于当日上涨股票而言，意义就略有不同了。如图 5-10 中所示，该图中的股价当日出现了明显的上涨，涨幅是 0.83%，所以，该股出现了收市压盘形态就不能简单地如此理解，因为当股价在上涨的过程中遇到这种情况时，如果股价没有下跌，这说明该股的买盘比较活跃，此时的收市挂单是为了抑制股价的过度上涨而设下的阻力卖单。所以，当这种情况出现时，则往往意味着后市持续走高的概率不大。

四、实战总结

在实战交易中，投资者遇到收市压盘情况时，应注意以下几点：

1. 收市压盘现象出现时，如果行情正处于下跌阶段，并且，收盘当日的股价也出现了下跌，则说明当日主力的卖盘挂单没有完全成交，后市持续下跌的概率便会增大；

2. 收市压盘现象出现时，如果行情正处于上涨阶段，且当日的股价也出现了明显的上涨，则说明当日该股的交投非常活跃，主力为了避免股价在收市前突然出现意外的上涨，而刻意埋下大单，以防这种情况的发生；

3. 收市压盘现象出现时，如果当日股价的走势出现了翻盘现象，即股价由涨转跌，并以中阴线或大阴线收盘，说明市场卖盘突然出现，则第二个交易日持续下跌的概率较大。反之，则说明市场中的买方突然出现，后市持续上涨的概率较大；

4. 收市压盘现象出现时，如果个股内盘远大于外盘，且股价当日也出现了大幅度的下跌，说明主力当日有出货的迹象，后市下跌的概率较大。

第六节　持续压盘

持续压盘现象是指股票在交易的当日，上档一直有多档卖单压盘，致使股价始终不能有效上涨。

一、基本特征

持续压盘的基本特征是，市场开盘不久，其上方就出现了大量的卖单挂出，形成上档压盘。在之后的很长一段时间内，甚至在整个交易日中，这种情况一直存在。每当股价上涨到这一区域，这些挂单就会出现。有时股价一触碰到这些压盘，就会止涨不前，出现回调。

二、市场含义

持续压盘现象出现时，说明委卖盘中有很多卖单在等待卖出。然而，如果投资者仅仅用如此简单的逻辑来考虑这种情况，就会出现完全错误的结果。因为上方大笔卖单的存在并不意味着一定都是真正的卖单，如果投资者想在那个价位上卖掉自己的仓位，不需要提前把单子挂在那里一直等。实战当中，还有其他两种方法可以选择：第一，等待股价到达那个位置再直接挂单卖出；第二，以市价卖出。

我想，大多数想要卖出股票的投资者，都会选择这后面的两种方法成交。

通过这样的分析，问题就非常容易理解了，所以，大多数情况下，那些持续压盘的卖单都是挂给市场人士看的，其目的有两个：

第一，在洗盘下跌的时候，主力通过持续压盘的方法，加强市场的恐慌感，让急于脱手兑现的投资者只能在低位卖出股票，这样便宜的股票便悉数落入主力的手中；

第二，该股上涨时，主力可以有力地抑制股价上涨，以防股价被突然而至的大买盘影响，出现始料不及的上涨。

所以，只有当个股出现长期下跌时，持续压盘现象的出现才能表明真实的市场状况。那就是主力为了避免自己的卖出导致市场恐慌，而只得以单档压盘或双档压盘的形式，在卖二、卖三的位置压盘，之后借助大盘的上涨慢慢出货。

当大盘出现上涨时，市场中自然就会出现主动买盘。而这些主动买盘的出现就会将上面的压盘慢慢吃掉，而主力在发现这些压盘被吃掉之后，便再次在稍高一点的位置再次挂出卖单继续压盘。这样就出现了大盘上涨，但该股不上涨的情况。这样的现象出现时，往往意味着主力在小心应对市场局面，以求顺利出局。

三、实战总结

在实战交易中，投资者遇到持续压盘情况时，应注意以下几点：

1. 持续压盘现象出现时，如果行情正处于大幅上涨的行情中，并且股价还能顶着多档压盘不断上涨，连续不断地吃掉上面的压盘，说明该阶段主力做多意愿坚定；

2. 持续压盘现象出现时，如果行情正处于持续下跌的过程中，说明市场中的买盘清淡，卖盘较多，主力做多意愿不强；

3. 持续压盘现象出现时，如果行情已经出现了幅度较大的上涨，并且出现股价止涨的情况，则说明主力正在趁着股价高企、市场买方人气正浓的时候出货；

4. 持续压盘现象出现时，如果当日行情已经出现了较大的上涨，则说明市场中的获利盘开始兑现，后市出现整理的概率较大；

5.持续压盘现象出现时，如果该股已经出现了大幅度的上涨，且个股内盘远大于外盘，说明主力当日有出货的迹象，后市随时有可能转淡。

第七节　浮动压盘

与持续压盘现象相对应的是浮动压盘现象，该现象是指股票上档并没有明显的大单压盘，或者只有少量大单压盘，但随着主动买方的不断涌出，压盘时不时地就会被买盘吃掉，但没过多久，压盘再次出现。

一、基本特征

浮动压盘的基本特征是，压盘并不持续出现，而是时而出现，时而消失，但每次出现都会以成交的形式消失。

二、市场含义

浮动压盘的形式多种多样，该现象出现时，说明市场中的买方力量较卖方力量大，上档的委卖挂单很容易成交，这种情况如果出现在股价大幅下跌之后的低位区域，通常是主力偷偷吸筹的信号。

当然，浮动压盘与其他压盘形式相同，在不同的区域会有不同的定义。事实上，浮动压盘形态只是一种并不积极的压盘形态，因为浮动压盘通常说明市场中的买方交投并不是很活跃。道理很容易理解，如果买方活跃的话，股价应该出现快速上涨，并且也会陆续出现上方更高位置的上压盘，即上方的单子会越来越多，并且成交栏中也会不断地出现大单成交。

所以，当上档压盘出现间断浮动现象时，这说明市场中的卖方并不是很踊跃，同样也说明了市场中的买家也不踊跃，主力也没有必要搞那么多大单子压盘，平常的上下差不多的买卖挂单就基本上可以达到其应有的控盘效果了。

所以，这时间断性压盘的出现只有两种情况：

第一种情况是，市场中自然出现的卖家的积累挂单，即很多机构卖家见行情上涨了就在上档委卖盘处挂单等待成交；

第二种情况是，市场中突然出现了大量的买盘，主力为了减少这些随机的大买盘对股价的波动影响，就以多于这些主动买盘的挂单做出上压盘，让他们赶紧成交。

然而，当股价正处于一个相对高位时，这种浮动压盘的出现，就极有可能是主力偷偷出货的信号。股价在上涨，他们却已经开始逆势减仓了。

在下面的实战总结中，我们就来针对不同的浮动压盘形式和其不同信号含义，做一个简要的讲述。

三、实战总结

在实战交易中，投资者遇到浮动压盘情况时，应注意以下几点：

1. 浮动压盘现象出现时，如果行情正处于下跌阶段，说明市场交投清淡，主力做多市场的意愿不够强烈；

2. 浮动压盘现象出现时，如果行情正处于上涨阶段，说明市场买方人气比较踊跃，如果股价在浮动压盘消失后，持续上涨，则说明市场中的主动买盘较多，庄家做多的意愿比较强烈；

3. 浮动压盘现象出现时，如果股价正处于市场高位，并且日 K 线图中已经出现其他的见顶信号或下跌信号，则主力偷偷出货的可能性较高；

4. 浮动压盘现象出现时，如果行情正处于大幅下跌的底部区域，且成交栏中不断出现大单成交现象，则说明市场中虽然交投清淡，但主力正在利用淡市偷偷吸筹，所以，才会出现上档虽有大单压盘，下方却能真实成交的特殊现象；

5. 浮动压盘现象出现时，如果当日股价走高，属于多头踊跃的做高股价的信号；如果当日股价走低，则属于空头踊跃的做低股价的信号。

第八节　大单压盘

大单压盘是指上档委卖盘中突然出现了较下档卖盘大很多的委卖挂单。

一、基本特征

大单压盘的基本特征是，委买盘中的委买单较少，但委卖盘中的委卖单出现一档或两档非常大的卖单。

二、市场含义

大单压盘现象的出现，通常说明主力做空意愿坚定，特别是多档委卖盘中均出现大单压盘现象。当然，这种说法只是简要地讲明了大盘压盘的基本属性，但并没有涉及更深层次的主力做盘技巧。

事实上，大单压盘现象在不同阶段性走势中，所代表的内容和意义也不尽相同。当大单压盘现象处于阶段性震荡盘整的走势中时，尤其是其股价处于阶段性的底部区域时，这种委卖盘挂在委卖盘的卖三或卖四处经常连续出现，则通常是主力压盘吸货的征兆；若行情正处于阶段性上涨的走势中，盘中经常连续出现这种大单压盘现象，且大单在上涨中不断被吃掉，随着股价的上涨，这些压盘大单的价位也越来越高，这通常是个股上涨中正常的换手现象。

　　但当股价经过大幅上涨之后的顶部阶段，或突破历史高位之后的下跌过程中，并且，大盘也已经出现了大幅度的上涨，但该股出现了止涨不前的现象时，此时的情况又完全不同了。这时出现这样的现象，通常预示着主力做高意愿淡薄，而借市场火爆之时出货的意愿比较强烈。

　　原因非常简单，如果该股要继续上涨，下档买盘的挂单应该相对较多。更重要的是，大多数股票要真正上涨，往往会在大盘上涨时紧跟大盘上涨，因为，如果个股在大盘上涨的时候没有及时上涨，一旦大盘走弱，则个股获利回吐的情况就会较重，导致股价上攻乏力。主力要想在大盘下跌时维护好盘面则需要花费更多成本。

　　所以，股价如果在高位顶部区域出现这种情况，并且，大盘上涨而该股却因为这些压盘的出现而止涨不前，则主力逆势高位出货的可能性就非常高。

三、图例阐述

　　我们来看一下实战交易中，大单压盘的基本形式。如图 5-11 中所示。

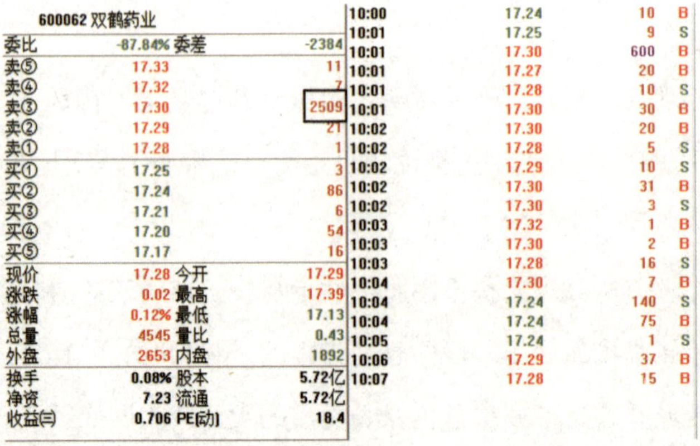

图 5-11

　　从图中可以看到，双鹤药业（600062）的信息栏中，其下方的委卖盘较小，均为一位数和两位数的委买单，反而，上档委卖盘中的卖三处却出现了2509手的大笔卖单，这一档委卖盘的数量也比下方委买盘的总和数目还要多几倍，说明市场中的委买盘较少，委卖盘较多，做多动力不强，做空动力则较大。

四、实战总结

在实战交易中，投资者遇到大单压盘情况时，应注意以下几点：

1. 大单压盘现象出现时，如果行情正处于长期下跌的底部上涨阶段，则主力压盘吸筹的概率较大；

2. 大单压盘现象出现时，如果行情正处于顶部回落阶段，则主力阶段性出货的概率较大；

3. 大单压盘现象出现时，如果股价正处于一个相对较高的顶部区域，且个股的走势与大盘走势相反，大盘在上涨，该股在下跌，则主力高位出货的概率较大；

4. 大单压盘现象出现时，如果股价不断上涨，并毫不犹豫地不断吃掉上方的压盘，说明主力做多该股的意愿较强，正在推动股价上涨；

5. 大单压盘现象出现时，如果行情正好处于震荡走势之中，若当日股价能够突破大单压盘而上涨，则主力做高行情的意愿较强；反之，如果当日股价走低，则主力做低行情的意愿较强。

第六章

盘口解读：下托盘解析

在上面的章节中，我们了解了不同形式的上托盘和其不同的特征和内涵，在这一章中，我们再来了解一下与上压盘相对应的下托盘现象，以及其不同的特征和内涵。

第一节　单档托盘

单档托盘是指行情信息栏中的委买盘有一档委买挂单明显多于其他委买盘，而其他的委买挂单则与委卖挂单基本持平。

一、基本特征

单档托盘的基本特征是，一档大笔委买单长时间地挂在下方的委买栏中，这种情况经常出现。

二、市场含义

单档托盘现象出现时，通常意味着个股的买方人气较重，市场中有些买家正在尝试低位买入，希望股价回撤时能够在较低的位置成交，以降低买入成本。

事实上，一些长线投资者偶尔也会采用这种方法，由于担心自己在交易当日买在最高价上，所以，就在比市价更低的位置挂单，以便股价出现回落时成交。这是最基本的托盘含义。

然而，我们也必须知道，实战中的单档托盘现象并不能完全以这种基本含义来理解市场变化。因为在实战交易中，市场主力会根据不同的行情形势，通过技术手段来改变挂单的形势，掩盖自己的实际意图。所以，单档托盘形态在不同的阶段有不同的含义，在市场顶部出现和在市场底部，以及上涨走势中和下跌走势中出现，其含义也完全不同。

所以，我们建议投资者要根据市场行情的不同形势（区域和阶段），做出客观的、理性的判断。

三、图例阐述

我们来看一下实战交易中，单档托盘现象的基本形式和应用情况。如图6-1、6-2中所示。

600038 哈飞股份						
委比	-3.42% 委差	-16	10:00	20.64	4	S
			10:00	20.64	4	B
卖⑤	20.68	33	10:00	20.64	1	B
卖④	20.67	73	10:01	20.64	6	B
卖③	20.66	1	10:01	20.64	11	B
卖②	20.65	88	10:01	20.64	5	B
卖①	20.63	47	10:01	20.64	3	B
			10:01	20.64	5	B
买①	20.62	105	10:02	20.67	167	B
买②	20.60	43	10:02	20.64	5	S
买③	20.58	4	10:03	20.64	45	S
买④	20.56	27	10:03	20.64	3	S
买⑤	20.55	47	10:03	20.64	4	S
现价	20.63 今开	20.82	10:04	20.66	5	B
涨跌	-0.46 最高	21.05	10:04	20.65	2	B
涨幅	-2.18% 最低	20.52	10:05	20.63	2	S
总量	2174 量比	0.65	10:05	20.63	8	S
外盘	816 内盘	1358	10:05	20.63	11	S
			10:06	20.62	18	S
换手	0.06% 股本	3.37亿	10:06	20.63	10	B
净资	4.33 流通	3.37亿				
收益(三)	0.194 PE(动)	79.6				

图 6-1

600089 特变电工				10:05		9.30		39	B
委比	20.40%	委差	958	10:05		9.29		24	S
卖⑤	9.33		530	10:05		9.30		633	B
卖④	9.32		820	10:06		9.30		48	S
卖③	9.31		108	10:06		9.30		40	S
卖②	9.30		293	10:06		9.30		119	S
卖①	9.29		118	10:06		9.30		2	B
买①	9.28		736	10:06		9.30		55	B
买②	9.27		698	10:07		9.29		50	S
买③	9.26		1043	10:07		9.30		10	S
买④	9.25		291	10:07		9.30		65	B
买⑤	9.24		59	10:07		9.29		102	S
现价	9.28	今开	9.31	10:07		9.30		8	B
涨跌	-0.05	最高	9.34	10:07		9.29		22	S
涨幅	-0.54%	最低	9.28	10:07		9.29		58	S
总量	13543	量比	0.61	10:07		9.30		2	B
外盘	6571	内盘	6972	10:07		9.29		87	S
换手	0.05%	股本	26.4亿	10:08		9.28		183	S
净资	4.78	流通	26.4亿	10:08		9.29		8	B
收益(三)	0.387	PE(动)	18.0	10:08		9.28		3	S

图 6-2

从图中可以明显看出，两只股票在开盘不久均出现了单档托盘现象，说明市场中虽然有较多的买盘出现，却并没有主动以高价买入，而是在低位挂单。这意味着市场中的买盘并不踊跃，他们希望股价下跌后再成交。

所以，实战交易中，这种情况一旦出现，弱势股便会变得更弱。因为买盘虽有挂单，但不主动，这些挂单往往都会被之后出现的卖单打掉。即这些不主动的低位挂单会在股价的下跌中成交，并不能推动股价上涨。

相反，如果这种情况出现在上涨的过程中，并伴随着股价的上涨，托盘也不断升高，则说明市场中的买盘踊跃，低位的挂单根本就无法成交，所以，不得不逐步抬高挂单价格，以便在股价稍稍回撤之后成交。

四、实战总结

在实战交易中，投资者遇到单档托盘情况时，应注意以下几点：

1.单档托盘现象出现时，如果行情正处于市场底部区域，且股价也出现明显企稳，说明主力有意做高股价；

2.单档托盘现象出现时，如果行情正处于长期上涨中的短期下跌阶段，如果当日股价上涨，托盘不断上移，则属于主力不希望股价持续下跌而刻意拉升股价的信号；

3.单档托盘现象出现时，如果行情正处于市场高位的顶部或长期下跌过程中，如果当日股价下跌，且托盘也不断下移，则属于主力表面上在托盘，而实际上在出货的诱多信号；

4.单档托盘现象出现时，如果行情正处于上涨震荡整理阶段，且股价整日波动不大，则说明市场中的短期卖盘较多，主力正在借机消化获利盘；

5.单档托盘现象出现时，如果行情正处于下跌震荡整理阶段，且股价整日波动不大，则说明市场中的短期买盘较多，主力正在借机高位出货；

6.单档托盘现象出现时，如果其委比和委差均为正数，外盘又远大于内盘，则后市上涨的概率较大；反之，则下跌的概率较大。

当然，上述原则不但适合单档压盘，还适合本章中其他托盘形态。

第二节　双档托盘

双档托盘是指行情的委买栏中有两档挂单明显多于上卖盘和下买盘的其他挂单。

一、基本特征

双档托盘的基本特征是，两档大笔委买单长时间挂在下方的委买栏中，且随着股价的涨跌不断变化，有时候变成单档托盘，有时候变成多档托盘。这种情况也经常出现。

二、市场含义

双档托盘的市场含义与单档托盘一样，都是买盘挂单多于卖盘挂单的表现，如果这种挂单随着股价的上涨而逐渐下移，则说明市场中的卖压不大，主力并不需要多大的力量就可以将股价推高；

反之，如果双档托盘随着股价的下跌变成了单档托盘，并且消失了的那一档挂单，在右边的成交栏中变成了一笔大单已经成交，随后在更下方的委卖栏中再度出现新的托盘挂单，则说明市场中的卖压较大，如果此时行情正处于下跌阶段，说明主力做多意愿淡薄。如果行情当时正处于下跌走势中，则后市持续下跌的概率较大。

三、图例阐述

我们来看一下在实战交易中，双档托盘现象的基本形式和应用情况。如图6-3、6-4中所示。

从图中可以清楚地看到，两只个股在开盘不久均出现了双档托盘现象，说明市场中被动买入的挂单较多，主动买入的挂单较少。这种情况的出现，通常预示着该股当日的交投并不活跃。如果这种情况不能够在开盘1小时内有所改观，推动股价上升，则后市很难出现有效的上涨。

600066 宇通客车

委比	29.15%	委差	181
卖⑤	22.89		10
卖④	22.88		89
卖③	22.85		34
卖②	22.84		5
卖①	22.80		82
买①	22.79		156
买②	22.78		167
买③	22.76		67
买④	22.75		5
买⑤	22.74		6
现价	22.80	今开	23.40
涨跌	-0.43	最高	23.40
涨幅	-1.85%	最低	22.62
总量	6649	量比	0.60
外盘	1994	内盘	4655
换手	0.13%	股本	5.20亿
净资	5.53	流通	5.20亿
收益(三)	1.410	PE(动)	12.1

10:04	22.79	107	S
10:05	22.79	8	S
10:05	22.80	6	B
10:05	22.79	33	S
10:05	22.80	156	B
10:05	22.80	43	S
10:05	22.80	34	S
10:05	22.79	12	S
10:06	22.80	19	B
10:06	22.80	44	B
10:06	22.80	21	B
10:06	22.80	91	B
10:06	22.80	1	S
10:06	22.85	37	B
10:06	22.80	120	S
10:07	22.80	7	S
10:07	22.80	41	S
10:07	22.79	10	S
10:07	22.80	1	S
10:07	22.80	25	S

图 6-3

600098 广州控股			
委比	26.86%	委差	141
卖⑤	6.22		81
卖④	6.21		5
卖③	6.20		54
卖②	6.19		2
卖①	6.17		50
买①	6.16		17
买②	6.15		34
买③	6.14		122
买④	6.13		134
买⑤	6.12		26
现价	6.19	今开	6.16
涨跌	0.03	最高	6.23
涨幅	0.49%	最低	6.13
总量	1209	量比	0.28
外盘	678	内盘	531
换手	0.01%	股本	20.6亿
净资	4.42	流通	20.6亿
收益(三)	0.167	PE(动)	27.8

09:56	6.16	10	B
09:56	6.15	30	S
09:56	6.16	10	B
09:57	6.15	27	S
09:58	6.13	40	S
09:58	6.13	10	B
09:59	6.14	12	S
09:59	6.13	10	B
09:59	6.13	1	B
09:59	6.20	118	B
10:00	6.20	16	S
10:00	6.20	16	S
10:00	6.20	8	S
10:00	6.20	42	S
10:01	6.20	50	B
10:01	6.20	7	B
10:04	6.19	2	B
10:04	6.19	15	B
10:05	6.19	14	S
10:06	6.19	16	B

图 6-4

四、实战总结

在实战交易中，投资者遇到双档托盘情况时，应注意以下几点：

1. 双档托盘现象出现时，如果行情正处于长期下跌过程中，且伴随着股价的下跌，下托盘距离买一的位置越来越高，此时就不属于主力真正的托盘信号，而属于主力用托盘作掩护的出货信号；

2. 双档托盘现象出现时，如果行情正处于长期上涨的过程中，其伴随着股价的上涨，托盘也逐步上移，此时就属于主力做高意愿较强的托盘信号；

3. 双档托盘现象出现时，如果股价正处于下跌阶段，当股价下探到双档托盘处时，股价停止下跌，甚至托盘还出现加大的迹象时，这也是主力有意做多的护盘信号；

4. 双档托盘现象出现时，如果行情正处于长期上涨趋势中的回撤阶段，且股价经常在托盘处止跌企稳，后市止跌企稳的概率较大；

5. 双档托盘现象出现时，如果行情正处于长期下跌的反弹阶段，且盘中经常出现托盘下移的情况时，则后市持续下跌的概率较大；

6. 双档托盘现象出现时，如果其委比和委差均为正数，外盘又远大于内盘，如果市场正处于上涨阶段，则后市上涨的概率较大；反之，则下跌的概率较大。

第三节　多档托盘

多档托盘是指股价的下档委买盘中有三档以上的大档委买挂单，这种情况出现时，股价通常会阶段性停止下跌。

一、基本特征

多档托盘的基本特征是，下方委买栏中的挂单远大于上档委卖栏中的挂单，比如，上档委卖栏中的委卖挂单均为两位数，但下档委买栏中的挂单大部分或全部为三位数，甚至四位数。

二、市场含义

多档托盘现象出现时，意味着市场中的买盘挂单远大于卖盘挂单，市场下跌的阻力明显大于上涨的阻力，一旦股价企稳，则后市上涨的概率较大。

即便如此，也并不意味着股价一定会上涨，因为股价是否上涨要看市场中的主动买单是不是够多。事实上，即便是股价在下跌的过程中，很多股票依然有多档托盘出现。所以，多档托盘现象，只有在与其基本性质相一致的行情中才能够真实地体现市场的运行特性。

比如，在行情持续上涨的过程中，每当行情回撤时，往往就会出现多档托盘情况，这时候，就意味着市场做多意愿较充足，主力采用多档托盘的形式护盘，阻止股价的下跌。

反之，如果行情正处于持续下跌的过程中，虽然行情中不时出现多档托盘现象，但股价并不上涨，反而顺应股价的下跌而不断下移，这就不能简单地理解为主力托盘了。这种情况往往是主力故意制造的托盘诱多信号，以此来坚定那些继续持有股票且充满幻想的投资者的信心，以免市场恐慌而出现恐慌性抛盘，打乱主力出货的计划。

三、图例阐述

我们来看一下在实战交易中，多档托盘现象的基本形式和应用情况。如图6-5、6-6 中所示。

600095 哈高科			时间	价格	量	B/S
委比	67.00% 委差	1084	10:02	6.67	200	S
卖⑤	6.74	19	10:03	6.69	40	S
卖④	6.73	83	10:03	6.71	30	B
卖③	6.72	69	10:03	6.69	31	S
卖②	6.71	11	10:04	6.71	19	B
卖①	6.70	85	10:04	6.69	1	S
买①	6.69	117	10:04	6.69	62	S
买②	6.68	138	10:04	6.70	10	B
买③	6.67	222	10:04	6.69	41	S
买④	6.66	666	10:05	6.70	11	S
买⑤	6.65	208	10:05	6.70	20	B
现价	6.69 今开	6.66	10:05	6.69	24	S
涨跌	-0.21 最高	6.84	10:06	6.70	1	B
涨幅	-3.04% 最低	6.65	10:06	6.69	38	S
总量	9086 量比	1.15	10:07	6.69	131	S
外盘	4389 内盘	4697	10:07	6.70	14	B
换手	0.25% 股本	3.61亿	10:08	6.69	6	S
净资	1.77 流通	3.61亿	10:08	6.69	2	S
收益(三)	0.052 PE(动)	97.1	10:08	6.69	111	S
			10:08	6.69	45	S

图 6-5

601808 中海油服			时间	价格	量	B/S
委比	57.31% 委差	486	10:15	14.63	31	B
卖⑤	14.74	68	10:15	14.63	46	B
卖④	14.73	38	10:15	14.62	100	S
卖③	14.71	10	10:15	14.62	329	B
卖②	14.70	7	10:15	14.62	30	B
卖①	14.69	58	10:15	14.65	373	B
买①	14.66	37	10:15	14.62	94	S
买②	14.65	178	10:15	14.62	23	S
买③	14.64	39	10:15	14.63	2	S
买④	14.63	156	10:16	14.65	11	B
买⑤	14.62	257	10:16	14.65	116	B
现价	14.69 今开	15.10	10:16	14.65	82	B
涨跌	-0.43 最高	15.18	10:16	14.65	14	B
涨幅	-2.84% 最低	14.56	10:16	14.65	103	B
总量	25934 量比	1.49	10:16	14.65	176	B
外盘	12725 内盘	13209	10:16	14.65	1	S
换手	0.09% 股本	45.0亿	10:16	14.68	2	B
净资	6.20 流通	29.1亿	10:17	14.69	64	B
收益(三)	0.751 PE(动)	14.7	10:17	14.69	1	B
			10:17	14.69	32	B
			10:17	14.69	20	B

图 6-6

从上面的图示中可以看到，上述个股均在下跌过程中出现了多档托盘现象。如果股价不能够在开盘 1 小时内随着多档托盘的出现而上涨，而是继续顺应股价的下跌而下移，则意味着当日主动卖盘较多，主力的托盘只是一种掩护出货的假象，行情持续走低的概率较大。

反之，如果股价在开盘 1 小时内在下托盘的支撑下止跌企稳，则说明市场中开始出现主动买盘，属于主力护盘的信号，后市上涨的概率较大。

四、实战总结

在实战交易中，投资者遇到多档托盘情况时，应注意以下几点：

1. 多档托盘现象出现时，如果股价正处于下跌阶段，当多档托盘出现时，股价没有止跌，而是持续下行，且多档托盘也逐步下移，则主力阶段性出货的概率较大；

2. 多档托盘现象出现时，如果行情正处于上涨阶段，当多档托盘出现时，股价不断上涨，且多档托盘也不断上移，则说明主力有意做多股价；

3. 多档托盘现象出现时，如果行情停滞不动，则说明主力做多意愿不强，行情的走势还要随行市而定；

4. 如果行情一出现下跌，多档托盘就立刻减少，甚至变为单档托盘或双档托盘，则说明主力并不打算真正接手市场中的主动卖盘；

5. 如果行情一出现下跌，多档托盘就开始增多，甚至下面委买栏中的所有挂单都变成了大单托盘，则说明主力护盘心切。

第四节　开市托盘

开市托盘是指行情一开市其下方就出现大笔买入挂单的托盘形式。

一、基本特征

开市托盘的基本特征是，股价刚刚开盘，乃至于刚刚集合竞价完毕，其下方就出现了大单托盘的现象。

二、市场含义

开市托盘的出现，通常预示着市场开市阶段的买盘挂单较多。如果开市托盘出现后，股价出现了上涨走势，则属于一种积极的上涨信号。

在实战交易中，开市托盘的出现并非实质意义上的委买看多盘大于委卖看空盘。事实上，很多股票都会出现开市托盘现象，但是开盘不久股价就出现了下跌走势，甚至有些股票在开市的头 5 分钟股价一度达到涨停板，下方也出现了巨大的买单托盘的现象，但不久股价就直线走低，回落到上一日收盘价左右，甚至触及跌停，这种情况屡见不鲜。

所以，开市托盘情况的出现，并不简单地意味着股价上涨，有时候也可能只是主力刻意而为的出货骗局。

因此，投资者在实战交易中，若发现开始托盘较大，但盘中股价并不上涨，甚至出现冲高回落或大幅下跌的走势时，则应增强风险意识。因为这种情况的出现，很有可能是主力没有护盘意愿的走低行情，后市持续下跌的概率较大；反之，股价开市就迅猛上涨，并始终保持走高的势头，只要股价一走低，其下方立刻就会出现大单托底现象，则说明主力护盘意愿强烈，后市持续上涨的概率较大。

三、图例阐述

我们来看一下在实战交易中，开市托盘现象的基本形式和应用情况。如图6-7、6-8 中所示。

600098 广州控股			09:25		6.38	51
委比	79.37%	委差	600	09:30	6.39	23
卖⑤	6.42		5	09:30	6.38	38
卖④	6.41		13			
卖③	6.40		16			
卖②	6.39		32			
卖①	6.38		12			
买①	6.36		104			
买②	6.35		350			
买③	6.33		100			
买④	6.32		37			
买⑤	6.31		87			
现价	6.38	今开	6.38			
涨跌	-0.02	最高	6.39			
涨幅	-0.31%	最低	6.38			
总量	112	量比	1.10			
外盘	48	内盘	64			
换手	0.00%	股本	20.6亿			
净资	4.42	流通	20.6亿			
收益(⊟)	0.167	PE[动]	28.7			

图 6-7

600095 哈高科			09:25		6.55	31
委比	80.89%	委差	948			
卖⑤	6.70		10			
卖④	6.68		51			
卖③	6.66		5			
卖②	6.65		40			
卖①	6.59		6			
买①	6.52		37			
买②	6.51		507			
买③	6.50		7			
买④	6.48		4			
买⑤	6.47		505			
现价	6.55	今开	6.55			
涨跌	0.00	最高	6.55			
涨幅	0.00%	最低	6.55			
总量	31	量比	0.16			
外盘	15	内盘	16			
换手	0.00%	股本	3.61亿			
净资	1.77	流通	3.61亿			
收益(⊟)	0.052	PE[动]	95.0			

图 6-8

从图中可以看到，这两只股票均在开市前后出现了不同幅度的托盘情况，说明市场中的主动买盘相对较少，而被动买盘相对较多。所以，虽然空方没有主动抛盘，股价要想出实质性上涨也非常困难。因为市场能否上涨并不是看下档被动挂单的多少，而是看市场中的主动买单有多少。如果有主动买单不断出现，即使下方没有大单托盘，股价依然会出现上涨。

事实上，很多上涨中的股票并没有较大的下托盘，甚至还出现了大量的上压盘。这些都是主动买盘踊跃成交时出现的正常现象。

四、实战总结

在实战交易中，投资者遇到开市托盘情况时，应注意以下几点：

1. 开市托盘现象出现时，如果股价在开盘后出现冲高回落现象，并且，在开盘后 1 小时内没有改观，则说明主力缺乏拉升意愿，开盘后的阶段性冲高，很可能是主力高位出货的诱多行为，当日股价下跌的概率较大；

2. 开市托盘现象出现时，如果股价在开市不久就出现大笔主动卖单，以至于将下方的托盘全部打掉，这通常都是主力急于出货的抛盘行为，当日股价上涨的阻力较大；

3. 开市托盘现象出现时，如果行情处于长期下跌的底部上涨阶段，并且股价开盘后，就出现上涨势头，下托盘也随着股价的上涨不断上移，且始终保持在买三、买四的位置，则说明市场买方人气较重，主力吸筹的概率较大；

4. 开市托盘现象出现时，如果行情正处于长期上涨的顶部阶段，并且股价开盘之后就出现下跌，下托盘也随着股价的下跌而下移，也始终处于买三、买四的位置，则主力高位出货的概率较大；

5. 开市托盘现象出现时，如果行情正处于上涨阶段的整理过程中，并且股价在开盘后也没有多大的变化，始终保持横向走势，则说明市场走势未明，主力正在消化市场获利盘，等待拉升良机。

第五节　收市托盘

收市托盘是指下档委买盘在收市阶段出现大单委买现象。这种挂单形式大多数都是主力为了维护盘面而进行的技术性托盘。

一、基本特征

收市托盘的基本特征是，股价在正常的交易阶段，护盘现象并不明确，挂单也会随着市场行情的变化时而出现委买盘，时而出现委卖盘，但到了临近收盘时，行情中的挂单却出现了明显变化，开始不断涌现委买盘，并最终形成收市托盘现象。

二、市场含义

收市托盘现象出现时，预示着主力收市做盘的意愿较强，如果在股价下跌的过程中，则说明主力为了避免尾盘突然出现跳水，压缩其第二天的出货空间而进行的控盘行为；如果股价正处于上涨过程中，则说明市场中的获利卖盘较多，主力为了维护股价的上涨势头，而在尾盘承接这些主动卖盘所进行的托盘行为。

三、图例阐述

我们来看一下在实战交易中，收市托盘现象的基本形式和应用情况。如图6-9、6-10中所示。

600021 上海电力			14:55		4.63	100	B
委比	27.39%	委差	1755	14:56	4.63	20	B
卖⑤	4.67		133	14:56	4.63	31	B
卖④	4.66		703	14:56	4.63	30	B
卖③	4.65		795	14:56	4.63	1	B
卖②	4.64		537	14:56	4.63	1	B
卖①	4.63		158	14:57	4.62	5	S
买①	4.62		402	14:57	4.62	95	S
买②	4.61		1014	14:58	4.63	100	B
买③	4.60		1005	14:58	4.63	14	B
买④	4.59		447	14:58	4.62	468	S
买⑤	4.58		1213	14:58	4.62	3	B
现价	4.62	今开	4.56	14:59	4.62	10	S
涨跌	0.06	最高	4.66	14:59	4.62	128	B
涨幅	1.32%	最低	4.53	14:59	4.62	12	S
总量	47256	量比	0.46	14:59	4.62	551	S
外盘	24766	内盘	22490	15:00	4.63	20	B
换手	0.22%	股本	21.4亿	15:00	4.62	1	B
净资	2.65	流通	21.4亿	15:00	4.63	12	B
收益(三)	0.091	PE[动]	38.2		4.62	0	

图 6-9

600038 哈飞股份			14:55		21.00	30	B
委比	85.41%	委差	948	14:55	21.00	47	B
卖⑤	21.17		21	14:55	21.02	3	B
卖④	21.15		13	14:56	21.04	1	S
卖③	21.13		2	14:57	21.04	4	S
卖②	21.12		18	14:57	21.07	5	B
卖①	21.11		27	14:57	21.04	6	S
买①	21.08		813	14:57	21.08	10	B
买②	21.02		7	14:58	21.09	10	B
买③	21.01		8	14:58	21.09	7	B
买④	21.00		133	14:58	21.09	5	B
买⑤	20.97		68	14:58	21.08	4	B
现价	21.11	今开	20.82	14:58	21.12	65	B
涨跌	0.02	最高	21.21	14:58	21.12	3	S
涨幅	0.09%	最低	20.40	14:58	21.12	1	S
总量	12304	量比	0.57	14:59	21.12	1	S
外盘	4439	内盘	7865	14:59	21.12	2	B
换手	0.36%	股本	3.37亿	14:59	21.08	5	B
净资	4.33	流通	3.37亿	14:59	21.08	15	B
收益(三)	0.194	PE[动]	81.4	15:00	21.11	0	

图 6-10

　　从图中可以看到，两只个股均在收盘时刻出现大单托盘现象，并且，最终股价也收市在下托盘附近。这说明，主力为了维护当日已经形成的行情走势，而在尾盘埋下大单，以防股价出现突然的大笔主动卖单压低股价而影响收市计划。

　　事实上，大量的散户挂单都会在收市前撤单。所以，如果投资者在实战交易中，遇到尾盘下托盘变小，但右边的成交栏中并没有见到大单成交的情况时，主力刻意做盘的可能性就会升高。

四、实战总结

在实战交易中，投资者遇到收市托盘情况时，应注意以下几点：

1.收市托盘现象出现时，如果当日该股出现了大幅度的下跌，则说明市场空头力量较大，此时的收市托盘，只不过是主力刻意挂出的"安慰单"，甚至属于一些没有成交的"消极单"；

2.收市托盘现象出现时，如果当日该股已经出现了明显上涨，则说明市场中的多头力量充足，此时出现的收市托盘就属于市场买力较大的真实托盘；

3.收市托盘现象出现时，行情当日起起伏伏，出现盘中逆转的空翻多（由跌变涨）现象，则说明主力为了保住上涨成果而进行的护盘行为；

4.收市托盘现象出现时，行情当日起伏较大，甚至出现盘中逆转的多翻空（由涨变跌）现象，则说明主力为了掩护出货，而刻意在尾市挂出的一些稳定市场信心的"安慰单"；

5.收市托盘现象出现时，如果行情当日下跌，但在临近尾市时出现上涨，这往往是主力刻意做盘的技术信号。这说明主力做高股价的力量较弱，为了减少做盘成本，只好在临近尾市、市场中的其他投资者撤单之后操作。这种情况出现时，行情大幅走高的概率不大。

第六节　持续托盘

持续托盘是指在当日的委买栏中持续出现的一些大笔委买挂单。

一、基本特征

持续托盘的基本特征是，在委买栏的某一区域，长时间出现大笔的委买挂单，且这些挂单具有固定性，每当股价运行到这些挂单附近，这些挂单就会出现。每当股价触碰到这些挂单的时候，就会出现止涨不前的情况，甚至回落。

二、市场含义

持续托盘的基本含义是，一些投资者为了能够买到符合自己心理预期的低价股票而挂出的大笔限价单。只要股价没有下跌到他所愿意付出的价位，他就不会撤单高价买入。这样的挂单越多，说明市场中被动买入的投资者越多。

然而，实际中这样的投资者非常少。与其说是投资者限价购买低价股，倒不如说是主力低位承接主动卖盘。

所以，投资者在实战交易中，应多了解股票市场的交易机理，并学会根据不同的市场形势来评估目前的市场现象，不能生搬硬套一些市场信号的基本含义。因为这些基本含义仅仅是按照理性的市场归纳出来的。

市场中的大多数信号含义和构成原理都是按照理性的市场设计构建的。然而，一旦到了实战交易中，这些技术模式的性质就完全发生了变化，甚至有些会完全失灵。在股票市场中，普通投资者和上市公司、主力等完全处于条件不对等的两方，甚至可以说普通投资者完全处于劣势的一方，基本没有什么优势可言。

所以，投资者在运用这些基本信号的时候，必须结合市场的实际情况，全面理性地综合思考这些信号所具备的实质意义，做出合理的符合市场形势的评估和判断。

三、实战总结

在实战交易中，投资者遇到持续托盘情况时，应注意以下几点：

1.持续托盘现象出现时，如果行情正处于不断上升的上涨阶段，且持续托盘也随着股价的上涨而逐渐上移，说明市场中的主动买盘较多，主力做多意愿较强；

2.持续托盘现象出现时，如果行情正处于不断下跌的弱势中，且持续托盘也随着股价的下跌而下移，则说明主力做多意愿不强，有出货的嫌疑；

3.持续托盘现象出现时，如果行情正处于上涨回撤的整理阶段，且一旦股价回撤到某一固定价位，股价就立即企稳，这说明主力托盘意愿较强，后市企稳回升的概率较大；

4.持续托盘现象出现时，如果行情正处于下跌反弹的滞涨阶段，且一旦股价触及下面的托盘时，其托盘就撤单下移，则主力阶段性出货的概率较大；

5.持续托盘现象出现时，如果行情正处于底部震荡整理阶段，且当日股价止涨不前，始终围绕开盘价和均价线作横向整理姿态时，上方委卖栏中又没有压盘出现，说明市场中的流动卖盘（随机出现的即时卖盘）稍大，主力正在吸收这些流动卖盘。反之，如果出现在行情高企的顶部区域，则属于主力以护盘作掩护，正在偷偷出货的信号。

第七节　浮动托盘

浮动托盘是指行情委买栏中时不时地就会出现一些大笔的委买挂单，但这些挂单总会在股价企稳之后立刻消失。

一、基本特征

浮动托盘的基本特征是，下档大单托盘的随机性较强，每当股价出现下跌走势的时候就会出现。

二、市场含义

浮动托盘出现时，通常意味着主力正在按部就班地运作股价，如果这些浮动托盘总是在股价下跌的时候出现，且股价一旦企稳回升，就立刻随着股价的上涨而上移，则说明主力护盘意识较强。若该情况出现在行情刚刚上涨的初期阶段，则后市持续上涨的概率较大。反之，如果这些浮动托盘出现在行情下跌的过程中，且下托盘始终出现在买三、买四、买五的位置，且一旦股价下跌，其下方的托盘就立刻出现下移现象，此时后市下跌的概率较大。

所以，投资者一定要记住这样一个要点：无论是什么样的托盘，只要股价下跌，其不成交就下移（成交栏中没有与其相当的成交大单出现），则往往都不是好兆头。因为这说明其下方的委买挂单并不打算真正成交，只不过是主力为了平息散户的恐慌情绪而刻意挂给市场看的。

反之，无论什么样的压盘出现，只要股价上涨，其不成交就上移，则往往都是股价走强的好兆头。这说明上方的压盘只不过是主力刻意挂出吓唬散户的诱空信号。

三、实战总结

在实战交易中，投资者遇到浮动托盘情况时，应注意以下几点：

1. 浮动托盘现象出现时，如果浮动托盘总是在股价下跌的过程中出现，且只要浮动托盘出现了，股价不久就止跌企稳，这通常都是主力刻意护盘的征兆；

2. 浮动托盘现象出现时，如果股价不跌反涨，且随着股价的下跌，这些随机出现的浮动托盘也不停地向下变换位置，这说明主力无意护盘，后市持续下跌的概率较大；

3. 如果行情正处于顶部高位，当浮动托盘现象出现时，如果其总是与市价保持一定距离，始终处在买三、买四、买五的位置不肯上移成交，则说明主力护盘是假，出货是真；

4. 浮动托盘现象出现时，如果行情止跌回升这种情况不断出现，则说明主力做多意愿较强，后市上涨的概率较大；

5. 浮动托盘现象出现时，如果行情正处于震荡阶段，且股价一旦上涨就出现浮动压盘，一旦下跌就出现浮动托盘，则说明主力控盘有力，行情蓄势待发。

第八节　大单托盘

大单托盘是指下档委买盘中突然出现明显非常大笔的一档或多档买单。

一、基本特征

大单托盘现象的基本特征是，下档委买盘远大于上档委卖盘几十倍甚至几百倍。比如：上档的委卖挂单和下档其他的委买挂单均为几十手的挂单，唯独下方委买中的一档委买挂单是上千手甚至上万手的。

二、市场含义

大单托盘现象出现时，通常预示市场中突然出现大量的被动委买盘，属于潜在的多方力量，当股价出现不利走势时，大档托盘中的大量委买盘便可以起到一个很好的缓冲作用，所以，股价在运行的过程中出现大档托盘现象时，往往都是一个后市看好的积极信号。

当然，大单托盘现象的这一特性也会被一些主力所利用，让投资者产生股价即将企稳的假象，挑战投资者的人性。

比如，当股价在行情的顶部出现大幅度的下跌之后，主力阶段性出货完毕，为了缓和市场中的做空气氛，便会在一个相对的低位以大单托盘的形式制造出股价企稳的假象。那些对行情信息略知一二、没有及时出局或出现较大亏损的普通投资者，往往会在这个时候对股价的暂时企稳抱以较高的期望，希望股价能够在大单托盘的支撑下止跌反涨，扳回损失。然而，实战当中，能够达到目的的情况少之又少。

事实上，大单托盘现象在不同的个股和不同的市况走势中，其含义也完全不同。当整个市场、个股正处于长期上涨过程中时，盘中的下三档买盘当中（买一、买二、买三）经常出现连续的大单托盘现象，并在股价上涨之后出现上移，这通常是个股主力主动护盘拉升的迹象；反之，则属于主力诱多出货的信号。

所以，投资者在实战交易中一定要先判断市场的整体形势，之后再考虑局部的行情信息细节。只有这样，我们才可以通过盘口中的一些细微的主力行为，判断出整体市场的大体形势，做出符合实战的判断。

三、图例阐述

我们来看一下在实战交易中，大单托盘现象的基本形式和应用情况。如图6-11 所示。

600039 四川路桥			14:24	7.33	5	B
委比	74.81% 委差	3700	14:25	7.33	38	B
卖⑤	7.38	62	14:25	7.33	5	B
卖④	7.37	97	14:25	7.33	55	B
卖③	7.36	64	14:26	7.33	10	S
卖②	7.35	302	14:28	7.33	100	S
卖①	7.34	98	14:29	7.33	40	S
买①	7.33	29	14:29	7.34	10	B
买②	7.32	4127	14:29	7.33	34	S
买③	7.31	7	14:29	7.33	8	B
买④	7.30	122	14:30	7.33	3	B
买⑤	7.29	38	14:30	7.33	12	B
			14:31	7.33	1	B
现价	7.34 今开	7.36	14:31	7.33	50	B
涨跌	0.08 最高	7.37	14:31	7.33	2	B
涨幅	1.10% 最低	7.26	14:32	7.33	4	S
总量	5419 量比	0.23	14:32	7.33	46	S
外盘	2227 内盘	3192	14:33	7.33	11	S
			14:33	7.33	10	S
换手	0.18% 股本	3.04亿	14:34	7.34	12	B
净资	3.29 流通	3.04亿				
收益(三)	0.266 PE(动)	20.7				

图 6-11

从上面的图示中我们可以看到，四川路桥（600039）的股价在临近收盘时，其委买栏中出现了 4127 手的大单托盘，说明下档被动委买盘较多，主力正在尽力保住当日的上涨成果，以便尾市行情下跌。

四、实战总结

在实战交易中，投资者遇到大单托盘情况时，应注意以下几点：

1. 大单托盘现象出现时，如果股价正处于阶段性下跌的企稳阶段，这说明主力护盘意识较强，后市随时可能上涨；

2. 大单托盘现象出现时，如果股价出现阶段性上涨，且股价已经止涨不前，反而还出现下跌，这说明虽然市场中的卖方挂单较多，但真正愿意主动成交的买单较少，属于主力托盘出货的迹象；

3. 大单托盘现象出现时，如果其总是与市价保持一定距离，始终处在买三、买四、买五的位置不肯上移成交，而此时，行情又正处于顶部高位区域，则说明主力护盘是假，出货是真；

4. 大单托盘现象出现时，如果股价此时正处于长期熊市的底部阶段，股价已经不创新低，反而随着大单托盘的出现而上涨，这说明主力正在主动吸货，后市走强指日可待；

5. 大单托盘现象出现时，如果股价正处于迅猛的上涨阶段，每当股价回撤时，大单托盘就会出现，且伴随着大单托盘的出现，其下方又出现了其他更多的托盘，这说明主力做多意愿非常强，后市持续上涨的概率较大。

微信扫码添加同花顺陪伴官小顺
获取更多图书增值服务

第七章

盘口解读：夹板解析

夹板是指上档委卖盘中的挂单和下档委买盘中的挂单均出现大笔挂单的情况，即上有压盘、下有托盘的一种盘口形式。

第一节　上弱下强

上弱下强型夹板也称为下强上弱型夹板，是指上面的委卖盘较弱，而下面的委买盘较强的一种夹板形式。

一、基本特征

上弱下强型夹板的基本特征是，上方的委卖压盘明显小于下方的委买托盘。比如，上方的委卖盘有两档压盘，而下方的委买盘却有三档甚至四档、五档托盘。

二、市场含义

上弱下强型夹板出现时，意味着市场中的被动买盘大于被动卖盘，市场的抗下跌能力较强，而上涨压力较轻。这属于一种利涨不利跌的格局。这种现象如果在整个交易日中持续存在或经常出现，则说明主力刻意控盘，避免股价大幅波动，尽量让股价在上压盘到下托盘之间的区域间成交。所以，当夹板现象出现时，我们常看到股价总会在一定的空间内成交，且一旦构成夹板的大单成交，便马上就又有大单替补上来。所以，在实战交易中遇到此类盘口形态时，说明有主力在运作该股。

三、图例阐述

我们来看一下在实战交易中，上弱下强型夹板的基本形式和应用情况。如图 7-1、7-2 所示。

从图中可以看到，两只个股都出现了上压盘小于下托盘的情况。当这种情况出现时，正处于上涨中的股票会更加强劲，而正处于下跌中的股票也会出现相应的企稳。在实战交易中，投资者若发现这样的夹板形态出现时，则说明市场中的买盘力量大于卖盘力量，当日股价企稳或上涨的概率较大。

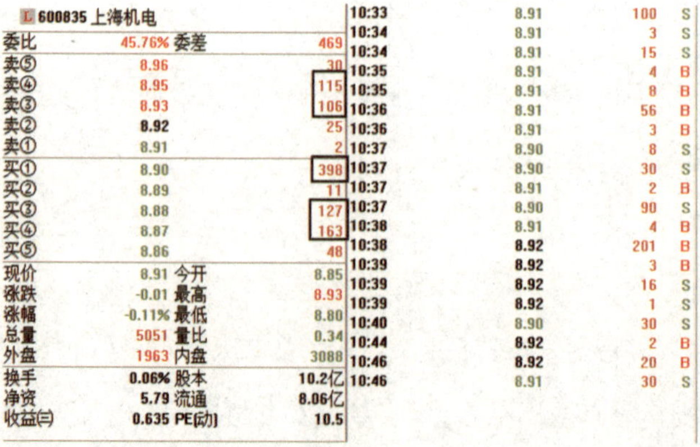

图 7-1

600826 兰生股份			10:43	11.87	12	S
委比	45.70% 委差	441	10:43	11.88	10	B
			10:43	11.87	30	S
卖⑤	11.94	18	10:43	11.86	71	S
卖④	11.93	10	10:44	11.88	11	B
卖③	11.92	173	10:44	11.88	10	S
卖②	11.91	23	10:44	11.88	135	S
卖①	11.88	38	10:44	11.88	2	B
买①	11.87	225	10:44	11.88	2	B
买②	11.86	28	10:44	11.88	20	B
买③	11.85	125	10:44	11.88	250	B
买④	11.84	52	10:45	11.88	5	B
买⑤	11.83	273	10:45	11.88	16	B
现价	11.88 今开	11.47	10:45	11.88	3	B
涨跌	0.31 最高	12.00	10:45	11.88	104	B
涨幅	2.68% 最低	11.43	10:45	11.88	3	S
总量	61284 量比	0.89	10:45	11.90	9	S
外盘	32859 内盘	28425	10:45	11.88	216	S
换手	1.46% 股本	4.21亿	10:46	11.88	14	B
净资	3.99 流通	4.21亿	10:46	11.88	34	B
收益(⊜)	0.085 PE(动)	105.4				

图 7-2

四、实战总结

在实战交易中，投资者遇到上弱下强型夹板时，应注意以下几点：

1. 上弱下强型夹板出现时，如果股价正处于阶段性下跌的企稳阶段，这说明主力护盘意愿较强，后市随时可能上涨；

2. 如果行情正处于长期上涨的回撤过程中，当上弱下强型夹板出现时，股价也出现了明显的止跌，则说明主力护盘意愿较强，股价持续下跌的概率较小；

3. 如果行情正处于长期下跌的熊市中，上弱下强型夹板出现时，股价虽然企稳，但仍然有大量主动卖单在成交栏中出现（即在成交栏中不断有大笔卖单成交的情况），则主力护盘是假，出货是真；

4. 上弱下强型夹板出现时，上档的压盘越小，下档的托盘越大，股价下跌的阻力就越大；

5. 上弱下强型夹板出现时，如果下档托盘始终在买三、买四、买五这三档，而上档卖盘却始终在卖一、卖二两档，或只在卖一挂单，如果当日股价出现了上涨，则说明市场中的买盘较强，行情上涨压力较小，主力做高股价的意愿较强；反之，如果当日股价出现了下跌，则说明主力正在偷偷出货；

6.上弱下强型夹板出现时，如果下托盘始终在买三、买四、买五这三档中徘徊，而上档卖盘也始终在卖三、卖四、卖五这三档徘徊，下托盘与上压盘之间始终留下一个大大的缺口，如果该形态出现在股价大跌之后的底部企稳和上涨阶段，则是主力吸筹的信号；如果该形态出现在股价大涨之后的顶部滞涨和下跌阶段，则是主力出货的信号。

第二节　下弱上强

与上弱下强型夹板相对应的就是下弱上强型夹板，也可以叫做上强下弱夹板，是指股价的上压盘大于下托盘。

一、基本特征

下弱上强型夹板的基本特征是，上方的委卖盘明显大于下方的委买盘。比如，上方的委卖盘有三档、四档甚至五档，而下方的委买盘却有三档、两档甚至一档。

二、市场含义

下弱上强型夹板出现时，意味着市场中的卖盘压力大于买盘动力，当日的股价上涨时所遇到的阻力，明显将会大于下跌时所遇到的阻力。

在实战交易中，当该类型的夹板出现时，正处于上涨中的股票往往会出现停滞不前的现象，而正处于下跌中的股票往往会出现持续下跌的现象，特别是那些下托盘远小于上压盘的夹板。比如，上压盘有五档，而下托盘却只有一档甚至两档，且托盘的挂单数量也明显小于上压盘的挂单，比如上压盘都是

5000 手甚至 8000 手，而下托盘只有 1000 手或 2000 手。这种情况如果出现在行情长期下跌的过程中，则后市下跌的概率会进一步加大。

所以，投资者在实战交易中，一旦手中的股票出现下跌，且出现这样的夹板现象时，则必须增强风险意识。

三、图例阐述

我们来看一下在实战交易中，下弱上强型夹板的基本形式和应用情况。如图 7-3、7-4 中所示。

600863 内蒙华电				10:50	8.26	35	S
委比	-23.62%	委差	-613	10:50	8.28	4	B
				10:50	8.26	24	S
卖⑤	8.33		87	10:51	8.25	59	S
卖④	8.32		193	10:51	8.25	1	B
卖③	8.31		275	10:51	8.26	6	B
卖②	8.30		468	10:51	8.27	1	B
卖①	8.29		581	10:51	8.27	2	B
买①	8.28		46	10:52	8.27	1	S
买②	8.27		15	10:52	8.26	1	S
买③	8.26		261	10:52	8.27	19	B
买④	8.25		309	10:52	8.27	110	B
买⑤	8.24		360	10:52	8.28	2	B
现价	8.29	今开	8.15	10:52	8.28	4	B
涨跌	0.11	最高	8.29	10:52	8.28	1	B
涨幅	1.34%	最低	8.13	10:52	8.28	399	B
总量	8891	量比	0.70	10:53	8.29	7	B
外盘	5864	内盘	3027	10:53	8.27	12	S
换手	0.16%	股本	19.8亿	10:53	8.27	42	S
净资	2.39	流通	5.73亿	10:53	8.29	28	B
收益(三)	0.335	PE(动)	18.6				

图 7-3

600856 长百集团				10:41	4.91	3	S
委比	-43.84%	委差	-979	10:41	4.91	5	B
				10:42	4.91	1	B
卖⑤	4.95		1108	10:42	4.91	8	B
卖④	4.94		107	10:43	4.91	8	B
卖③	4.93		20	10:43	4.90	80	S
卖②	4.91		156	10:44	4.91	8	B
卖①	4.90		215	10:44	4.90	13	S
买①	4.89		32	10:45	4.90	25	S
买②	4.88		91	10:45	4.91	2	B
买③	4.87		100	10:46	4.91	1	B
买④	4.86		179	10:46	4.90	146	S
买⑤	4.85		225	10:47	4.90	4	B
现价	4.90	今开	4.96	10:48	4.90	15	S
涨跌	-0.12	最高	5.01	10:48	4.90	5	B
涨幅	-2.39%	最低	4.80	10:48	4.89	13	S
总量	7122	量比	1.12	10:48	4.91	27	B
外盘	2161	内盘	4961	10:50	4.91	3	B
换手	0.30%	股本	2.35亿	10:51	4.90	9	
净资	0.44	流通	2.35亿	10:52	4.90	5	B
收益(三)	0.023	PE(动)	158.6				

图 7-4

　　从图示中可以看到，两只个股均出现了上档卖盘大于下档买盘的下弱上强夹板情况，说明市场的上涨压力较大。

　　事实上，我们在收盘时看到了这些股票当日的走势情况，上述股票均在触及上压盘时出现了回落，甚至止涨不前。其原因就是，大量的上档卖盘如果没有被市场中的主动买盘吃掉，股价是不会持续上涨的。

四、实战总结

　　在实战交易中，投资者遇到下弱上强情况时，应注意以下几点：

　　1. 下弱上强型夹板出现时，如果股价正处于阶段性上涨的止涨阶段，这说明主力拉升意愿不强，后市随时可能下跌；

　　2. 下弱上强型夹板出现时，如果股价已经出现阶段性下跌，当该夹板出现后，股价再次下跌，则说明市场中的买盘力量非常薄弱，后市持续下跌的概率较大；

　　3. 下弱上强型夹板出现时，如果其上压盘和下托盘总是与市价保持一定距离，上压盘始终密集地挂在卖一、卖二、卖三的位置不肯上移成交，而下托盘则非常稀疏地挂在买三、买四、买五的位置不断下移，且行情又正处于顶部高位区域，则说明主力有出货意图；

　　4. 下弱上强型夹板出现时，如果股价正处于长期上涨的过程中，上压盘虽然始终密集挂在卖一、卖二、卖三的位置，下托盘稀疏挂在买三、买四、买五的位置，但上面的压盘在不断减少，并在成交栏里不断地有主动买入大单成交，则属于主力拉升意愿较强的强劲上涨信号；

　　5. 下弱上强型夹板出现时，如果股价正处于长期下跌的熊市阶段，并且每当股价反弹时，大单压盘就会出现，这说明主力做多意愿不强，反而逢高出货的意愿较强，后市持续下跌的概率非常大。

第三节　等强夹板

等强夹板是指上档委卖盘和下档委买盘一样，出现了数量相当的大笔挂单现象。

一、基本特征

等强夹板的基本特征是，上档委卖盘中有一档大笔挂单，下档委买盘中也有一档大笔挂单，两档挂单之间夹杂着的是正常的小笔正常挂单。

二、市场含义

等强夹板出现时，说明市场中的被动买方和被动买方的挂单数目相差无几，市场很难出现单方面的突破。

在实战交易中，当等强夹板出现时，股价通常会在夹板之间波动，等待大盘的走向确定后再选择新的突破方向。

投资者若在实战交易中发现等强夹板出现时，应密切关注大盘的走势。因为这个阶段，特别是那些上档卖盘和下档买盘都是一档或两档大挂单的股票，大盘的走势对这些个股的影响非常大：如果大盘下跌，个股往往会出现下档委买盘被很快打掉，股价持续下跌的情况；反之，如果大盘出现了大幅的上涨，则个股往往也会随着大盘的上涨而吃掉上方的压盘，出现上涨势头。

三、图例阐述

我们来看一下在实战交易中，等强夹板的基本形式和应用情况。如图 7-5、7-6 中所示。

601107 四川成渝			10:57	4.05	17	B
委比	11.14% 委差	613	10:57	4.05	29	B
卖⑤	4.09	1069	10:57	4.05	17	B
卖④	4.08	609	10:57	4.05	21	B
卖③	4.07	239	10:57	4.04	1	S
卖②	4.06	418	10:57	4.05	16	B
卖①	4.05	111	10:58	4.05	10	B
买①	4.04	573	10:58	4.05	27	B
买②	4.03	339	10:58	4.05	40	S
买③	4.02	255	10:59	4.05	9	B
买④	4.01	571	10:59	4.05	13	B
买⑤	4.00	1321	11:00	4.05	2	B
现价	4.05 今开	4.09	11:00	4.05	10	B
涨跌	-0.05 最高	4.10	11:00	4.05	6	B
涨幅	-1.22% 最低	4.03	11:00	4.05	7	B
总量	5909 量比	0.89	11:01	4.05	5	B
外盘	2010 内盘	3899	11:01	4.05	10	B
换手	0.05% 股本	30.6亿	11:02	4.05	154	B
净资	2.98 流通	11.6亿	11:02	4.05	2	B
收益(三)	0.306 PE(动)	9.9	11:02	4.05	8	B

图 7-5

601106 中国一重			10:58	3.79	3	B
委比	-11.61% 委差	-3159	10:58	3.79	14	B
卖⑤	3.84	4800	10:58	3.79	4	B
卖④	3.83	5491	10:58	3.80	1	B
卖③	3.82	2233	10:58	3.80	95	B
卖②	3.81	1688	10:59	3.80	1	B
卖①	3.80	971	10:59	3.79	5	S
买①	3.79	616	11:00	3.80	11	B
买②	3.78	1402	11:00	3.80	21	B
买③	3.77	1672	11:00	3.80	1	B
买④	3.76	3140	11:01	3.80	12	B
买⑤	3.75	5194	11:01	3.80	1	B
现价	3.79 今开	3.78	11:01	3.79	70	S
涨跌	-0.01 最高	3.83	11:01	3.80	19	B
涨幅	-0.26% 最低	3.75	11:01	3.79	37	S
总量	47664 量比	0.59	11:01	3.80	1	B
外盘	26945 内盘	20719	11:01	3.80	5	B
换手	0.21% 股本	65.4亿	11:02	3.79	21	S
净资	2.51 流通	22.9亿	11:02	3.80	1	B
收益(三)	0.015 PE(动)	187.7	11:02	3.79	10	S

图 7-6

从图中可以看到，两只个股均出现了不同形态的等强夹板。这说明上述个股在这个时段中的买方力量和卖方力量基本一致，很难出现实质性的突破。从其委比中也可以看到，这两只个股的最大委比是 22.70%，而大部分都保持在 15% 的委比以内，多空双方的力量对比并不悬殊。所以，股价也只能在这些夹板之间的区域中成交，没有什么涨幅和跌幅。

四、实战总结

在实战交易中，投资者遇到等强夹板情况时，应注意以下几点：

1. 等强夹板现象出现时，如果股价正处于上涨阶段，且每当该夹板出现时，股价就滞涨不前，说明主力有意抑制股价上涨；

2. 等强夹板现象出现时，如果股价正处于下跌阶段，且每当该夹板出现时，股价就止跌企稳，说明主力有意抑制股价下跌；

3. 等强夹板现象出现时，如果其总是与市价保持一定距离，始终处在买三、买四、买五的位置和卖三、卖四、卖五的位置，如果此时行情正处于市场高位顶部区域，且成交栏中不断有主动卖出的大单成交，内盘远大于外盘，则是主力高位出货的信号；反之，如果此时行情正处于市场底部低位区域，且成交栏中不断有主动买盘成交，外盘大于内盘，则属于主力低位吸筹的信号；

4. 强夹板现象出现时，如果行情正处于横盘整理的过程中，这种情况还会持续下去。

第四节　开市夹板

开市夹板是指股价开市便出现夹板现象，随着市场多空力量的转化，夹板情况也会出现不同的变化。

一、基本特征

开市夹板的基本特征是，股价自开盘起就出现夹板，股价的走势也呈现小区域波动，市场的整体走势确定之后，其也开始随着大盘的变化而变化。

二、市场含义

开市夹板现象的出现，说明市场中的买卖盘均出现了较多的挂单，如果当日大盘波动不大，行情通常会在夹板之间波动往复；如果大盘当日走势疲软，股价大幅下挫，其夹板中的下托盘便会在上压盘的不断打压下出现下移，甚至变成上压盘，走出下跌行情；反之，如果大盘当日走势稳健，出现了上涨走势，则夹板也会随着股价的上涨而逐渐上移，甚至变成下托盘。

当然，我们也要提醒一下的是，开市夹板有各种形式，所以也具有不同的市场含义。在实战交易中，投资者应注意的一点是，开市阶段即出现上强下弱夹板形态的个股，意味着该股主动委卖单较大，股价上涨阻力较大；开市后大盘一旦下跌，该股随之下跌的概率就会大增；而开市阶段出现上弱下强夹板形态的个股，则意味着主动委买单较大，股价下跌阻力较大，开市后股价一旦上涨，该股随之上涨的概率也会变大。

所以，投资者在实战交易中遇到开市夹板现象出现时，应多多留意大盘之后的走势，只有结合大盘的具体走势，才能得出客观的符合实战的判断结果。

三、图例阐述

我们来看一下在实战交易中，上弱下强型夹板的基本形式和应用情况。如图 7-7、7-8 中所示。

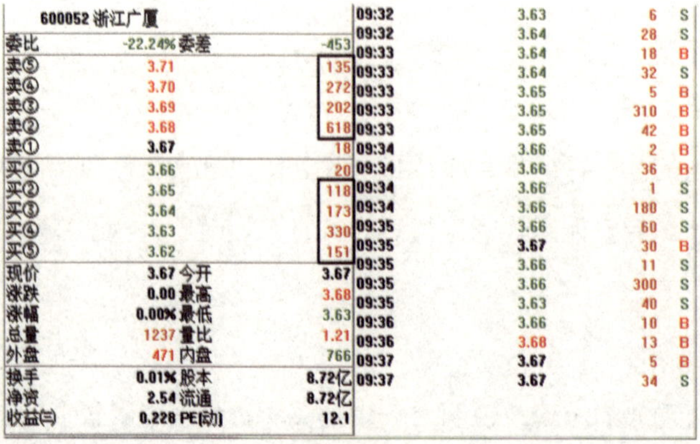

600052 浙江广厦			
委比	-22.24%	委差	-453
卖⑤	3.71		135
卖④	3.70		272
卖③	3.69		202
卖②	3.68		618
卖①	3.67		18
买①	3.66		20
买②	3.65		118
买③	3.64		173
买④	3.63		330
买⑤	3.62		151
现价	3.67	今开	3.67
涨跌	0.00	最高	3.68
涨幅	0.00%	最低	3.63
总量	1237	量比	1.21
外盘	471	内盘	766
换手	0.01%	股本	8.72亿
净资	2.54	流通	8.72亿
收益(三)	0.228	PE(动)	12.1

09:32	3.63	6	S
09:32	3.64	28	S
09:33	3.64	18	B
09:33	3.64	32	S
09:33	3.65	5	B
09:33	3.65	310	B
09:33	3.65	42	B
09:34	3.66	2	B
09:34	3.66	36	B
09:34	3.66	1	S
09:34	3.66	180	S
09:35	3.66	60	S
09:35	3.67	30	B
09:35	3.66	11	S
09:35	3.66	300	S
09:35	3.63	40	S
09:36	3.66	10	B
09:36	3.68	13	B
09:37	3.67	5	B
09:37	3.67	34	S

图 7-7

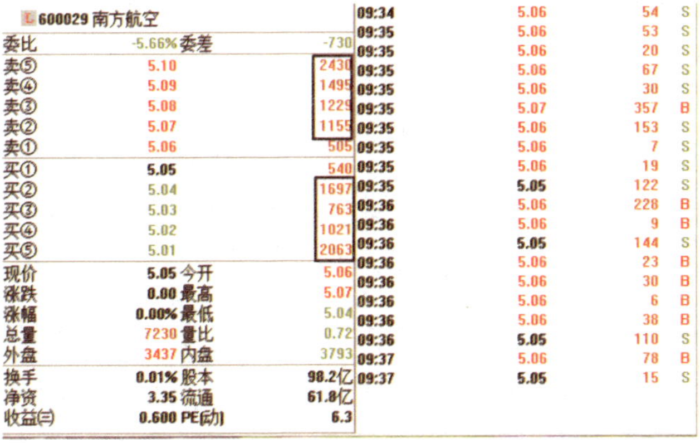

图 7-8

从上图中可以看到，两只个股均在开市阶段出现了夹板现象，说明开市阶段市场中委卖盘和委买盘都非常积极。投资者之后就要密切关注大盘的走向了。

实战当中，如果大盘上涨该股也上涨时，你会发现随着股价的上涨有些股票的上压盘也越来越大，这其实是一种正常现象，通常都是股价暂时停止上涨的征兆，股价必须把这些上压盘吃掉才能继续上涨。在下跌的过程中也是如此，如果下档出现了下托盘后，股价暂时停止了下跌，但一旦新的主动卖盘将下托盘打掉了，则说明行情持续下跌的概率便会增大。

四、实战总结

在实战交易中，投资者遇到开市夹板情况时，应注意以下几点：

1. 开市夹板现象出现时，如果整体市场上涨，而个股的行情也能够随着大盘的上涨而上涨，并且开市后的夹板也随着股价的上涨而变成下托盘，说明主力拉升意愿较强，后市持续上涨的概率较大；

2. 开市夹板现象出现时，如果整体市场下跌，而个股的行情也随着大盘的下跌而下跌，并且开市后的夹板也随着股价的下跌而变成上压盘，说明主力拉升意愿较弱，后市持续下跌的概率较大；

3.开市夹板现象出现时，如果大盘上涨，但个股行情正处于横向整理的过程中，并不随着大盘的上涨而上涨，则说明主力有意抑制股价上涨。如果此时其已经进入下跌通道，则说明该股走势偏弱，后市持续下跌的概率较大；

4.开市夹板现象出现时，如果大盘下跌，但个股行情作横向整理，并不随着大盘的下跌而下跌，则说明主力有意抑制股价下跌。如果此时其已经进入上涨通道，则说明该股走势偏强，后市持续上涨的概率较大；

5.开市夹板现象出现时，如果行情正处于高位顶部阶段，且成交栏中又出现很多大单卖出成交信息，这说明有主力在乘着开市股价稳定之时偷偷出货，如果这种现象持续出现，该股随时可能出现下跌走势；

6.开市夹板现象出现时，如果行情正处于底部阶段，且成交栏中又出现很多大单买入成交信息，这说明有主力在乘着开市股价稳定之时偷偷吸筹，如果这种现象持续存在，该股随时可能出现上涨走势。

第五节　收市夹板

收市夹板是指在尾市收盘阶段的夹板形式。

一、基本特征

收市夹板的基本特征是，股价临近收盘的 1 小时内，行情开始随着夹板的出现停止波动，并始终保持这种姿态直到收盘。

二、市场含义

收市夹板出现时，意味着主力一天的工作即将结束，是他们打理收盘计划的关键时刻，所以，在这个阶段，没有达到计划目标的主力会在这个阶段再接再厉；而已经达到计划目标的主力则会在这个阶段，采用夹板和顶板（有关顶板的内容我们后面就会讲到）的形式巩固战果。

所以，在这个阶段，我们通常会看到大部分个股会在夹板的“保护”下缺少波动，甚至变得不够活跃，而有些股票则会出现突然的上涨或下跌。其实这些现象都属于主力刻意而为的操盘策略。

因此，投资者在实战交易中，如果发现个股在收盘 1 小时内出现夹板，且股价的成交也一直处于夹板内的价格区间，则说明主力控盘有力，可以关注；反之，则说明主力控盘不力，或过于灵活，则应谨慎。

三、图例阐述

我们来看一下在实战交易中，收市夹板的基本形式和应用情况。如图 7–9、7–10 所示。

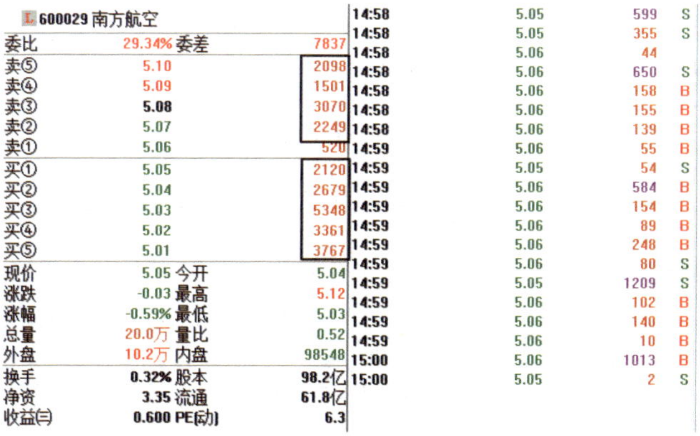

600029 南方航空

委比	29.34%	委差	7837
卖⑤	5.10		2098
卖④	5.09		1501
卖③	5.08		3070
卖②	5.07		2249
卖①	5.06		520
买①	5.05		2120
买②	5.04		2679
买③	5.03		5348
买④	5.02		3361
买⑤	5.01		3767
现价	5.05	今开	5.04
涨跌	-0.03	最高	5.12
涨幅	-0.59%	最低	5.03
总量	20.0万	量比	0.52
外盘	10.2万	内盘	98548
换手	0.32%	股本	98.2亿
净资	3.35	流通	61.8亿
收益(三)	0.600	PE(动)	6.3

14:58	5.05	599	S
14:58	5.05	355	S
14:58	5.06	44	
14:58	5.06	650	S
14:58	5.06	158	B
14:58	5.06	155	B
14:58	5.06	139	B
14:59	5.06	55	B
14:59	5.05	54	S
14:59	5.06	584	B
14:59	5.06	154	B
14:59	5.06	89	B
14:59	5.06	248	B
14:59	5.06	80	S
14:59	5.05	1209	S
14:59	5.06	102	B
14:59	5.06	140	B
14:59	5.06	10	B
15:00	5.06	1013	B
15:00	5.05	2	S

图 7–9

600036 招商银行						
委比	-4.16% 委差	-736	14:57	11.90	114	S
卖⑤	11.94	1299	14:58	11.90	149	S
卖④	11.93	1804	14:58	11.90	8	S
卖③	11.92	3022	14:58	11.90	71	S
卖②	11.91	2170	14:58	11.90	236	B
卖①	11.90	921	14:58	11.90	9	B
买①	11.89	937	14:58	11.90	14	B
买②	11.88	574	14:58	11.89	212	S
买③	11.87	1425	14:58	11.90	117	B
买④	11.86	4314	14:58	11.89	725	S
买⑤	11.85	1230	14:59	11.90	469	B
现价	11.90 今开	11.80	14:59	11.91	4	B
涨跌	0.00 最高	11.98	14:59	11.90	5	S
涨幅	0.00% 最低	11.80	14:59	11.90	20	S
总量	35.8万 量比	0.86	14:59	11.90	372	S
外盘	18.4万 内盘	17.4万	14:59	11.90	115	B
换手	0.20% 股本	216亿	14:59	11.89	198	S
净资	7.13 流通	177亿	14:59	11.90	60	B
收益(三)	1.316 PE(动)	6.8	14:59	11.90	31	B
			14:59	11.90	10	B

图 7-10

从上图可以看到，两只个股均出现了收市夹板现象，且股价也始终在夹板内的区域中波动。这说明主力控盘有力，一天的操盘计划基本完成。

四、实战总结

在实战交易中，投资者遇到收市夹板情况时，应注意以下几点：

1.收市夹板现象出现时，如果股价正处于上涨过程中，说明主力暂时不想股价涨得太高而引起市场关注；

2.收市夹板现象出现时，如果股价正处于下跌过程中，则说明主力暂时不想股价跌得太大而引起市场恐慌；

3.收市夹板现象出现时，如果夹板的位置拉得太开，则说明该股的成交不活跃，所以不需要多大的控盘力量，该股也会被很好地操控；反之，如果夹板靠得非常近，上面的四档卖盘和下面的四档买盘全都是夹板，则说明该股相对活跃，需要较大的控盘力量；

4.收市夹板现象出现时，如果该股之前的一整天都是这种状态，则说明主力刻意控盘，如果此时行情正处于长期下跌过程中，则后市可能会出现短时间的止跌；如果此时行情正处于长期上涨过程中，则后市可能会出现短时间的回撤。

第六节　持续夹板

持续夹板形态是指上档委卖盘和下档委买盘中长时间持续出现夹板现象。这种现象所展示的主力控盘迹象更加明显。

一、基本特征

持续夹板的基本特征是，行情开盘之后甚至自开盘时就开始出现夹板，并且这种情况在整个交易日中一直持续。

二、市场含义

持续夹板形态出现时，通常意味着市场中的主动买盘和主动卖盘都不踊跃，所以，持续夹板现象出现时，大都以横盘整理的姿态出现。

持续夹板现象往往是主力控盘的技术形式。当股价上涨到一定的时候，若市场中出现大量主动卖出的获利抛盘时，为了保住拉升成果，主力往往就会采用持续夹板的形式，让这些获利盘在微小的夹板之间成交，并且，获利盘越多，夹板就越密集，下托盘越大；反之，获利盘越少，夹板就越松散，上下夹板距离就越远，夹板挂单越稀疏。

道理非常简单，因为较多的获利抛盘需要较多的买盘挂单承接；如果获利盘较少，就不需要用太多的下托盘承接，只需要根据行市相应地在低位挂出一些买单即可。这样的话，即使出现大笔卖单，也不会导致股价的大幅波动，甚至还可以以更低的价格成交，降低护盘成本。

所以，我们通常会看到那些盘子较大的股票，虽然成交栏并没有多少股票成交，但往往夹板中的下托盘和上压盘中的挂单非常密集，且几乎天天出现。反观一些股性活跃的中小盘股，其委卖栏中的上压盘和委买栏中的下托盘却并不那么密集，甚至不经常出现。

这也意味着，夹板密集且又经常出现的股票，通常股性并不活跃；相反，那些夹板松散且夹板又经常挂在距离市价一、二档较远的三、四、五档时，则这些股票往往都是活跃股的中小盘股。如果这样的股票进入上涨阶段，就非常值得关注。

当然，这样的情况在不同的行市中也会有不同的含义和解释。这些在下面的实战总结中我们会逐一列出。

三、实战总结

在实战交易中，投资者遇到持续夹板情况时，应注意以下几点：

1. 持续夹板现象出现时，如果行情已经出现大幅度的上涨，则说明主力暂时没有拉升意愿；

2. 持续夹板现象出现时，如果行情已经出现大幅度的下跌，则说明主力暂时在有意抑制股价下跌；

3. 持续夹板现象出现时，如果行情已经出现在长期上涨的顶部，已经出现顶部卖出信号，且右边的成交栏中不断出现大笔主动卖出成交信息，则此时主力利用夹板出货的概率较大；

4. 持续夹板现象出现时，如果行情已经处于长期下跌的底部阶段，且已经出现底部企稳信号，成交栏中又经常有大笔的主动买单成交信息，则此时主力利用夹板吸筹的概率较大；

5. 持续夹板现象出现时，如果其某一阶段大部分交易日中，外盘大于内盘1倍以上，则说明有主力在吃进股票；反之，如果其某一阶段大部分交易日中，内盘大于外盘1倍以上，则说明有主力在卖出股票。

第七节　多变夹板

多变夹板是指夹板时而出现时而消失，且还会随着股价的涨跌上下浮动。

一、基本特征

多变夹板的基本特征是，夹板的出现极不稳定，且具有较大的可变性。比如，有时候它会随着股价的上涨变成上压盘；有时候又会随着股价的下跌变成下托盘；再有时候，又会变成上弱下强夹板；还有时候，又会出现变成下弱上强型夹板。总之，其最大的特征就是不断变化，却总是以夹板形态为主。

二、市场含义

多变夹板出现时，意味着市场中的主动卖盘和主动买盘无法确定。这样的情况通常会出现在一些股价走势较不稳定的中小盘股中。由于多变夹板往往具备主力运作的特征，所以这种类型的夹板也往往具有较高的不确定性，难以判断。

然而，投资者也不必为其多变的不确定性而过度担忧，因为无论夹板如何变化，其始终有着不可或不易改变的信息。遇到这种情况时，投资者应多关注个股的内盘和外盘的变化。因为通过内盘和外盘的变化，我们也可以大致了解一些股票当日的涨跌情况。

比如，当这种情况出现时，其内盘明显比外盘大很多甚至1倍、几倍。并且，这种情况连续出现多日，股价又正处于长期下跌的过程中或高位顶部区域，行情走势并不活跃，成交栏中经常会出现大笔的主动卖单成交，则这种情况往往是主力刻意搞的迷魂阵。实际上其只不过是为了搅乱投资者的视线，在多变的行情走势中顺利出货而已。

反之，如果股价正处于熊市末期和牛市初期的过程中，且股价也出现明显止跌，走势也开始有力地波动，成交栏中经常莫名其妙地出现大笔主动买单成交，外盘明显比内盘大1倍甚至几倍以上，则说明该阶段主力正在主动入货。

所以，在实战交易中，投资者遇到上述情况时，应注意根据行情的实战情况，理性而客观地看待夹板的多变现象。

三、实战总结

在实战交易中，投资者遇到多变夹板情况时，应注意以下几点：

1. 多变夹板现象出现时，如果股价正处于阶段性上涨过程中，若此时持续出现内盘大于外盘的情况，且右边的成交栏中又不断出现主动卖盘成交大单，则说明主力有出货嫌疑，后市随时都会出现止涨转跌的可能；

2. 多变夹板现象出现时，如果股价正处于阶段性下跌过程中，若此时持续出现外盘大于内盘的情况，且右边的成交栏中又不断出现主动买盘成交大单，则主力吸筹的概率较大，后市随时都会出现止跌企稳的可能；

3. 多变夹板现象出现时，如果行情正处于行情长期上涨之后的顶部区域，股价走势出现了见顶信号，若其成交栏中不断出现委卖大单成交，且内盘又远大于外盘，这种情况如果持续出现，则后市下跌的概率较大；

4. 多变夹板现象出现时，如果行情正处于行情长期下跌之后的底部区域，股价走势出现了见底信号，若其成交栏中不断出现委买大单成交，且外盘又远大于内盘，这种情况如果持续出现，则后市上涨的概率较大；

5. 多变夹板现象出现时，如果多变夹板经常会随着股价的上涨而上移，并变成下弱上强夹板或上压盘，该现象如果出现在阶段性底部，主力压盘吸筹的概率较大；反之，如果多变夹板经常会随着股价的下跌而下移，并变成下强上弱夹板或下托盘，该现象如果出现在阶段性顶部，主力托盘出货的概率较大。

第八章

盘口解读：顶板解析

顶板是指股价出现了上压盘和下托盘紧密地聚拢在一起，买一和卖一之间没有缺口的顶盘现象。

第一节　开市顶板

开市顶板是指股价开盘阶段出现的顶板现象，这种现象一旦出现，股价将在短时间内上下两难。

一、基本特征

开市顶板的基本特征就是，股价一开市，其委卖挂单和委卖挂单就从第一档开始用大单堵死了。

二、市场含义

开市顶板出现时，意味着市场中的被动卖盘挂单和被动买盘挂单都非常踊跃，股价暂时会出现上下两难的局面。这种情况的出现往往都是主力控盘的信号。

开市顶板形态的出现，通常意味着该股被主力严重操控。如果这种情况在股价已经出现大幅上涨的高位阶段，并时常出现，这通常预示着主力正在利用顶板控盘出货，后市下跌的概率会增大。

原因很容易理解：当顶板现象出现的时候，投资者要想及时买入股票就必须以卖一或卖二的价格挂单才能够成交；否则，就必须在主力顶板之后的买一或买二的位置挂单等候，直到前面的挂单全部成交后，再有以买一或买二的低价挂单出现时，你的单子才能成交。所以，这种情况大多数都是主力刻意而为的控盘信号，将整个买一或买二的盘口堵死，让你不得不以较高的价格买入股票；下跌卖出也是一样，一旦遇到顶板情况时，投资者不得不低价挂单，只有这样才能及时成交。所以，这种情况一旦出现，投资者必须根据股价的总体趋势，确认股价的走向和主力的意图。

三、图例阐述

我们来看一下在实战交易中，开市顶板的基本形式和应用。如图 8-1、8-2 中所示。

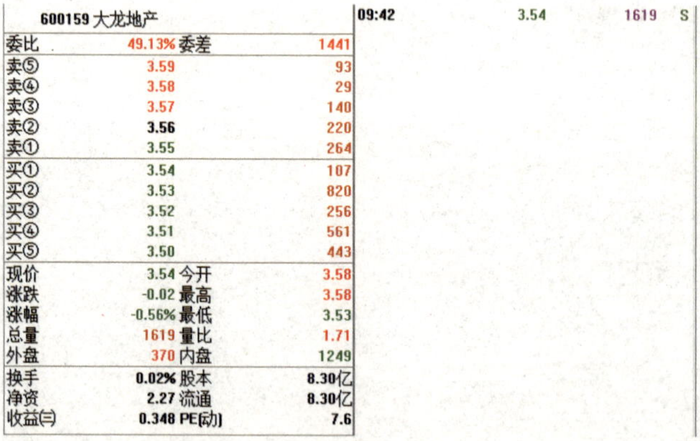

600159 大龙地产

委比	49.13%	委差	1441
卖⑤	3.59		93
卖④	3.58		29
卖③	3.57		140
卖②	3.56		220
卖①	3.55		264
买①	3.54		107
买②	3.53		820
买③	3.52		256
买④	3.51		561
买⑤	3.50		443
现价	3.54	今开	3.58
涨跌	-0.02	最高	3.58
涨幅	-0.56%	最低	3.53
总量	1619	量比	1.71
外盘	370	内盘	1249
换手	0.02%	股本	8.30亿
净资	2.27	流通	8.30亿
收益(三)	0.348	PE(动)	7.6

09:42	3.54	1619	S

图 8-1

600122 宏图高科						
			09:36	4.62	13	B
			09:36	4.62	2	B
委比	38.30%	委差	1270 09:36	4.62	15	B
卖⑤	4.66		106 09:36	4.62	10	B
卖④	4.65		21 09:36	4.62	16	B
卖③	4.64		255 09:37	4.61	10	S
卖②	4.63		67 09:37	4.61	10	S
卖①	4.62		574 09:37	4.61	200	S
买①	4.61		426 09:38	4.62	1	B
买②	4.60		945 09:38	4.62	51	B
买③	4.59		245 09:38	4.61	120	S
买④	4.58		311 09:38	4.62	2	B
买⑤	4.57		366 09:38	4.62	33	B
现价	4.61	今开	4.64 09:38	4.62	1	B
涨跌	-0.02	最高	4.64 09:39	4.61	2	S
涨幅	-0.43%	最低	4.61 09:39	4.61	34	S
总量	3939	量比	0.91 09:39	4.61	10	S
外盘	2827	内盘	1112 09:39	4.62	70	B
换手	0.04%	股本	11.3亿 09:40	4.62	1	B
净资	3.70亿	流通	9.72亿 09:40	4.61	39	S
收益(三)	0.139	PE(动)	24.9 09:41	4.61	49	S

图 8-2

从上面的图中可以看到，两只股票均出现了开市顶板情况，且这些股票的股价均在出现顶板的时间段内微幅波动。如果这种情况在开市后 1 小时内得不到改善，即股价不能够顺利上涨，将顶板的上压盘吃掉，则后市当日小幅波动整理的概率就会非常大。然而，如果在整体下跌的趋势中出现小幅整理的情况，则本身就是一种风险信号，因为这意味着股价上涨的动力不足，空方正在凝聚新的下跌力量。

四、实战总结

在实战交易中，投资者遇到开市顶板情况时，应注意以下几点：

1. 开市顶板现象出现时，如果行情已经出现大幅度的上涨，且开市后随着顶板的出现，成交栏中有很多主动大卖单都以低于市场现价或买一的价格成交，说明主力有高位出货意图；

2. 开市顶板现象出现时，如果行情已经出现大幅度的下跌，且开市后随着顶板的出现，成交栏中有很多主动大买单都以高于市场现价或卖一的价格成交，说明主力有低位吸筹意图；

3. 开市顶板现象出现时，如果行情正处于长期上涨的阶段性整理时期，且成交栏中都是小单成交，则说明主力暂时拉高股价的意愿不强；

4. 开市顶板现象出现时，如果股价已经出现明显超买，该情况出现当日股价滞涨，甚至还出现下跌，则属于主力阶段性出货的迹象，后市非常有可能出现下跌走势；

5. 开始顶板现象出现时，如果股价已经出现明显超卖，该情况出现当日股价停止下跌，甚至还出现上涨，则属于主力阶段性吸筹的迹象，后市有可能随时反弹。

第二节　收市顶板

收市顶板是指股价在收市 1 小时内出现的顶板现象。

一、基本特征

收市顶板的基本特征是，股价在交易当日的上压盘和下托盘不断地随着整体行情的走势上下移动变化，有时候以夹板的形式出现，一会儿又出现上压盘或下托盘，但到了收盘阶段，却突然以顶板的形式直接将整个盘口全部封死了，此时的交易也显得很低迷。

二、市场含义

收市顶板出现时，通常说明主力当日的操盘成果非常明显，基本完成了计划中的任务。

实战交易中，一些大资金的短线客会趁着主力即将拉升、股价即将启动之时，突然大量入场，导致股价瞬间大涨，或在主力还没来得及出局的时候，他们突然抛出大量主动卖单，导致股价瞬间大跌，让主力防不胜防。为了尽量降低这种情况发生时所造成的影响，主力采用大单顶板的形式，以有效防范这些情况的发生。

如果主力将上下五档盘口全都以大量的挂单挂出，则那些短线客则根本就没有机会搅动股价，因为无论你以多高的价格买入，只要你买入的数量不够多，你就只能以卖一的价格成交；下跌卖出也是这样，只要你卖出的数量不够多，你就只能以买一的价格成交。所以，只要你买入或卖出的数目不够多，你就不可能改动股价的收盘情况。

更重要的是，一旦你有这个动作，主力就会很快通过交易明细单及时知晓。因为普通投资者和主力是不对等的两个对立面，主力可以随时通过交易明细单了解当时的股票交易情况和投资者持股情况，而普通投资者则根本没有这个优势。

所以，有时候你会发现，特别是在行情下跌的修正过程中，顶板情况时有发生，其实这都是主力控盘的一些手法，为了不引起市场恐慌，修正收盘价格，以达到自己的预期，他们往往会以大单顶板的形式顶住盘面，以免让一些偶然因素破坏了收盘计划。

三、图例阐述

我们来看一下在实战交易中收市顶板的基本形式和应用。如图 8-3、8-4 中所示。

从图中可以看到，两只个股均出现了收市顶板现象，我们再看一看其成交栏中的成交情况就可以发现，上述两只个股的成交栏中的股价涨跌幅度都非常小，没有大起大落的情况，几乎都在一两分钱之间波动。这说明这些股票的收市工作做得非常好，没有出现股价起伏不定的情况。

600033 福建高速

				14:54	2.54	49	B
委比	-35.84%	委差	-10489	14:55	2.54	2	B
卖⑤	2.58		1461	14:55	2.54	1	B
卖④	2.57		4871	14:55	2.53	96	S
卖③	2.56		4385	14:55	2.54	108	S
卖②	2.55		8158	14:55	2.53	68	S
卖①	2.54		1003	14:56	2.54	1	B
买①	2.53		1113	14:56	2.53	73	S
买②	2.52		3051	14:56	2.53	2	S
买③	2.51		1695	14:57	2.54	69	B
买④	2.50		2362	14:57	2.53	68	S
买⑤	2.49		1168	14:57	2.54	10	S
现价	2.53	今开	2.54	14:57	2.53	198	S
涨跌	-0.02	最高	2.55	14:58	2.54	2	B
涨幅	-0.78%	最低	2.53	14:58	2.53	500	S
总量	21989	量比	0.66	14:58	2.54	5	B
外盘	7511	内盘	14478	14:58	2.54	4	B
换手	0.16%	股本	27.4亿	14:59	2.54	9	B
净资	2.56	流通	13.4亿	15:00	2.53	0	
收益(三)	0.143	PE(动)	13.2				

图 8-3

600018 上港集团

				14:52	2.96	20	B
委比	-15.17%	委差	-2697	14:53	2.96	2	B
卖⑤	3.00		1116	14:53	2.96	182	B
卖④	2.99		1741	14:54	2.96	30	B
卖③	2.98		2850	14:55	2.96	17	B
卖②	2.97		1777	14:56	2.96	15	B
卖①	2.96		2751	14:56	2.96	190	B
买①	2.95		2738	14:56	2.96	101	B
买②	2.94		2383	14:56	2.96	32	B
买③	2.93		881	14:56	2.96	1	B
买④	2.92		1037	14:57	2.95	20	S
买⑤	2.91		499	14:57	2.96	7	B
现价	2.96	今开	2.95	14:58	2.96	401	B
涨跌	-0.01	最高	2.98	14:58	2.96	28	B
涨幅	-0.34%	最低	2.94	14:58	2.96	30	B
总量	23380	量比	0.76	14:59	2.96	47	B
外盘	14020	内盘	9360	14:59	2.96	5	B
换手	0.01%	股本	228亿	14:59	2.96	1	B
净资	1.94	流通	210亿	14:59	2.96	200	B
收益(三)	0.161	PE(动)	13.8	14:59	2.96	28	B

图 8-4

四、实战总结

在实战交易中，投资者遇到收市顶板情况时，应注意以下几点：

1.收市顶板现象出现时，如果股价已经出现了大幅度的上涨，且个股当日出现了明显的下跌迹象，收市为阴线，则说明主力暂时并没有拉升意愿；

2.收市顶板现象出现时，如果股价已经出现了大幅度的下跌，且个股当日也出现了明显的上涨迹象，收市为阳线，则主力此时有护盘意愿；

3.收市顶板现象出现时，如果股价正处于阶段性震荡整理的走势之中，且个股当日也出现了横线整理走势，则说明主力目前正在待机而动，寻求突破；

4. 收市顶板现象出现时，如果股价当日出现盘中逆转，股价由涨转跌，且内盘远大于外盘，则说明主力有意打压股价；

5. 收市顶板现象出现时，如果股价当日出现盘中逆转，股价由跌转涨，且外盘远大于内盘，则说明主力吸筹意愿较浓。

第三节　盘中顶板

盘中顶板是指股价在开市后并没有顶板情况，而是到了盘中密集交易时段，开始不断地出现顶板现象。

一、基本特征

盘中顶板的基本特征是，顶板通常会在价格稳定之后出现，价格波动时则会变成其他压盘或者夹板。比如，价格上涨时会变成上压盘，下跌时又会变成下托盘，股价稳定时又会变成顶板。

二、市场含义

盘中出现顶板，通常预示股价的阶段性涨跌已经结束，市场中的主动买方压力和主动卖方压力均已得到相应的释放，后市持续不动或微幅波动的概率较大。因为盘中顶板就是用大单将前几档甚至全五档买卖盘布满，这样投资者要想买入股票或卖出股票，就必须将价格高挂或低挂，否则就不能成交。而无论卖盘还是买盘的第一档挂单，如果没有足够的主动买卖盘将它们全部成交，股价就不会波动。

然而，事实上这种情况通常也是主力在市道不佳时积极卖出的一种操盘方式。简单地说，就是将要卖出的股票大量挂单，只等着投资者的主动买盘出现。可能有些投资者不太了解为什么要卖出股票时，还要在下档买盘中挂那么多单子，不是只要按时间卖出就行了吗？

实战当中，主力手中的股票太多，如果都按照市价卖出股票，股价就会出现大幅度的下跌。市场普通投资者的股票持有量不能和主力相提并论，有些主力所掌握的股票甚至可以达到总流通股的 80%、90% 以上。

因此，如果市道不佳，市场中根本就没有那么多资金能够接得住主力放出的筹码。在这种情况下，为了在卖出股票的时候避免股价出现大幅下跌，主力就会采取顶板的形式，慢慢等待主动卖盘的出现。这样其主动卖盘就会以卖一、卖二的价格成交，主力就不必急于杀跌卖出，只需要长时间这样挂单，慢慢卖出即可。而主力下方五档的被动挂单，由于没有出到卖一的价格，根本就不可能成交。这就是我们通常看到一些股票总是有大单顶板，但股价总波动不大且绵绵下跌的主要原因。即这些顶板的股票实际上都是主力在挂单卖出股票，而巨大的下托盘也只不过是为了提升主动买盘的股价，刻意埋在下方逼迫买方高价买入而已。

投资者在实战交易中，如果发现一个股票正处于长期下跌趋势中，若其几乎每日都出现大单顶板的形式，则对这样的股票应极具耐心。这说明，可能这个股票还需要很长时间才会出现投资机会。

三、图例阐述

我们来看一下在实战交易中，盘中顶板的基本形式和应用情况。如图 8-5、8-6 所示。

600067 冠城大通

委比	29.63%	委差	725
卖⑤	6.72		187
卖④	6.71		67
卖③	6.70		257
卖②	6.69		133
卖①	6.68		217
买①	6.67		239
买②	6.66		175
买③	6.65		227
买④	6.64		125
买⑤	6.63		820
现价	6.68	今开	6.57
涨跌	0.05	最高	6.76
涨幅	0.75%	最低	6.56
总量	38936	量比	1.42
外盘	20858	内盘	18078
换手	0.54%	股本	7.36亿
净资	3.98	流通	7.27亿
收益(三)	0.753	PE(动)	6.6

时间	价格	量	B/S
11:08	6.69	1	B
11:08	6.68	10	S
11:09	6.71	260	B
11:09	6.71	1	B
11:10	6.71	34	B
11:10	6.71	19	S
11:11	6.71	61	B
11:11	6.71	24	B
11:11	6.70	13	S
11:12	6.70	159	B
11:12	6.70	78	B
11:12	6.70	7	B
11:13	6.69	26	S
11:13	6.70	10	B
11:14	6.69	1	B
11:14	6.69	12	S
11:14	6.68	4	B
11:15	6.69	28	S
11:15	6.68	200	B
11:15	6.69	6	B
11:15	6.68	174	S

图 8-5

600098 广州控股

委比	-6.59%	委差	-207
卖⑤	6.42		502
卖④	6.41		340
卖③	6.40		481
卖②	6.39		251
卖①	6.37		101
买①	6.36		166
买②	6.35		480
买③	6.34		334
买④	6.33		178
买⑤	6.32		310
现价	6.37	今开	6.20
涨跌	0.03	最高	6.41
涨幅	0.47%	最低	6.20
总量	10387	量比	0.88
外盘	6223	内盘	4164
换手	0.05%	股本	20.6亿
净资	4.42	流通	20.6亿
收益(三)	0.167	PE(动)	28.6

时间	价格	量	B/S
11:01	6.36	1	S
11:02	6.38	4	B
11:04	6.36	2	S
11:04	6.36	100	S
11:05	6.36	5	S
11:05	6.36	6	S
11:05	6.36	3	S
11:06	6.38	59	B
11:06	6.38	26	S
11:07	6.38	10	S
11:07	6.39	207	B
11:07	6.39	1	B
11:07	6.38	38	S
11:08	6.40	173	B
11:08	6.38	7	S
11:08	6.38	9	S
11:10	6.39	15	B
11:11	6.39	8	B
11:15	6.37	1	S
11:16	6.37	2	S

图 8-6

从图中可以看到，两只个股均在开盘 1 小时前后出现了没有缺口的挂单形式，在顶板出现后，股价的涨跌都没有较大的变化，出现了股价停滞不动的局面。

在这种情况下，投资者要注意的一点是，成交栏中出现的主动成交卖单和主动成交买单就具有实际意义了。因为这时候出现的成交买单和成交卖单基本上就是市场中的真实成交。

四、实战总结

在实战交易中，投资者遇到盘中顶板情况时，应注意以下几点：

1. 盘中顶板现象出现时，如果股价当日已经出现上涨，说明市场暂时处于上涨休整阶段；

2. 盘中顶板现象出现时，如果股价当日正处于下跌阶段，说明市场下跌的势头有可能被遏制；

3. 盘中顶板现象出现时，如果行情正处于市场顶部的形成阶段，且成交栏中又不断有主动卖盘成交，说明有主力在偷偷出货；

4. 盘中顶板现象出现时，如果行情已经经历过阶段性的下跌、处于阶段性底部企稳阶段，且成交栏中又不断出现主动大买单，说明行情企稳。一旦上压盘被吃掉，后市随时都会出现上涨行情；

5. 盘中顶板现象出现时，如果其某一阶段时间的大部分交易日中，内盘一直大于外盘，甚至达到 1 倍以上，则说明市场中的主动卖盘较多，有主力出货的嫌疑。如果此时股价正处于行情的顶部阶段或持续下跌的熊市阶段，则后市持续下跌的概率较大。

第四节　涨停顶板

涨停顶板是指股价在盘中以涨停的形式直接封死涨停板的现象。

一、基本特征

涨停顶板的基本特征是，下方委买盘中有大量挂单，将股价推升至当日所限定的最高价处，而上方的委卖盘中则根本没有挂单。

二、市场含义

涨停顶板出现时，说明市场多头力量非常踊跃，以至于将上方卖盘中的挂单全部吸收。这种情况通常会出现在股价强势上涨阶段，属于主力快速吸筹时所采用的一种方法。

在实战的交易中，这种方法也会被一些主力用在诱多出货的下跌行情中。所以，在行情下跌阶段，我们通常会看到一些个股突然在某一日成交量大增，并以涨停的形式收盘。但接下来在第二个交易日就止涨不前，甚至出现了低开下跌的走势，使得前一日追涨买入的投资者全部套牢。

这就是主力在刻意利用人们对涨停板的强势预期进行诱多的一种操盘方式。其道理非常简单，那就是很多投资者喜欢追逐当日的强势股票，而一些盘面不够活跃的中小盘股，则根本就没有多少人交易。主力为了吸引投资者的关注，便采用自控关联账户对倒的方式将股价拉高，在上涨的时候，只要有投资者关注并主动挂单，他们就会立刻趁机撤掉自己前面的挂单而让这些投资者的挂单成交，卖出自己的股票，然后继续对倒拉升。

由于普通投资者买入这些股票之后，当日不能卖出，必须第二日才能卖出，所以，他们在自己对倒的过程中，就会不断有短线投资者受到其涨停的吸引，投入进来。此时，主力就会撤掉自己的单子，让这些投资者成交；就这样在高位继续吸引更多的投资者。当市场中的跟风盘越来越多的时候，他们往往也就逐步撤掉自己下方的买盘挂单，然后将自己真正的卖盘挂单低价挂出，与那些短线追涨的买盘挂单成交。

这样，用不了多久，市场中的跟风盘就逐渐成交完毕。如果当日距离收盘还有相当的时间，主力就会故伎重演，直到下午收盘时。甚至有时候如果市场中的跟风盘较多，主力只需要在高位逐步挂单卖出就可以了。

这就是我们经常看到有些股票会在出现涨停顶板不久，就再次打开，甚至会出现下跌或横盘走势的原因。其实，这都是主力在高位卖出股票的一些信号。所以，这样的股票往往到了第二个交易日就会出现低开下跌走势。

三、图例阐述

我们来看一下在实战交易中，涨停顶板的基本形式和应用情况。如图 8-7、8-8 中所示。

002464 金利科技

委比	100.00% 委差	69657
卖⑤		
卖④		
卖③		
卖②		
卖①		
买①	18.74	69495
买②	18.73	76
买③	18.72	6
买④	18.71	6
买⑤	18.70	74
现价	18.74 今开	18.74
涨跌	1.70 最高	18.74
涨幅	9.98% 最低	18.74
总量	3063 量比	1.62
外盘	119 内盘	2944
换手	0.84% 股本	1.35亿
净资	5.34 流通	3650万
收益(三)	0.324 PE(动)	43.4

时间	价格	量		
10:20	18.74	5	S	1
10:25	18.74	4	S	1
10:25	18.74	3	S	1
10:29	18.74	1	S	1
10:30	18.74	5	S	1
10:31	18.74	7	S	1
10:34	18.74	2	S	1
10:40	18.74	5	S	1
10:43	18.74	16	S	1
10:46	18.74	4	S	1
10:48	18.74	2	S	1
10:52	18.74	1	S	1
10:54	18.74	15	S	1
10:55	18.74	10	S	1
10:55	18.74	6	S	1
10:57	18.74	1	S	1
11:02	18.74	1	S	1
11:13	18.74	5	S	1
11:15	18.74	4	S	1
11:17	18.74	2	S	1

图 8-7

300081 恒信移动

委比	100.00% 委差	13307
卖⑤		
卖④		
卖③		
卖②		
卖①		
买①	19.94	13207
买②	19.93	13
买③	19.92	3
买④	19.91	53
买⑤	19.90	31
现价	19.94 今开	18.41
涨跌	1.81 最高	19.94
涨幅	9.98% 最低	18.32
总量	69690 量比	6.90
外盘	37639 内盘	32051
换手	21.59% 股本	6700万
净资	11.86 流通	3228万
收益(三)	0.045 PE(动)	334.7

时间	价格	量		
11:11	19.94	5	S	1
11:11	19.94	10	S	1
11:11	19.94	10	S	1
11:12	19.94	20	S	1
11:12	19.94	10	S	1
11:13	19.94	8	S	1
11:13	19.94	4	S	2
11:14	19.94	10	S	1
11:15	19.94	20	S	1
11:16	19.94	12	S	1
11:16	19.94	10	S	1
11:16	19.94	10	S	1
11:17	19.94	10	S	1
11:17	19.94	2	S	1
11:18	19.94	10	S	1
11:18	19.94	5	S	1
11:19	19.94	1	S	1
11:19	19.94	1	S	1
11:19	19.94	30	S	1
11:20	19.94	4	S	1

图 8-8

从图中可以看到，两只个股均出现了涨停顶板形态，说明这些个股在交易中买盘踊跃，属强势行情。

从其成交栏中可以看到，两只个股都没有出现较多的大卖单成交，说明市场中的卖盘相对稀疏。但要正确判断行情之后的走势，我们还需要结合市场趋势和大盘接下来的走向。

四、实战总结

在实战交易中，投资者遇到涨停顶板情况时，应注意以下几点：

1. 涨停顶板现象出现时，如果股价正处于长期下跌的趋势中，则主力诱多出货的概率较大，即使连续出现涨停走势，也改变不了主力诱多的嫌疑；

2. 涨停顶板现象出现时，如果行情已经出现大幅度的上涨，且已进入高位风险区，当涨停顶板出现回落，且成交栏中不断出现大卖单成交现象，则说明市场中的主动买盘力量不支，有主力大户在趁着市场火爆之际偷偷出货；

3. 涨停顶板现象出现时，如果行情正处于强势上涨过程中，则说明市场人气较旺，主力做多意愿较强，后市持续上涨的概率较大；

4. 涨停顶板现象出现时，如果当日股价始终涨停，没有丝毫打开的迹象，且其下方顶板中的挂单也越来越多，则说明该股购买力较强，若出现在行情上涨阶段，则后市持续上涨的概率较强；

5. 涨停顶板现象出现时，如果此时行情正处于长期下跌的底部区域，股价已经出现企稳迹象，并且在涨停顶板出现当日，成交栏中不断出现主动大买单成交，这通常都是主力在底部吸筹的征兆；

6. 涨停顶板现象出现时，如果大盘正处于小幅上涨阶段，而该股的走势却长期明显强于大盘，这通常是该股后市将持续走强的信号。

第五节　跌停顶板

与涨停顶板相对应的便是跌停顶板，跌停顶板出现时，意味着市场中的主动卖盘占绝对优势。

一、基本特征

跌停顶板的基本特征与涨停顶板的基本特征恰恰相反，跌停顶板出现时，其上方委卖盘中有大量卖出挂单,将股价死死地压在跌停板所限定的最低价处，而下方的委买盘中则根本没有挂单。

二、市场含义

跌停顶板出现时，意味着市场中空方力量已经完全占据了市场主动权，多方毫无还手之力。这种情况通常会出现在股价下跌阶段。

跌停顶板与涨停顶板一样，都不能简单理解为股价走强还是走弱，如果此时行情正处于长期上涨阶段，则此时并不意味着股价的整体走势会变弱，有时候主力也会利用跌停的形式来进行洗盘操作。

因为，在市场中如果存在过多的活跃流动筹码，则每当主力拉升的时候，他们就会趁机卖出，这就有可能破坏主力之后的拉升计划。所以，与其让这些流动盘在拉升的过程中出现，倒不如在行情拉升之前就让他们卖出。这样主力既有了更多的廉价筹码，还起到了清理浮筹的作用，一举两得。

在实战交易中，如果股价已经进入长期上涨趋势中，一旦出现这种情况，则往往是主力震仓洗盘的信号。如果股价已经出现了很大的涨幅，则便有可能是主力高位出货的信号。

三、图例阐述

我们来看一下在实战交易中，跌停顶板的基本形式和应用情况。如图8-9、8-10中所示。

600132 重庆啤酒			10:31	65.66	3 B
委比	-100.00% 委差	-88.05万	10:40	65.66	1 B
卖⑤	65.70	618	10:41	65.66	50 B
卖④	65.69	138	10:45	65.66	11 B
卖③	65.68	428	10:49	65.66	1 B
卖②	65.67	518	10:53	65.66	11 B
卖①	65.66	878801	10:56	65.66	2 B
买①			10:57	65.66	7 B
买②			10:57	65.66	2 B
买③			10:59	65.66	1 B
买④			10:59	65.66	2 B
买⑤			11:00	65.66	2 B
			11:00	65.66	4 B
现价	65.66 今开	65.66	11:05	65.66	1 B
涨跌	-7.29 最高	65.66	11:08	65.66	1 B
涨幅	-9.99% 最低	65.66	11:11	65.66	1 B
总量	745 量比	0.03	11:12	65.66	1 B
外盘	726 内盘	19	11:15	65.66	7 B
换手	0.02% 股本	4.84亿	11:17	65.66	1 B
净资	2.97 流通	4.84亿	11:22	65.66	2 B
收益(三)	0.330 PE(动)	149.3			

图 8-9

002145 *ST钛白			10:54	8.72	1 B 1
委比	-100.00% 委差	-77495	10:57	8.72	1 B 1
卖⑤	8.76	59	10:58	8.72	3 B 1
卖④	8.75	8	10:58	8.72	5 B 1
卖③	8.74	33	10:59	8.72	5 B 1
卖②	8.73	258	10:59	8.72	20 B 1
卖①	8.72	77137	11:00	8.72	2 B 1
买①			11:00	8.72	18 B 1
买②			11:00	8.72	6 B 1
买③			11:04	8.72	3 B 1
买④			11:05	8.72	1 B 1
买⑤			11:07	8.72	3 B 1
			11:10	8.72	7 B 1
现价	8.72 今开	8.72	11:15	8.72	1 B 1
涨跌	-0.46 最高	8.72	11:16	8.72	7 B 1
涨幅	-5.01% 最低	8.72	11:16	8.72	1 B 1
总量	24446 量比	1.64	11:19	8.72	1 B 1
外盘	20408 内盘	4038	11:19	8.72	10 B 1
换手	1.29% 股本	1.90亿	11:20	8.72	2 B 1
净资	1.12 流通	1.89亿	11:21	8.72	10 B 1
收益(三)	-0.358 PE(动)	—			

图 8-10

　　从图中可以看到，两只个股均出现了跌停顶板现象，说明上述个股走势较弱。事实上，这些个股均在大盘小幅下跌的时候，出现了跌停顶板现象，这种情况的出现，意味着这些个股要想在短时间内恢复涨势的概率不大。

四、实战总结

　　在实战交易中，投资者遇到跌停顶板情况时，应注意以下几点：

　　1. 跌停顶板现象出现时，如果行情正处于弱势下跌的过程中，则说明该股走势偏弱，后市持续下跌的概率较大；

　　2. 跌停顶板现象出现时，如果行情正处于长期上涨趋势的启动阶段，即股价刚刚进入长期上涨趋势的回撤阶段，则主力震仓洗盘的概率较大；

　　3. 跌停顶板现象出现时，如果行情正处于行情顶部的高位区域，且已经出现了其他的顶部信号，则此时主力高位出货的概率较大；

　　4. 跌停顶板现象出现时，如果行情刚刚进入长期下跌通道，股价恰好下穿MA250平均线，则后市进入长期熊市的概率较大；

　　5. 跌停顶板现象出现时，如果该股之前长期的走势明显弱于大盘，则说明该股走势非常疲软，长期下跌的可能性非常大。

第六节　瞬间顶板

　　瞬间顶板是指股价运行到一定的时候突然出现顶板现象，致使股价停止波动。

一、基本特征

瞬间顶板的基本特征是时间不确定，常常突然出现，但到了一定的时候又全部消失了，但也有的一直持续到收盘。

二、市场含义

瞬间顶板出现时，通常意味着股价即将有新的变化，具体的变化性质应该根据之后的股价走势确定。

在实战交易中，我们会看到有些股票上涨到一定程度或下跌到一定程度时，盘中突然出现了大量的挂单，将盘口死死地顶住了，此后股价就停止了涨跌，开始出现小幅度的波动。

这种情况的出现有多种原因，我们无法一一阐述，只能简明扼要地在这里提一下。

股价运行到一定的程度，或主力达到了一定的计划目标时，通常会用顶板的形式"封盘"，以防止股价走势失控。如果是瞬间的涨停顶板，则说明主力当日要以涨停收盘；如果瞬间顶板是跌停顶板，则说明主力当日想以跌停收市。如果在上涨或下跌的过程中出现瞬间顶板，则说明主力有意抑制股价的波动，后市将出现多空僵持的局面。

瞬间顶板之后，如果股价运行到一定的时候，其下方的托盘消失了，转而股价开始下跌，则说明主力撤销了上涨计划，或市场中的买盘挂单在撤离，后市有可能出现跌势；反之，如果股价运行到一定的程度，其上方的压盘消失了，转而股价开始上涨，则说明主力有意推高股价，或者说市场中又出现了更多的主动买盘，市场中的被动卖盘在撤单。

然而，顶板的上压盘和下托盘的消失，到底是撤单了还是成交了，就要看成交栏中有没有大单不断成交。如果顶板的上压盘消失时，其成交栏中有大量买盘大单成交，则说明上压成交栏中有大量的卖盘大单成交，下托盘是因为被市场中的主动卖方打掉了，属于弱势信号。

在实战交易中，投资者必须根据成交栏中的成交情况来公正客观地辨别市场的形势，不能一概而论。

三、实战总结

在实战交易中，投资者遇到瞬间顶板情况时，应注意以下几点：

1. 瞬间顶板现象出现时，如果行情正处于上涨走势中，且瞬间顶板是涨停顶板，则说明主力做多意愿较强，行情持续上涨的概率较大；

2. 瞬间顶板现象出现时，如果行情正处于下跌走势中，且瞬间顶板是跌停顶板，则说明主力做空意愿较强，行情持续下跌的概率较大；

3. 瞬间顶板现象出现时，如果股价正处于上涨阶段，但顶板的出现导致股价停止上涨了，这种情况如果出现在下跌过程中，或高位顶部区域，成交栏中出现较多的大单卖出成交，且当日的内盘又明显大于外盘很多，则说明主力正在趁价高时卖出，后市持续上涨的概率较小，下跌的概率会加大；

4. 瞬间顶板现象出现时，如果股价正处于下跌阶段，但顶板的出现导致股价停止下跌了，这种情况如果出现在上涨过程中，或低位底部区域，成交栏中出现较多的大单买入成交，且当日的外盘又明显大于内盘很多，则说明主力正在趁价低时买入股票，后市上涨的概率较大；

5. 瞬间顶板现象出现后，随着行情的变化，如果上压盘消失，并且成交栏中主动买盘成交变多，此时若股价正处于上涨过程中，说明市场中的主动买盘再次发力，后市持续走强的概率较大；

6. 瞬间顶板现象出现后，随着行情的变化，如果下托盘消失，并且成交栏中主动卖盘成交变多，此时若股价正处于下跌过程中，说明市场中的主动卖盘再次发力，后市持续走弱的概率较大；

第七节　撤销顶板

撤销顶板是指顶板随着行情的变化突然消失了，或变成了其他的盘口模式。

一、基本特征

撤销顶板的基本特征是股价开盘就出现顶板，但在某一些时间会突然出现顶板消失，变成夹板或上托盘、下托盘的情况。

二、市场含义

撤销顶板出现时，意味着股价会有新的动向，投资者应该根据大盘的走势判断顶板消失之后的行情走势。

比如，当股价经过一段时间的顶板之后，随着大盘的上涨，该股也出现大量主动买盘，随着主动买盘越来越踊跃，上面的压盘逐步被下方的主动买盘吃掉，最终剩余的部分压盘全部瞬间消失，这说明市场中的主动买方力量较大，后市持续上涨的概率增加；反之，如果股价出现一段时间的顶板之后，大盘开始大幅下跌，而该股也随着大盘的下跌，出现大量的主动卖盘，将下方的托盘买单逐步打散，而剩余的其他托盘也瞬间撤单了。

然而，在实战交易中，如何区分顶板是撤销了还是成交了，有两种方法可以参考：

第一种方法是——当顶板消失的时候，看一看成交栏中有没有连续的大单成交。如果是下托盘消失了，就要看成交栏中有没有大笔主动成交的卖盘；如果是上压盘消失了，就要看成交栏中有没有大笔主动成交的买盘。如果没有大单成交的记录，则属于主力撤单的信号；如果有大量的主动大单成交，则属于已经成交的信号。

但是无论什么原因，顶板撤销现象的出现，大都是顺应大盘出现的，特别是大盘上涨时上压盘消失的股票和大盘下跌时下托盘消失的股票，前者代表股价将顺应大盘的走强而上涨，后者则代表股价将顺应大盘的走弱而下跌。

当然，有时候主力非常狡猾，为了在不引起市场注意的情况下顺利出货，他们会采用隐蔽撤单或隐蔽卖出的方法逐步撤销自己的顶板。

比如，当其挂出买单或卖单之后，因为他自己挂出了多少数目是已知的，他们就会对市场中多余的挂单非常敏感。例如，他们自己在市场中挂出了1000手的买单，但待他们挂出单子之后，盘中的买单已经达到了1500手，这说明市场中有500手单子在其后面挂单等待买入，此时他们就会一边将自己先前挂出的单子撤掉，一边同时再挂出相同数量的买单。这样，市场外的投资者挂单就被移到了前面，此时，他们只需要将自己要卖的股票挂低一两个价码，就可以与他们顺利成交。这样我们就会发现，成交栏中虽然有主动卖出的单子在持续成交，但其股价并没有任何浮动。

如果市场中的后续买盘挂单越来越少，而上方的主动卖盘又比较多，他们又不想接手这些上方主动卖盘挂出的卖单，他们就会在此时立刻撤掉自己挂在买一、买二甚至是买三的挂单，这样撤销顶板的情况就出现了，顶板也就变成了夹板，甚至是上压盘。

买入也是一样的道理。比如主力自己在上档委卖栏中挂出了1000手的卖单，而实际上上档卖盘中的挂单已经达到了2000手，这说明市场中还有另外1000手的卖出挂单在等待成交。这时他们就会一边撤销自己的卖单，一边重新打入新的同价位的卖单，这样市场中的其他卖单就会被顺理成章地推到了前面。然后，主力就可以以高于市场的价格，以卖一、卖二甚至卖三的价格挂单买入，这样既买到了市场中的筹码，还没有改变盘口的格局，也省去了很多交易费。

同理，如果主力发现市场中突然冒出了很多主动买盘，但又不想丢掉自己手中的筹码，主力就会立刻撤掉自己上方挂出的大笔压盘的卖单，于是顶板就这样撤销了。

所以，投资者要确认顶板是撤销了还是成交了，应多注意看成交栏的成交情况。

第二种方法是查看顶板消失时成交栏的成交流速（成交频率）和内盘、外盘的变化情况。因为有些主力即使让自己的主动买单或主动卖单成交，他们也会不显山不露水，他们往往会采用小单积极成交的方法隐蔽进行。这个时候简单地看大单的变化已经不起作用了。

然而，无论如何，只要股票的交投活跃，其成交栏的成交流速就会变快；反之，如果交投清淡，则其成交栏中的成交流速就必定变慢，甚至几分钟才成交一笔或一分钟只成交几笔单子。所以，高流速的小单成交也可以称为分拆式隐蔽成交，属于一种隐蔽的交易方式。

无论如何，只要市场中有单子成交，就会准确无误地反映到内盘和外盘的记录中，所以，投资者在这个时候需要同时关注成交流速和内外盘的数字变化情况，对于判断市场中的顶板消失是撤销还是成交，基本上也能分析出大概。

所以，投资者应多多研究盘口知识，并尽可能地将这些盘口知识综合运用，以提高自己的辨市能力。

三、实战总结

在实战交易中，投资者遇到撤销顶板情况时，应注意以下几点：

1.撤销顶板现象出现时，如果此时大盘出现上涨，且该股也出现了相应的上涨，则该股顺应大盘持续上涨的概率较大；

2.撤销顶板现象出现时，如果此时大盘出现了明显的下跌，此时个股如果撤掉顶板，甚至顶板变成了上压盘，则该股后市顺应大盘下跌的概率会很大；

3. 撤销顶板现象出现时，如果行情正处于长期上涨阶段，且顶板时的股价又是处于行情阶段性回调的企稳阶段，一旦顶板变成下托盘或上弱下强夹板，后市止跌上涨的概率就会变大；

4. 撤销顶板现象出现时，如果行情正处于长期下跌阶段，且顶板时的股价又是处于行情阶段性反弹的止涨阶段，一旦顶板变成上压盘或上强下弱夹板，后市再次下跌的概率就会变大；

5. 撤销顶板现象出现时，如果行情正处于顶部高位区域，一旦撤销顶板现象出现，股价出现大幅下跌，且大部分交易日中内盘远大于外盘，则主力高位出货的概率较大；

6. 撤销顶板现象出现时，如果行情正处于底部低位区域，一旦撤销顶板现象出现，股价便出现大幅上涨，且大部分交易日中外盘远大于内盘，则主力低位吸筹的概率较大。

微信扫码添加同花顺陪伴官小顺
获取更多图书增值服务

第九章

盘口解读：成交单解析

成交单是指成交栏中的主动买单和卖单的成交情况，成交单在实战交易中具有与买卖栏中的挂单相互印证的重要作用。

第一节　整数单买入

整数单买入是指个股成交栏中的主动买盘成交持续出现整数成交的情况。

一、基本特征

整数单买入的基本特征是，随着股价的上涨，成交栏中经常出现持续的上涨买单成交现象。

二、市场含义

整数买单成交现象不断出现时，说明市场中的主力大户在持续买入该股，属于市场向好的征兆。

事实上，很多主力在操盘期间，都会非常隐蔽地买入和卖出，为了避免在吸筹时动作太大而引发市场跟风盘，他们通常会长时间利用小单买入，而不会采用明显的大单买入。

比如，当他们发现委卖栏中出现2000手卖出挂单时，他们不会采用马上挂出2000手的主动买单，将上面的2000手卖单一下子吃掉，因为这样容易引起市场的注意。他们倾向于100手、200手、50手、100手……这样慢慢地将上方的单子吃掉。

其基本做法是：如果这2000手大卖单在卖二的位置，他们就会按照卖二和卖三的价格挂出多笔小买单。这样，这些单子就会一笔一笔地成交，并出现在成交栏中。此时我们就会看到，成交栏中虽然出现的都是小的成交买单，但成交的流速非常快。所以，采用将大单分拆的方法吸筹，就不会轻易引起市场跟风盘的注意。

但这样也同样会露出马脚，这样的吸筹方法会在成交栏中出现流速较快的大量整数单买入成交信息。于是，有一些主力为了削弱这种整数单买入的吸筹方式所产生的弊端，也会采用其他的小单买入法，比如采用220手、130手、320手、115手等模式挂单成交，但本质上的道理和分析方法都是一样的——都是为了降低市场注意力。

因此，投资者在实战交易中，如果发现个股持续长时间地出现整数单买入的情况或持续出现相类似的卖单成交，且伴随着股价的上涨和买单成交流速加快的现象，则应密切关注该股接下来的行动。如果该股正处于市场下跌的末期，即熊末牛初的底部阶段，那么这种情况的出现则说明主力正在偷偷吸筹，后市企稳指日可待。

三、图例阐述

我们来看一下在实战交易中，整数单买入的基本形式和应用情况。如图9-1、9-2中所示。

601139 深圳燃气			13:09	11.33	3	B	
委比	13.22%	委差	195	13:09	11.34	10	B
卖⑤	11.39		109	13:09	11.34	10	B
卖④	11.38		103	13:09	11.34	10	B
卖③	11.37		131	13:10	11.34	10	B
卖②	11.36		272	13:10	11.34	10	B
卖①	11.35		25	13:10	11.34	11	B
买①	11.34		15	13:10	11.35	10	B
买②	11.33		18	13:10	11.35	10	B
买③	11.32		22	13:11	11.34	13	S
买④	11.30		760	13:11	11.35	11	B
买⑤	11.29		20	13:11	11.35	10	B
现价	11.35	今开	10.86	13:11	11.35	10	B
涨跌	0.49	最高	11.37	13:11	11.35	10	B
涨幅	4.51%	最低	10.78	13:11	11.35	20	B
总量	18448	量比	1.51	13:12	11.35	10	B
外盘	12456	内盘	5992	13:12	11.35	10	B
换手	0.32%	股本	12.3亿	13:12	11.35	33	B
净资	2.28	流通	5.70亿				
收益(三)	0.277	PE(动)	30.7				

9-1

300036 超图软件			11:26	20.32	4	S	1
委比	20.40%	委差	41	11:27	20.32	1	S	1
卖⑤	20.37		16	11:27	20.30	2	B	1
卖④	20.35		11	11:28	20.32	10	B	1
卖③	20.34		37	11:29	20.32	4	B	1
卖②	20.33		4	11:29	20.32	6	S	1
卖①	20.32		12	11:30	20.33	2	S	1
买①	20.22		9	11:30	20.33	10	B	1
买②	20.21		6	13:00	20.30	38	S	8
买③	20.20		10	13:00	20.30	10	B	1
买④	20.19		36	13:00	20.30	10	B	1
买⑤	20.18		60	13:01	20.30	10	B	1
现价	20.33	今开	19.85	13:02	20.30	10	B	1
涨跌	0.46	最高	20.33	13:02	20.22	6	S	1
涨幅	2.32%	最低	19.67	13:03	20.30	3	B	1
总量	3736	量比	1.30	13:03	20.30	2	B	1
外盘	2642	内盘	1094	13:03	20.30	5	S	1
换手	0.55%	股本	1.20亿	13:04	20.32	5	B	1
净资	4.28	流通	6800万	13:04	20.32	5	S	1
收益(三)	0.119	PE(动)	127.9	13:04	20.33	10	B	2

图 9-2

从图中可以看到，两只个股的成交栏中均出现了持续不断的整数单买入现象。我们还可以看到上述股票的价格在当日均出现了不同幅度的上涨。这说明市场中有主力大户在采用小单成交的方式买入股票。所以，如果之后大盘能够持续上涨，这些股票的走势很容易出现跟随大盘上涨，甚至超过大盘走势的情况。

在上涨日中个股经常出现连续性、主动性的小单买盘，这通常是主力有意做高股价的看多吸筹行为。

当然，这种情况如果出现在个股阶段性下跌阶段和阶段性上涨阶段的意义也完全不同。这一点，我们在下面的实战总结中讲述。

四、实战总结

在实战交易中，投资者遇到整数单买入情况时，应注意以下几点：

1. 整数单买入现象出现时，如果行情正处于长期下跌的底部阶段，并且，股价已经出现企稳迹象，甚至出现见底信号，则意味着主力已在尝试进场；

2. 整数单买入现象出现时，如果行情正处于长期上涨的顶部高位阶段，并且，股价已经出现下跌势头，甚至已经进入长期下跌趋势，则主力推升股价诱多的概率会增加；

3. 整数单买入现象出现时，如果个股当日出现了上涨走势，则说明主力当日做多意愿较强，后市持续上涨的概率较大；

4. 整数单买入现象出现时，如果股价正处于长期上涨趋势的初始阶段，若个股当日出现了下跌走势，则主力洗盘吸货的概率较大；

5. 整数单买入现象出现时，如果其最近的大部分交易日中，外盘远大于内盘，且股价又处于底部企稳阶段，则说明有主力在吃进股票。

第二节　整数单卖出

与整数单买入相对应的是整数单卖出，整数单卖出是指成交栏中持续出现整数卖单成交的情况。

一、基本特征

整数单卖出的基本特征是，随着股价的回落，成交栏中出现很多连续的整数卖单。这种情况的出现通常会加剧市场下跌的力量。

二、市场含义

整数单卖出出现时，说明主力正在有条不紊地卖出股票，通常预示股价后市走势堪忧。如果此时股价正处于下跌走势中，则后市持续下跌的概率非常大。

这种情况出现时，投资者如果能够结合股价日 K 线与均线之间的辩证关系，则会提升判断的概率。

比如，当整数单卖出现象出现时，如果该股的日 K 线图中出现了下跌走势，且当日的股价 K 线也下穿了重要的 MA 平均线，则通常意味着股价的周期性下跌趋势形成，该阶段正是主力阶段性出货的时期，后市走势堪忧。

正如本书分时图部分实战总结中所讲述的那样，该现象出现时，如果股价当日出现下跌，且当日的日 K 线恰好下穿 MA30 平均线，说明该股即将进入短期下跌趋势；跌破了 MA60 平均线和 MA120 平均线，则说明市场即将进入中期下跌趋势；跌破了 MA250 和 MA350 平均线，则说明该股即将进入长期下跌走势之中。此时都不是投资者买入股票的最佳时机，只适合已经获利的投资者平仓出局。

前面我们已经讲述了整数买单的基本内涵和技术细节，在这里我们就简单讲述一下整数单卖出的技术细节。

整数单卖出的技术方法与整数单买入的技术方法完全相反，整数单卖出通常是主力逢高出货时留下的蛛丝马迹。当主力在股价上涨到一定程度时，为了能够隐蔽出货，就会尽量避免采用大单卖出成交。除非股价已经升得非常高了，或大市突然变坏，主力才会不计成本地打压出货（即下方的委买盘中只要有买单挂出，他们就会立刻卖出，根本不管股价是否会下跌）。大多数主力都会采用小单隐蔽出货的方法逐步出货。这样，就会出现连续整数单卖出的情况。这样的情况一旦出现在整体下跌的行市中，基本上都是主力大户卖出套现的明显信号。

三、图例阐述

我们来看一下在实战交易中，整数单卖出的基本形式和应用情况。如图9-3、9-4 中所示。

000511 银基发展

委比	-2.62%	委差	-487
卖⑤	2.94		973
卖④	2.93		2661
卖③	2.92		1542
卖②	2.91		2242
卖①	2.90		2115
买①	2.89		39
买②	2.88		1334
买③	2.87		3151
买④	2.86		1657
买⑤	2.85		2865
现价	2.89	今开	2.87
涨跌	0.01	最高	2.91
涨幅	0.35%	最低	2.86
总量	14051	量比	1.10
外盘	7027	内盘	7024
换手	0.12%	股本	11.5亿
净资	1.37	流通	11.5亿
收益(三)	0.029	PE(动)	74.5

时间	价格	量	B/S	笔
11:13	2.88	200	S	3
11:13	2.88	300	S	6
11:14	2.88	300	S	7
11:15	2.88	400	S	3
11:15	2.90	177	B	3
11:18	2.88	47	S	2
11:18	2.90	10	B	1
11:20	2.90	101	B	1
11:20	2.88	18	S	1
11:21	2.88	2	S	1
11:22	2.89	13	S	1
11:23	2.89	33	B	1
11:25	2.88	15	S	1
11:25	2.89	3	B	1
11:25	2.89	21	B	1
11:26	2.88	9	S	1
11:27	2.89	25	S	1
11:27	2.89	50	S	1
11:29	2.89	60	S	2

图 9-3

000516 开元投资

委比	60.53%	委差	3423
卖⑤	6.04		153
卖④	6.03		174
卖③	6.02		492
卖②	6.01		291
卖①	6.00		6
买①	5.99		210
买②	5.98		995
买③	5.97		1094
买④	5.96		1001
买⑤	5.95		1239
现价	6.01	今开	5.91
涨跌	0.02	最高	6.11
涨幅	0.33%	最低	5.88
总量	79473	量比	0.81
外盘	40502	内盘	38971
换手	1.11%	股本	7.13亿
净资	1.65	流通	7.13亿
收益(三)	0.151	PE(动)	29.9

时间	价格	量	B/S	笔
11:25	6.00	19	S	1
11:26	5.99	232	S	8
11:26	6.00	15	B	1
11:26	5.99	33	S	2
11:26	5.99	278	S	10
11:27	5.99	10	B	1
11:27	5.99	3	B	1
11:27	6.00	10	B	1
11:27	5.99	19	B	1
11:27	5.98	100	S	13
11:27	5.98	10	B	1
11:27	5.99	52	B	1
11:28	5.98	24	S	1
11:28	5.99	23	B	1
11:28	5.98	100	S	4
11:28	5.98	100	S	
11:29	5.99	3	S	1
11:29	6.01	177	B	11
11:29	6.01	6	S	1
11:29	6.01	1	S	1

图 9-4

从图中可以看到，两只股票的成交栏中都出现了连续的整数单卖出情况，这说明市场中的主力大户看淡后市，正在隐蔽卖出。上述股票后市走低的概率会加大。

整数单卖出现象出现时，如果在个股正处于阶段性下跌时期，且股价处于相对的高位顶部区域，成交栏中经常出现连续性、主动性的整数单卖出，这通常是主力高位出货的信号。

四、实战总结

在实战交易中，投资者遇到整数单卖出情况时，应注意以下几点：

1. 整数单卖出现象出现时，如果行情正好处于长期上涨的顶部区域，且当日股价也出现明显下跌，则说明主力做多意愿不够强烈，反而有出货的嫌疑；

2. 整数单卖出现象出现时，如果行情正处于长期下跌的过程中，说明空方卖出的意愿依然强烈，后市持续下跌的概率较大；

3. 整数单卖出现象出现时，如果该股当日下跌，且下跌的日K线恰好跌穿了代表股价趋势的短、中、长期MA平均线，则说明与该股相对应的短、中、长趋势已经变坏；

4. 整数单卖出现象出现时，如果个股正处于长期上涨趋势的初期，即股价刚刚上穿MA250平均线，并出现了股价止涨的情况，这意味着后市随时都有可能出现回撤走势；

5. 整数单卖出现象出现时，如果大盘正处于大幅上涨的过程中，而该股当日却出现了大幅度的下跌，这极有可能是主力即将进行大幅度洗盘的征兆。

第三节　瞬间大抛单

瞬间大抛单是指股价在下跌的过程中突然出现一笔或几笔非常大的单子，此后便又恢复了平静。

一、基本特征

瞬间大抛单的基本特征是，个股在当日下跌过程中，股价正处于短时的休整阶段，但突然出现大笔卖单成交。

二、市场含义

瞬间大抛单的出现，通常意味着市场中有恐慌性卖单突然出现。这些卖盘的出现，通常有三种情况：

第一种情况是大抛单在盘中时不时地就会出现，如果是这样，那说明有机构投资者在进行减仓行为，但这些机构投资者并不是主力；

第二种情况就是主力自己的减仓行为，他们不想过分地把时间浪费在一笔一笔的小单卖出上，他们倾向于偶尔地抛出一笔大单，或者在采用小单成交的时候，也会偶尔地采用大单成交的方法，让市场人士分不清到底是怎么回事；

第三种情况就是市场中的散户主动卖盘的集中卖出。在某一个时间段，散户会受到某一相同的信息或市场行为的干扰，比如，出现突然的大利空，或者发现相同的股价下跌突破时，往往会促使市场散户投资者在股价向下突破的瞬间集中卖出，这种情况如果出现在个股交投清淡之时，往往也会导致股价短时间的下跌。

　　无论是何种情况下出现的瞬间大抛单，只要这种情况时常出现，且内盘远大于外盘，则说明市场中的买方人气较淡，大多数成交都是卖方成交的结果。如果此时该股正处于长期下跌阶段，则该股持续下跌的概率就会进一步增加。

三、图例阐述

　　我们来看一下在实战交易中，瞬间大抛单的基本形式和应用情况。如图9-5、9-6中所示。

601899 紫金矿业

委比	31.75%	委差	19863
卖⑤	4.25		4523
卖④	4.24		1683
卖③	4.23		4144
卖②	4.22		7174
卖①	4.21		3828
买①	4.20		5228
买②	4.19		9752
买③	4.18		11490
买④	4.17		6037
买⑤	4.16		8708
现价	4.20	今开	4.20
涨跌	-0.06	最高	4.23
涨幅	-1.41%	最低	4.19
总量	18.6万	量比	0.80
外盘	91545	内盘	94815
换手	0.12%	股本	218亿
净资	1.11	流通	158亿
收益(元)	0.207	PE(动)	15.2

时间	价格	量	B/S
13:22	4.22	1	B
13:23	4.21	283	S
13:23	4.21	14	S
13:23	4.22	2	B
13:23	4.21	2195	S
13:23	4.21	36	B
13:23	4.21	30	B
13:23	4.21	34	B
13:23	4.21	42	B
13:23	4.20	8	S
13:23	4.21	1	B
13:24	4.21	20	B
13:24	4.21	21	B
13:24	4.20	2	S
13:24	4.21	75	S
13:24	4.21	20	B
13:24	4.20	31	S
13:24	4.21	63	B
13:24	4.20	13	S
13:25	4.20	45	S

图 9-5

601928 凤凰传媒

委比	34.59%	委差	1949
卖⑤	11.08		24
卖④	11.07		903
卖③	11.06		396
卖②	11.05		171
卖①	11.04		349
买①	11.03		34
买②	11.02		1519
买③	11.01		1160
买④	11.00		410
买⑤	10.99		669
现价	11.03	今开	11.10
涨跌	-0.35	最高	11.27
涨幅	-3.08%	最低	10.96
总量	46.0万	量比	0.80
外盘	20.4万	内盘	25.6万
换手	16.43%	股本	25.4亿
净资	1.94	流通	2.80亿
收益(元)	0.130	PE(动)	42.3

时间	价格	量	B/S
13:23	11.04	3	S
13:23	11.05	21	S
13:24	11.04	194	S
13:24	11.05	115	B
13:24	11.05	181	S
13:24	11.03	960	S
13:24	11.03	181	B
13:24	11.00	1264	S
13:24	11.02	76	B
13:24	11.02	116	B
13:24	11.00	589	S
13:24	11.01	417	S
13:24	11.01	191	S
13:24	11.02	447	B
13:25	11.01	968	S
13:25	11.02	338	B
13:25	11.02	104	S
13:25	11.03	60	S
13:25	11.02	131	S
13:25	11.04	16	S
13:25	11.03	57	S

图 9-6

　　从图中可以看到，两只个股均处于当日股价的下跌过程中，而这些大买单也都出现在该股当日下跌的过程中，说明市场中的大多数投资者都在选择趁股价下跌时卖出股票，而不是买入股票，所以，这些股票当日持续下跌的概率依然存在。

　　投资者在实战交易中一旦遇到股价下跌时出现瞬间大抛单现象，特别是整体行情不佳，且大多数时间内盘远大于外盘的时候，投资者都应增强风险意识，不要急于逢低吸纳。

四、实战总结

　　在实战交易中，投资者遇到瞬间大抛单情况时，应注意以下几点：

　　1. 瞬间大抛单现象出现时，如果行情已经出现大幅度的上涨，处于阶段性高位，则说明主力有出货意愿，后市随时有可能下跌；

　　2. 瞬间大抛单现象出现时，如果行情正处于下跌阶段，则说明市场抛压较强，主力暂时无拉升意愿；

　　3. 瞬间大抛单现象出现时，如果行情正处于长期上涨的初级回撤阶段，则主力打低股价洗盘的概率较大；

　　4. 瞬间大抛单现象出现时，如果股价当日下跌，且这种大抛单时常出现，内盘也远大于外盘，说明该股中有较多主动卖盘，如果此时行情处于市场高位，则有主力出货的嫌疑；

　　5. 瞬间大抛单现象出现时，如果股价正处于下跌阶段，且其某一阶段大部分交易日中内盘远大于外盘，则说明有主力在持续不断地卖出股票套现。

第四节　瞬间大买单

与瞬间大卖单相对应的是瞬间大买单，瞬间大买单的出现往往预示着市场中看多的情绪相对浓厚，所以成交活跃。

一、基本特征

瞬间大买单的基本特征是，股价在上涨阶段突然出现一笔或多笔大买单，且时不时地就会出现。

二、市场含义

瞬间大买单的出现，意味着市场中有投资者正在大笔买入该股，如果这种情况只是偶然出现，则有可能是正常的市场投资者在看好后市之后出现的凝集效应；如果这种情况持续不断地出现，则说明有主力大户在买入股票建仓，股价后市企稳或上涨的概率较大。

市场中经常有些股票，特别是一些盘子较大的股票，会在某一段时间内持续不断地出现瞬间大买单情况，即成交栏中经常会突然冒出一笔远大于其他成交买单的情况。遇到这种情况时，投资者必须注意观察该股接下来的变化。如果该股正处于顺应大盘上涨的过程中，则说明市场中的投资者陆续看多后市，他们买入股票的意愿较强，市场持续上涨的概率较大。特别是那些能够持续不断地出现大买单成交且委托栏中的股价同时出现了踊跃上涨吃掉上压盘的情况时，则说明该股做多动力较强，后市持续上涨的概率较大。

在实战交易中，大多数行情软件都将大于 500 手的单子作为一笔大单。然而，投资者也要知道，500 手一笔的单子作为大单只适用于普通的股本处于 5 亿左右的个股。那些总股本在 10 亿以上，甚至百亿以上的个股再采用 500 手作为大单标准，明显有些不太适宜，无法真正地表现市场氛围。那些股本 1 亿以下的个股，也同样会无法正确地反映市场情绪的冷热。因为股本较大的股票其盘口流动的股票要比那些小盘股多很多，如果没有量的区分，那么，我们就会看到，大股本的个股常常会出现瞬间大单成交的现象，而那些小盘股则一天也没有几笔大单成交，特别是一些处于低迷时期的创业板个股。

作者建议在实战交易中，股本处于 5 亿股以下的小盘股以 200 手为大单；股本处于 5 亿股到 10 亿股之间的以 500 股为大单；股本处于 10 亿股到 50 亿股之间的则以 1000 手为大单；股本处于 50 亿股以上 100 亿股以下的则以 1500 股为大单；100 亿股以上的则以 2000 手为大单。这样就可以避免小盘股和超级大盘股因采用同一大单标准，而错判不同个股的市场形势的情况。

三、图例阐述

我们来看一下在实战交易中，瞬间大买单的基本形式和应用情况。如图 9-7、9-8 中所示。

601618 中国中冶			13:18	2.87	78	B
委比	-9.97% 委差	-7599	13:19	2.87	1	B
卖⑤	2.91	15557	13:19	2.87	22	B
卖④	2.90	12031	13:19	2.86	50	S
卖③	2.89	6089	13:20	2.87	55	B
卖②	2.88	5510	13:20	2.87	1	B
卖①	2.87	2738	13:20	2.86	5	S
买①	2.86	1938	13:21	2.87	35	B
买②	2.85	16875	13:21	2.86	50	S
买③	2.84	6375	13:22	2.86	19	S
买④	2.83	5660	13:22	2.86	41	S
买⑤	2.82	3478	13:22	2.87	100	B
现价	2.87 今开	2.86	13:22	2.86	13	S
涨跌	-0.01 最高	2.88	13:22	2.86	30	S
涨幅	-0.35% 最低	2.85	13:24	2.86	33	S
总量	44685 量比	0.41	13:24	2.87	39	B
外盘	23952 内盘	20733	13:25	2.87	1000	B
换手	0.12% 股本	191亿	13:25	2.87	50	B
净资	2.44 流通	36.3亿	13:25	2.86	20	S
收益(弓)	0.136 PE(动)	15.8	13:26	2.87	550	B

图 9-7

600175 美都控股			13:41	3.21	21	B
委比	18.75% 委差	4361	13:41	3.20	20	S
卖⑤	3.26	992	13:41	3.20	10	S
卖④	3.25	2135	13:42	3.20	53	S
卖③	3.24	2193	13:42	3.21	30	B
卖②	3.23	2263	13:42	3.21	265	B
卖①	3.22	1867	13:42	3.20	42	S
买①	3.21	979	13:43	3.21	48	B
买②	3.20	7835	13:43	3.21	46	B
买③	3.19	1503	13:43	3.20	1	S
买④	3.18	1140	13:43	3.21	167	B
买⑤	3.17	2354	13:43	3.21	5	B
现价	3.22 今开	3.12	13:43	3.20	30	S
涨跌	0.11 最高	3.23	13:44	3.21	194	B
涨幅	3.54% 最低	3.10	13:44	3.21	308	B
总量	69508 量比	2.85	13:44	3.21	15	B
外盘	48853 内盘	20655	13:44	3.21	500	B
换手	0.56% 股本	12.5亿	13:44	3.21	194	B
净资	1.55 流通	12.5亿	13:44	3.21	33	S
收益(⊟)	0.062 PE(动)	38.7	13:44	3.22	40	B
			13:44	3.22	2	B

图 9-8

从图中可以看到，两只个股均出现了瞬间大买单现象，并且都是在股价当日出现上涨阶段，属于市场走强的征兆。

四、实战总结

在实战交易中，投资者遇到瞬间大买单情况时，应注意以下几点：

1. 瞬间大买单现象出现时，如果行情正处于上涨阶段，且瞬间大买单持续不断地出现，则说明看多该股的投资者较多，主力拉升意愿较强；

2. 瞬间大买单现象出现时，如果股价正处于下跌阶段，且只是在行情暂时企稳的短时间内偶然出现，说明该大单的成交只是一些错判市场形势的投资者在大笔买入，甚至属于主力刻意诱多的信号；

3. 瞬间大买单现象出现时，如果行情正处于大幅上涨之后的回撤阶段，则该股企稳回升的概率较大；

4. 瞬间大买单现象出现时，如果该股当日上涨，且外盘远大于内盘，说明该股中的主动买盘踊跃，流入资金较多，后市走强的概率较大；

5. 瞬间大买单现象出现时，如果该股正处于长期下跌的反弹过程中，并且内盘远大于外盘，则主力诱多、后市持续下跌的概率较大。

第五节　收市大买单

收市大买单是指股价临近收盘时出现的大买单。

一、基本特征

收市大买单的基本特征是，股价一整日都处于正常交易阶段，成交栏中也没有出现过多的大单交易，股价也一直处于稳定阶段，但当临近收盘的时候，成交栏中却突然出现了一笔或多笔大买单成交。

二、市场含义

收市大买单的出现通常是主力临近收盘时，为了防止上档委卖栏中的部分流动盘撤单，所以，才采用一笔大的买单将其吃掉。

市场中的上档委卖栏中，通常会有一些被动挂出的场外单（基金或普通投资者挂出的委卖单子），为了避免买在高位卖在低位，所以，他们通常会采取限价挂单的方式，即在买入的时候将买单挂低，在卖出的时候将卖单挂高，这样就可以利用股价偶然出现的临时下探或短暂下探成交买单，这样其所买入的股价就会相对较低，避免买在阶段性顶部的尴尬；如果，他们的挂单没有成交，他们就会根据第二日的股价走势情况，再次低价挂单，直到成交为止。

如果在他们挂单期间股价下跌了，他们就会在更低的目标价位挂单；反之，在卖出的时候也是一样，为了避免自己卖在最低点上，所以他们往往会采取高价挂单的方式，即在当日市价相对较高的上档卖二或卖三，甚至是卖四、卖五处挂单，这样就可以利用股价在交易当中的随机上攻而将自己的挂单卖在一个相对较高的位置。

然而，主力也深明此道，所以，为了避免这些单子在收盘时撤单，他们往往会在临近收盘时采用主动大单买入的形式，以高价将这些单子成交。所以，我们通常会看到，在临近收盘的时候出现的大买单成交现象，往往会伴随着价高成交的情况，即以比市价卖一的挂单高的价格成交。一旦这种情况出现，通常都属于主力主动让其成交的信号。

三、图例阐述

我们来看一下在实战交易中，收市大买单的基本形式和应用情况。如图9-9、9-10中所示。

从图中可以看到，两只个股均出现了收盘大买单现象，这说明，在临近收市的时候，主力为了吃掉上面的委卖挂单，不但采用小单持续买入的方法，还采用大单主动买入的方法成交。上述收市大买单如果出现在行情上涨阶段，则属于主力吸筹的主动买入信号。

600864 哈投股份			14:57	7.10	33	B
委比	-17.25% 委差	-551	14:57	7.09	222	S
卖⑤	7.16	898	14:58	7.10	76	B
卖④	7.15	740	14:58	7.10	53	B
卖③	7.14	199	14:58	7.10	17	B
卖②	7.10	15	14:58	7.09	20	S
卖①	7.09	21	14:58	7.09	3	S
买①	7.07	11	14:58	7.09	36	S
买②	7.05	1142	14:58	7.09	19	S
买③	7.04	40	14:58	7.09	1	B
买④	7.03	10	14:58	7.09	28	S
买⑤	7.02	119	14:58	7.09	50	S
			14:59	7.09	4	S
现价	7.10 今开	7.02	14:59	7.07	50	S
涨跌	0.04 最高	7.16	14:59	7.09	5	B
涨幅	0.57% 最低	6.81	14:59	7.07	145	S
总量	59653 量比	1.01	14:59	7.06	385	S
外盘	34697 内盘	24956	14:59	7.14	2000	B
换手	1.09% 股本	5.46亿	15:00	7.07	2	S
净资	4.24 流通	5.46亿	15:00	7.10	0	
收益(=)	0.126 PE(动)	42.4				

图 9-9

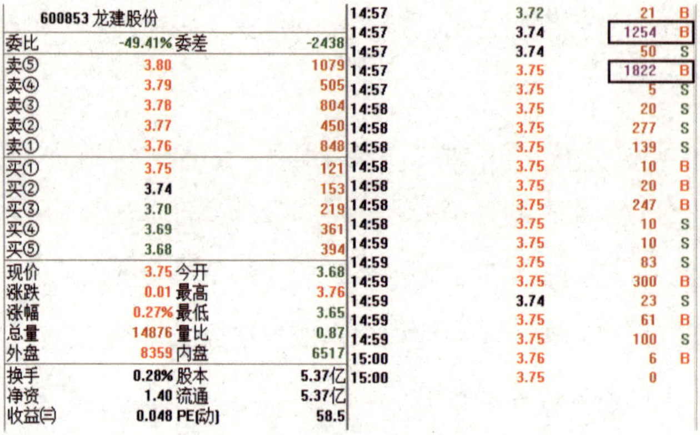

图 9-10

四、实战总结

在实战交易中，投资者遇到收市大买单情况时，应注意以下几点：

1. 收市大买单现象出现时，如果行情当日出现了上涨行情，当日的收盘为阳 K 线，则说明主力吃进股票的意愿较强，后市可能还会持续上涨；

2. 收市大买单现象出现时，如果行情正处于长期上涨行情中，则说明市场人气活跃，主力拉升意愿较强，后市持续上涨的概率较大；

3. 收市大买单现象出现时，如果当日的股价收盘为阳 K 线，且外盘远大于内盘，则说明该股流入的资金较多；

4. 收市大买单现象出现时，如果当日的股价处于下跌结束阶段的底部启动初期（股价不创新低而上涨的行情中），且收盘的 K 线为 K 线上涨信号（例如：倒锤头线、螺旋桨线、射击之星等），则说明该股的看多意愿开始加强，后市随时有可能出现上涨走势；

5. 收市大买单现象出现时，如果行情正处于持续下跌的弱势中，且当日收盘 K 线为阴 K 线，则说明该股主力虽然有意成交上方卖单，但上涨的预期依然无法确定，需通过第二个交易日的股价走势进行二次确定。

第六节　收市大卖单

收市大卖单是指临近收盘时股票成交栏中突然出现的主动低价成交的大卖单。

一、基本特征

收市大卖单的基本特征是，股价临近收盘时突然出现了大笔低价卖单成交，有时甚至会导致股价瞬间下跌。

二、市场含义

收市大卖单现象出现时，说明市场中的主动卖盘突然涌出，这意味着市场中有主动卖盘为了及时成交采用一次性卖出的形式卖出股票。这种情况如果出现在下跌行情中，则说明空方卖出股票的压力较大，股价走势有可能会持续维持当日的低迷。

收市大单成交，通常会出现在股价持续下跌的行情中或下跌阶段的反弹行情中，因为这意味着，市场中有恐慌性卖盘在尾市急于成交。

当然，这有时候也可能是主力尾市出货的信号。主力为了在当日能够多卖出一些股票套现，采取小单结合大单卖出的形式尽可能多地出货。比如，一开始下方委买栏中都是小委买单，突然间市场中委买盘增加了好多，主力为了能够抓住这个出货良机，便会采取低价多委卖的形式低价卖出手中的股票。此时成交栏中，就会出现低价大笔成交的现象。

在实战交易中，投资者应结合市场的走势，根据不同的盘口特征，综合应用所学到的市场知识。

三、图例阐述

我们来看一下在实战交易中，收市大卖单的基本形式和应用情况。如图
9-11、9-12 中所示。

600800 马钢股份			14:53	2.70	24	B
			14:54	2.70	16	B
委比	-8.24% 委差	-2388	14:54	2.69	100	S
卖⑤	2.74	2257	14:55	2.69	1590	S
卖④	2.73	3082	14:55	2.70	74	S
卖③	2.72	4998	14:55	2.69	200	S
卖②	2.71	3792	14:55	2.69	30	S
卖①	2.70	1563	14:56	2.69	40	S
买①	2.69	1765	14:56	2.69	40	S
买②	2.68	5335	14:56	2.70	5	B
买③	2.67	3011	14:56	2.70	7	B
买④	2.66	1136	14:56	2.70	100	B
买⑤	2.65	2057	14:57	2.70	4	B
			14:57	2.70	51	B
现价	2.69 今开	2.70	14:57	2.70	10	B
涨跌	-0.03 最高	2.71	14:58	2.69	33	S
涨幅	-1.10% 最低	2.69	14:58	2.69	88	S
总量	46731 量比	0.65	14:59	2.70	5	B
外盘	21595 内盘	25136	14:59	2.69	14	S
换手	0.08% 股本	77.0亿	14:59	2.69	671	S
净资	3.53 流通	59.7亿				
收益(三)	0.042 PE(动)	47.9				

图 9-11

600800 ST磁卡			14:56	3.78	5	S
			14:57	3.78	38	S
委比	-2.35% 委差	-204	14:57	3.78	1	B
卖⑤	3.82	801	14:57	3.78	300	B
卖④	3.81	663	14:57	3.78	79	B
卖③	3.80	244	14:58	3.78	21	B
卖②	3.79	1167	14:58	3.78	12	S
卖①	3.78	1563	14:58	3.78	26	B
买①	3.77	112	14:58	3.77	278	S
买②	3.76	90	14:58	3.78	5	B
买③	3.75	838	14:58	3.77	7	S
买④	3.74	1338	14:59	3.78	2	B
买⑤	3.73	1856	14:59	3.78	170	B
现价	3.77 今开	3.86	14:59	3.77	1190	S
涨跌	-0.15 最高	3.91	14:59	3.77	111	S
涨幅	-3.83% 最低	3.75	14:59	3.77	113	B
总量	46536 量比	1.05	14:59	3.76	51	B
外盘	19912 内盘	26624	14:59	3.78	278	S
换手	0.96% 股本	6.11亿	15:00	3.77	53	B
净资	0.13 流通	4.86亿			0	
收益(三)	-0.031 PE(动)	—				

图 9-12

从图中可以看到，两只个股均出现了收市大卖单成交情况，说明在市场即将收市之际，依然有主动卖盘在卖出股票。这说明市场中的恐慌盘较多，并在尾盘集中卖出。这种情况一旦出现，则后市走势要想上涨会很难，恐怕还需要一些休整的时间。

四、实战总结

在实战交易中，投资者遇到收市大卖单情况时，应注意以下几点：

1. 收市大卖单现象出现时，如果行情正处于阶段性上涨行情的顶部，并伴随着股价的止涨而出现，说明主力拉升股价的意愿较弱，逢高出货的意愿较强；

2. 收市大卖单现象出现时，如果行情正处于大幅上涨的顶部区域，并伴随着顶部信号的出现而下跌，则行情见顶、主力高位出货的概率非常大；

3. 收市大卖单现象出现时，如果行情正处于长期上涨趋势的初期阶段，并伴随着股价的止涨而出现，则主力刻意打压股价，进行震仓洗盘的概率就会增大，行情随时可能出现回撤；

4. 收市大卖单现象出现时，如果行情正处于长期持续下跌的熊市阶段，说明主力此时并不看好后市，依然如故地在持续出货套现，行情要想上涨，还需时日；

5. 收市大卖单现象出现时，如果该股当日出现下跌，收盘为阴 K 线，并且内盘远大于外盘，则说明该股资金流出数目明显多于流入数目，股价持续下跌的概率较大。

第七节　大单下跌

大单下跌是指股价在当日下跌过程中出现大笔卖单。

一、基本特征

大单下跌的基本特征是，当日的股价正处于下跌过程中，而偏偏在这个时候突然出现大笔卖单，导致股价再度下跌。

二、市场含义

顾名思义，下跌大单出现时，说明市场中有大笔的主动卖出盘成交，这种情况在不同的阶段也有着不同的内涵。

通常的大笔卖单在盘中出现，仅仅代表市场中的空头力量凝聚，市场买方力量较弱，属于一种弱势形态。如果这种情况出现在股价持续下跌的过程中，其杀跌的力量就不可小视。

股价下跌的原因非常简单，那就是主动的卖盘比主动的买盘多，而股价下跌的幅度则与主动卖盘的多少密切相关。即主动卖盘越多、主动买盘越少，股价下跌的幅度就越大。如果将这一点与内盘和外盘结合起来，事情就非常容易理解了。

比如，在股价下跌的交易日中，通常都是卖盘大于买盘的，即内盘大于外盘。且绝大多数情况下，内盘大于外盘的幅度大的股票，股价下跌的幅度也大。这是因为在这个交易日中，流出市场的资金（卖家资金）多于流入市场的资金（买家资金），导致了买卖双方力度不均衡而产生的股价下跌。

如果一个股票经常出现大幅下跌的情况，且其股价下跌的幅度也经常大于大盘下跌的幅度，内盘也经常大于外盘很多，则这个股票就属于上涨动力不足的弱势股。这样的股票一般不建议投资者购入。投资者在实战交易中遇到这种股票时应提高警惕，一旦股价触及自己进入之前设定的止损位置，则应及时出局防范风险。这预示着主力对这只股票缺乏信心，逐步出货的概率增大。

三、图例阐述

我们来看一下在实战交易中，大单下跌的基本形式和应用情况。如图 9-13、9-14 中所示。

图 9-13

002094 青岛金王			
委比	-70.22%	委差	-448
卖⑤	13.95		40
卖④	13.92		25
卖③	13.80		440
卖②	13.79		15
卖①	13.70		23
买①	13.68		11
买②	13.65		13
买③	13.63		5
买④	13.62		10
买⑤	13.60		56
现价	13.70	今开	14.30
涨跌	-0.60	最高	14.39
涨幅	-4.20%	最低	13.70
总量	9659	量比	1.38
外盘	2384	内盘	7275
换手	0.30%	股本	3.22亿
净资	1.53	流通	3.22亿
收益(三)	0.134	PE(动)	76.5

13:35	13.90	12	B	1
13:35	13.90	25	B	1
13:35	13.90	6	B	2
13:36	13.93	2	B	1
13:36	13.90	22	S	1
13:36	13.89	91	S	8
13:36	13.80	1052	S	38
13:36	13.80	22	B	1
13:37	13.80	8	B	2
13:37	13.80	37	B	3
13:37	13.80	30	B	1
13:37	13.78	39	S	4
13:37	13.78	40	B	2
13:37	13.80	16	B	3
13:37	13.80	14	B	1
13:37	13.70	76	S	5
13:37	13.70	42	B	3
13:37	13.70	81	B	2
13:37	13.70	1	B	1
13:38	13.70	47	S	7

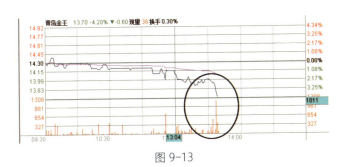

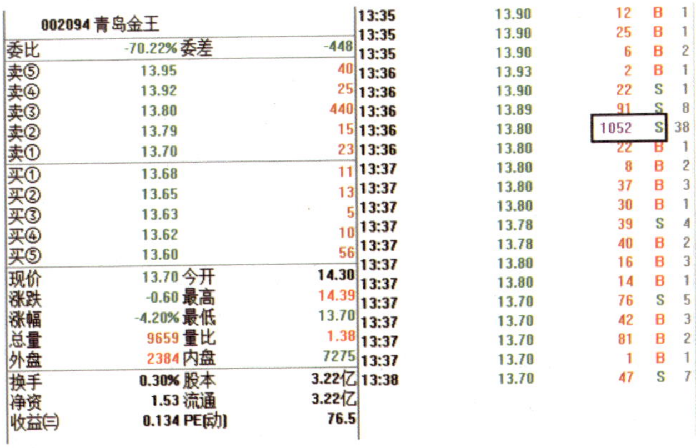

图 9-14

从图中可以看到，青岛金王（002094）的股价走势在当日明显处于弱势下跌行情中，然而，正当股价下跌将止的时候，盘中突然出现一笔1052手的大单，把成交栏中的股价一下子从13.89元打到了13.80元。这说明这一大笔卖单一下子打掉了多档委买盘，预示着有人不惜一切代价也要成交手中的股票。之后，我们便看到该股成交栏中的股价很快又从13.80元下跌到13.70元，短短两分钟的时间股价的下跌幅度就达到了2毛钱，风险之大可见一斑。这样的股票要想在短时间内企稳回升，想来也有难度。

四、实战总结

在实战交易中，投资者遇到大单下跌情况时，应注意以下几点：

1. 大单下跌现象出现时，如果行情当日正处于下跌过程中，则说明主力出货做空意愿较强，此时不适宜买入股票建仓；

2. 大单下跌现象出现时，如果行情已经出现了大幅度的上涨，呈现超买状态，若当日股价收盘时为大阴线，则该股后市持续下跌的概率较大；

3. 大单下跌现象出现时，如果行情正处于长期上涨趋势的初始阶段，即股价刚刚上穿250MA平均线不久，则属于主力震仓洗盘的信号，行情震荡回撤的概率较大；

4. 大单下跌现象出现时，如果这种情况出现在行情长期下跌的底部阶段，且内盘与外盘的比例基本差不多，甚至内盘数量少于外盘数量，则主力有意打压股价，在底部低位吸筹的概率便会增加；

5. 大单下跌现象出现时，如果其某一阶段时间内大部分交易日中，内盘远大于外盘，则说明该股中的多方动力不足，资金正在大量流出市场，后市持续下跌的概率较大。

第八节　大单上涨

与大单下跌相对应的就是大单上涨，大单上涨是指股价正在上涨的时候出现的大买单成交现象。

一、基本特征

大单上涨的基本特征是，股价正在持续上涨，而此时再次出现大买单，推动股价再创新高。

二、市场含义

大单上涨现象通常会出现在股价上涨的过程中，这种情况出现时，说明该股看多意愿较强，市场中的多方力量蠢蠢欲动，属于行情走强的征兆。这种情况如果出现在行情上涨的过程中，则会增强股价上涨的动力。

在上面，我们已经讲述了大单下跌的基本含义，而大单上涨的基本含义与大单下跌的基本含义恰恰相反。大单下跌的含义是市场中的大多数投资者都抱悲观的市场态度，大量的资金正在流出该股；而大单上涨的含义则是大量的投资者看多该股后市，市场买入情绪高涨，大量的资金正在源源不断地流入该股。所以，如果该股在大单上涨出现之日，其外盘远大于内盘，则进一步确定了这个判断。

三、图例阐述

我们来看一下在实战交易中，大单上涨的基本形式和应用情况。如图9-15、9-16中所示。

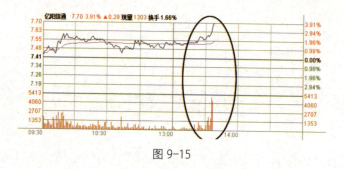

图 9-15

600289 亿阳信通			13:35	7.63	332	S
委比	5.60%	委差 125	13:35	7.64	532	B
			13:35	7.64	176	B
卖⑤	7.73	145	13:35	7.65	903	B
卖④	7.72	246	13:35	7.65	94	B
卖③	7.71	96	13:35	7.65	672	B
卖②	7.70	500	13:35	7.66	472	B
卖①	7.69	66	13:36	7.66	247	B
买①	7.68	1	13:36	7.66	218	B
买②	7.67	141	13:36	7.67	48	B
买③	7.66	424	13:36	7.67	41	B
买④	7.65	463	13:36	7.67	769	B
买⑤	7.64	149	13:36	7.68	814	B
现价	7.69	今开 7.43	13:36	7.70	61	B
涨跌	0.28	最高 7.70	13:36	7.68	243	S
涨幅	3.78%	最低 7.42	13:36	7.68	220	S
总量	94431	量比 0.78	13:36	7.70	571	B
外盘	54715	内盘 39716	13:36	7.68	578	S
换手	1.68%	股本 5.78亿	13:36	7.69	593	B
净资	2.87	流通 5.63亿	13:37	7.70	1303	B
收益(三)	0.123	PE(动) 46.7	13:37	7.69	600	B
			13:37	7.69	530	B

图 9-16

从上面的图中可以看到，亿阳信通（600289）的股价走势在当日出现了明显的上涨，然而，从其成交栏中可以看到，该股在上涨的过程中出现大量的大单买入现象，说明有大量的买单在踊跃买入该股。还有一点我们也要注意，那就是其内盘和外盘的比例，从该股的内盘和外盘栏中可以看到，当时其外盘为54715手，内盘为39716手，外盘明显比内盘大很多，所以此时应该判定，该股当日流入资金较多，流出资金较少。

四、实战总结

在实战交易中，投资者遇到大单上涨情况时，应注意以下几点：

1.大单上涨现象出现时，如果此时个股的行情正处于上涨走势中，则说明该股看多人气较浓厚，主力做多意愿较强，后市持续上涨的概率较大；

2.大单上涨现象出现时，大单上涨现象如果出现在行情长期下跌的趋势中，则说明有反弹行情出现，但这种反弹大多数是主力的一种诱多行为；

3.大单上涨现象出现时，如果行情正处于长期下跌的底部阶段，并且已经止跌企稳，不创新低，并伴随着成交量的明显放大，则主力低位吸筹的概率较大；

4.大单上涨现象出现时，如果行情正处于行情长期上涨的顶部阶段，且伴随着顶部下跌信号的出现，即出现在股价下跌信号形成之后的上涨过程中，则主力诱多出货的概率较大；

5.大单上涨现象出现时，如果其行情正处于上涨走势中，并且在其大部分交易日内均出现外盘大于内盘的情况，则属于行情走强的征兆，后市持续上涨的概率较大。

微信扫码添加同花顺陪伴官小顺
获取更多图书增值服务

第十章

盘口解读：细节解析

在这一章中，我们主要针对市场中的一些常见的特殊现象，讲述一下在实战交易中一些盘口细节分析的方法与技巧。

第一节　空档买卖盘

空档买卖盘是指股价的委买盘和委卖盘之间有很大空档，比如买一处是4.50元，而卖一处是4.58元，如果在4.50元到4.58元之间的成交单是买单成交，就叫做空档买盘，如果是卖单成交的，就叫做空档卖盘。

一、基本特征

空档买卖盘的基本特征是，股价在两个相隔较远的买一和卖一之间交易，每当在这期间出现其他挂单时，就会很快再次被吃掉。

二、市场含义

空档买卖盘并不经常出现，但极有实战意义。当空档买卖盘出现时，强势的股票会更加强势，而弱势的股票也会更加弱势。因为，空档买卖盘的出现，意味着该股票的买卖缺乏委托挂单，说明人气不活跃。如果这种情况出现在牛市上涨阶段，则说明该股的场外流动浮筹非常少，主力已经持有绝大多数的筹码；相反，如果在行情下跌的熊市中出现这种情况，则说明该股缺少热情，交投清淡，主力想出货都有问题。

所以，当空档买卖盘出现时，在空档中成交的股票基本上都属于场外的主动买卖挂单，即此时成交的股票都是场外委托，而不是场内买卖。如果行情正处于上涨过程中，则意味着普通投资者如果以空档价格卖出个股能够很快成交了，就说明有主力大户在空挡内主动与你成交，这是一种好现象，说明该股拉升意愿较强。反之，如果行情正处于下跌行情中，普通投资者如果在空档价格买入个股能够很快成交，这说明市场中有主动卖盘与你成交，这就是一种不好的现象，这说明主力拉升意愿不强烈，他们正在择机卖出。

三、图例阐述

我们来看一下在实战交易中，空档买卖盘的基本形式和应用情况。如图10-1、10-2中所示。

从下面的图示中可以看到，上面的两只股票均出现了空档买卖盘情况，特别是图10-1中的一致药业（000028）其空档幅度达到0.30元。可见该股当时的交投清淡程度。所以，在实战交易中，如果出现这种情况的股票其价格已经高高在上，投资者应增强风险意识，当股价出现不利走势时，及时平仓防范风险。

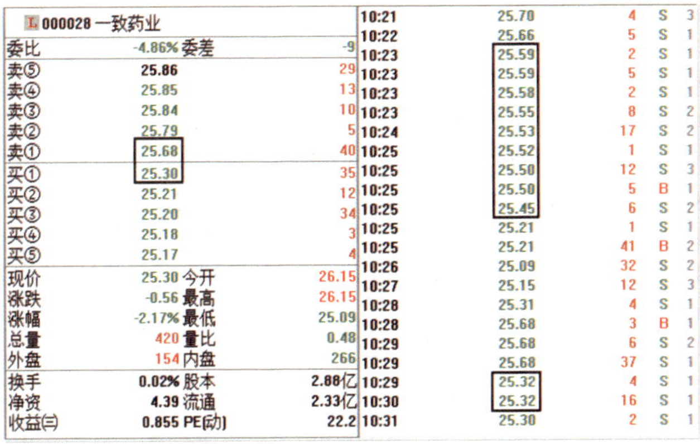

000028 一致药业			10:21	25.70	4	S	3

图 10-1

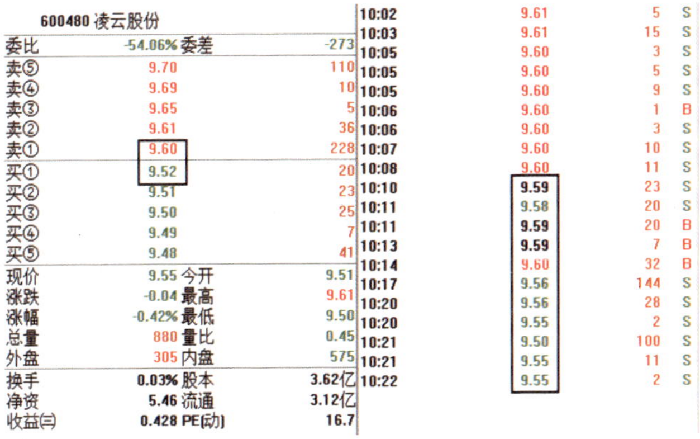

图 10-2

四、实战总结

在实战交易中，投资者遇到空档买卖盘情况时，应注意以下几点：

1.空档买卖盘现象出现时，如果行情已经出现大幅度的上涨，股价高高在上，并伴随着其他顶部信号的出现，则该股见顶回落的概率较大；

2.空档买卖盘现象出现时，如果行情正处于持续下跌的过程中，则说明该股交投清淡，主力做多意愿不强烈，后市持续下跌的概率较大；

3.空档买卖盘现象出现时，如果行情正处于底部低位区域，并且当日行情又处于上涨行情中，且成交量也出现明显放大，换手率大幅增加，则主力底部吸货的概率较大；

4. 空档买卖盘现象出现时，如果买盘随着股价的下跌而不断向下移动，则说明主力根本没有拉升意愿，后市还有可能持续下跌，甚至出现大跌情况；

5. 空档买卖盘现象出现时，如果其某一阶段大部分交易日中，外盘大于内盘一倍以上，则说明有主力在吃进股票；反之，如果其某一阶段大部分交易日中，内盘大于外盘一倍以上，则说明有主力在卖出股票。

第二节　上跳买单

上跳买单是指股价的委买盘和委卖盘之间有较大的价格空档，比如买一处是 4.50 元，卖一处是 4.55 元，而成交栏中的成交价却是 4.56 元或者 4.57 元，甚至是 4.58 元。

一、基本特征

上跳买单的基本特征是，股价在两个相隔较远的买一和卖一之上成交。这种情况通常出现在股价上涨的活跃阶段。

二、市场含义

上跳买单出现时，通常预示着市场中的买盘较多，上涨的动力较足，市场中的做多情绪浓厚。

上跳买单通常出现在行情上涨的过程中或主力吸筹的过程中，但委买盘和委卖盘中出现空档的时候，说明市场中的主动买方和主动卖方暂时处于停滞状态；市场中已经没有主动卖盘卖出，也没有主动买盘买入了。这说明，该卖出的投资者已经卖出了，而该买入股票的投资者还没有入场，这往往都是股价低迷之时才会出现的一种现象。

然而，在这个时候，也可以透视出另一个市场信息，即市场中已经卖出的股票基本上都到了主力的手中，否则这些股票就会变成流动筹码随时有可能出现，然而如果某一股票在市场低迷的底部阶段市场出现上跳卖单，这意味着大多数的流动筹码已经到了主力手中，所以才会出现没有人卖出的情况，因为市场中就没有多余的股票流通。这种情况一旦出现在市场低迷的熊市末期，便属于主力吸货的信号。即主力愿意出更高的价格快速吃掉上档的高价委卖盘，是一个后市向好的信号。

当然，与其他技术信号一样，上跳买入在不同的行情走势中，其意义也不尽相同。在上涨过程中的上跳买入信号属于强势信号，但在下跌走势中的则属于弱势信号。

三、图例阐述

我们来看一下在实战交易中，上跳买入现象的基本形式和应用情况。如图10-3、10-4中所示。

从下面的图示中可以看到，上面的两只股票均出现了上跳买入现象，然而当时这两只个股的股价均处于长期持续下跌的走势中，所以应该属于行情走弱的信号。因为在行情下跌的过程中出现上跳买入情况时，很有可能是主力刻意打高股价，等待新的买家挂单填补买卖盘之间的价格空当，然后主力就可以坐享其成，持续在相对较高的位置出货。因为这个阶段，把股价打高基本上耗费不了多少资金，然而，随着时间的推移，市场中自然就会出现新买家挂出空档的价格委托买入。而此时，主力就会乘势将要卖出的股票卖给他们，让他们顺利成交。

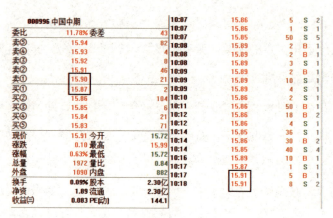

图 10-3

图 10-4

四、实战总结

在实战交易中，投资者遇到上跳买入情况时，应注意以下几点：

1. 上跳买入现象出现时，如果行情正处于持续下跌的过程中，则说明主力卖出的意愿非常强烈，此时的股价上跳买入就属于一个主力诱多的出货信号；

2. 上跳买入现象出现时，如果行情正处于上涨走势中，则说明市场中的多方力量较足，主力做高股价的意愿强烈，后市持续走强的概率较大；

3. 上跳买入现象出现时，如果行情正处于长期下跌的底部阶段，并且伴随着成交量和换手率的增加而出现，则属于主力低位吸筹的信号；

4. 上跳买入现象出现时，如果行情已经处于底部企稳阶段，右边的成交栏中又经常有大笔的主动买单成交信息，则说明市场中的主动卖盘较少，主力利用上跳买入的方式吸筹的概率较大；

5. 上跳买入现象出现时，如果当日股价上涨，且最近阶段大部分交易日中外盘均大于内盘，则说明主力做高股价的意愿较强，后市持续上涨的概率较大。

第三节　下跳卖单

下跳卖单是指股价的委买盘和委卖盘之间有较大的价格空档，比如买一处是 4.50 元，卖一处是 4.55 元，而成交栏中的成交价却是 4.47 元或者 4.46 元，甚至是 4.45 元。

一、基本特征

下跳卖单的基本特征是股价在两个相隔较远的买一和卖一之下成交。这种情况通常出现在股价下跌的清淡阶段。

二、市场含义

下跳卖单出现时，说明市场中的买方人气极度薄弱，卖方只有出更低的价格才能成交。然而，出现这种现象时，往往都是主力主动低价出货的征兆，特别是出现在股价持续下跌的行情中。

股价下跳卖出的原理是，上档的主动卖单为了能够有及时、足额的成交，便挂出低于买一甚至是买二的低价，此时只要是其所委托的挂单之上的所有买单在其所委托的数额之内，都会与其成交。比如，主动卖盘的挂单出价为买三的价格即 4.50 元，共委托卖出 500 手，而下方委买栏中的买一价格是 4.51 元，共 50 手；买二的价格是 4.50 元，共 200 手，这时候委卖挂单就很容易与下面的买一和买二的几个成交，并出现下跳卖出现象。

所以，下跳卖出现象往往都是主动卖盘积极成交的现象。

三、图例阐述

我们来看一下在实战交易中下跳卖出现象的基本形式和应用情况，如图 10–5、10–6 中所示。

从下面的图中可以看到，两只个股均出现了下跳卖出现象，且这两只股票也均出现了下跌行情。这意味着这两只股票的买方力量十分薄弱，而卖出的力量却十分踊跃。所以，投资者在实战交易中，遇到这样的股价走势时，应增强风险意识，因为这样的股票后市往往会持续走低。

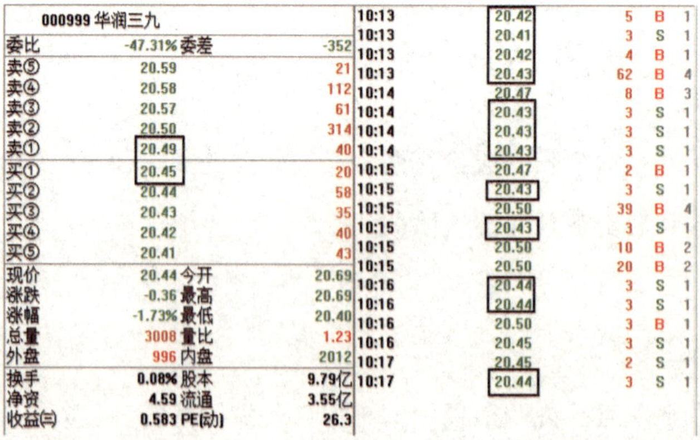

000999 华润三九

委比	-47.31%	委差	-352
卖⑤	20.59		21
卖④	20.58		112
卖③	20.57		61
卖②	20.50		314
卖①	20.49		40
买①	20.45		20
买②	20.44		58
买③	20.43		35
买④	20.42		40
买⑤	20.41		43
现价	20.44	今开	20.69
涨跌	-0.36	最高	20.69
涨幅	-1.73%	最低	20.40
总量	3008	量比	1.23
外盘	996	内盘	2012
换手	0.08%	股本	9.79亿
净资	4.59	流通	3.55亿
收益(三)	0.583	PE(动)	26.3

10:13	20.42	5	B	1
10:13	20.41	3	S	1
10:13	20.42	4	B	1
10:13	20.43	62	B	4
10:14	20.47	8	B	3
10:14	20.43	3	S	1
10:14	20.43	3	S	1
10:14	20.43	3	S	1
10:15	20.47	2	B	1
10:15	20.43	3	S	1
10:15	20.50	39	B	4
10:15	20.43	3	S	1
10:15	20.50	10	B	2
10:15	20.50	20	B	2
10:16	20.44	3	S	1
10:16	20.44	3	S	1
10:16	20.50	3	B	1
10:16	20.45	3	S	1
10:17	20.45	2	S	1
10:17	20.44	3	S	1

图 10–5

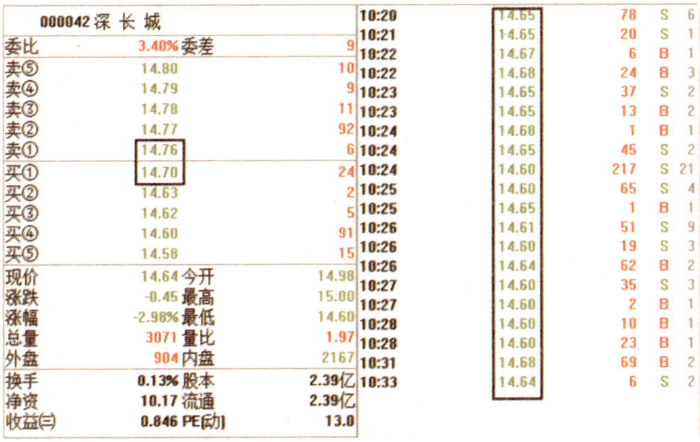

图 10-6

四、实战总结

在实战交易中，投资者遇到下跳卖出情况时，应注意以下几点：

1. 下跳卖出现象出现时，如果行情已经出现大幅度的上涨，则说明该股上涨动力不强；反之，下跌动力较强，属于主力出货的一种征兆；

2. 下跳卖出现象出现时，如果行情出现在持续下跌的弱势中，则预示该股下跌动力有增加之势，后市持续下跌的概率较大；

3. 下跳卖出现象出现时，如果个股当日的行情出现下跌走势，且其成交栏中又出现较多的卖方成交信息，内盘远大于外盘，则意味着主力缺乏做多意图，后市持续下跌的概率较大；

4. 下跳卖出现象出现时，如果个股行情正处于阶段性底部，则主力刻意打压股价低位建仓的概率较大；

5. 下跳卖出现象出现时，如果行情正处于股价长期上涨的初期阶段，则主力刻意打压股价洗盘的概率较大。

第四节　上涨扫单

上涨扫单是指股价在上涨过程中快速吃掉上档委卖单的一种持续上涨的强势形态。

一、基本特征

上涨扫单的基本特征是，股价上涨之后，无论上方是大单还是小单，都会全部吃掉，并且股价也会快速上涨。

二、市场含义

上涨扫单出现时，说明该股走势强劲，后市持续上涨的概率较大。上涨扫单情况通常会在某些大利好或某些新股第一日上市时发生，这说明整个市场中交投活跃，大多数买单都在主动买入，如果这种情况出现在股价上涨阶段，则属于主力强势拉升的看多信号。

当然，另一种情况的出现也会导致股价上涨扫单，那就是少数全流通个股被人恶意大收购时，这时候的股价往往会大涨特涨，卖盘挂单一扫而光，股价大幅度上涨，在无价格涨跌停限制的时期，一些股票当日就可上涨一倍以上。

在我国这种情况比较少见，但是在一些股票交易机制成熟的国家，这种情况就非常多见了。

三、实战总结

在实战交易中，投资者遇到上涨扫单情况时，应注意以下几点：

1.上涨扫单现象出现时，说明主力拉升意愿较强，如果此时股价正处于上涨阶段，且成交栏中主动成交的大买单持续出现，则后市持续上涨的概率较大；

2.上涨扫单现象出现时，如果行情正处于长期下跌的趋势中，则说明短期内股价出现反弹，多方力量再次凝聚，主力乘势拉升，股价随时可能出现大幅度的上涨；

3.上涨扫单现象出现时，如果行情正处于长期下跌的底部区域，且持续出现主动买入大单成交，则主力进场扫货意图明显，后市上涨在即，投资者应密切关注该股；

4.上涨扫单现象出现时，如果个股涨势已大，并伴随着其他顶部形态、信号的出现，则主力诱多出货的概率较大；

5.上涨扫单现象出现时，如果个股股价当日出现涨停现象，又处于长期上涨趋势之中，则往往是股价即将大幅走高的加速上涨标志。

第五节　下跌扫单

与上涨扫单相对应的便是下跌扫单，下跌扫单是指股价在下跌行情中快速打掉下档委买单的一种持续下跌的强势杀跌形态。

一、基本特征

下跌扫单的基本特征是，股价在下跌过程中，无论下方是大单还是小单，都会被持续不断涌出的大卖单全部打掉，且股价也会随之快速下跌。

二、市场含义

下跌扫单情况出现时，通常意味着市场中的卖方意愿远大于买方意愿，绝大多数投资者都在卖出该股。所以，该现象出现时，通常预示着个股下跌压力较大，属于行情大跌的前兆。

下跌扫单通常会出现在股价的顶部，伴随着重大利空的出现，此时那些业绩不佳和股本不大的股票往往会出现跌停现象，甚至出现持续大跌的现象。

当然，一些新上市的高价股在遇到行市不佳的时候，也会出现这种情况。比如，一些发行价过高的股票在上市第一天就出现大幅下跌的现象，这往往是大股东获利套现所致。

在行情不佳的时期，投资者遇到此类股票应谨慎从事，只宜观望，不宜介入。

三、实战总结

在实战交易中，投资者遇到下跌扫单情况时，应注意以下几点：

1.下跌扫单现象出现时，如果行情已经出现大幅度的上涨，并伴随着重大利空而出现，则说明主力有高位出货之嫌，后市大幅下跌的概率较大；

2.下跌扫单现象出现时，如果个股属于刚上市的新股，则说明有大股东在卖出股票套现，主力暂时也无意抑制股价下跌，此类股票风险较大，不宜介入；

3.下跌扫单现象出现时，如果其行情正处于当日下跌过程中，且股价阶段性超买明显，成交栏中不断出现成交大卖单，则说明该股卖压较重，后市下跌的概率较大；

4.下跌扫单现象出现时，如果股价正处于长期上涨趋势的初期阶段，且成交栏中大单成交也不明显，内盘和外盘的比例也没有太大区别，则主力震仓洗盘、刻意压低股价低位吸筹的概率较大；

5.下跌扫单现象出现时，如果其某一阶段大部分交易日中内盘持续大于外盘，且换手率也不高，在 1% 以下，则说明该股买方人气较弱，后市下跌的概率较大。

第六节　变动挂单

变动挂单是指市场中明明交投清淡，但有些股票的股价挂单在不时地变动，有时候是小委卖单变成了大委卖单，有时候是大委卖单变成了小委卖单，有时候是上压盘变成了从下托盘，有时候又是下托盘变成了上压盘等情况。

一、基本特征

变动挂单的基本特征是，股价在交投并不活跃的时候，出现快速的挂单变动情况。比如，成交栏中的个股一分钟内只成交一笔两笔交易，甚至几分钟才成交一笔交易，但是其委卖栏中的委买委卖挂单却变化频繁，一会儿变大，一会儿变小。

二、市场含义

变动挂单的出现，往往意味着主力行为的变化。比如，在行情下跌阶段，由于市场人气清淡，主力出货难度加大，就会采用以时间换空间的方法先把股价拉高，这样其出货的空间就会变大了，相对来说就会有更大的下跌空间，多出掉一些筹码。

在采用这种出货方法之前，主力就需要根据大盘的走势进行策略性技术调整，即如果大盘此时正在下跌，他们就会采取耐心等待主动买盘出现之后，再主动与他们成交；如果大盘出现了上涨，但个股并没有多少买盘出现，他们也会立即调整战略，采用对敲或撤单的方式将股价打高。在大盘向好的带动下，早晚会有新买家到来。只要新买家一出现，他们就会在相对较高的位置立刻与其成交。

因此，主力在采取这些行动之前，就必须改变挂单形式。比如，主力要想顺应大盘拉升股价，就要先将上压盘的挂单撤掉，重新在下档委买栏中挂出委买大单，变成下托盘。这样，其他人要买入股票的时候，就必须高出挂单价，这样就可以利用市场中的钱推动股价上涨了。

反之，当他们要出货的时候，也会出现变动挂单现象。比如，当股价运行到高位时，如果主力感觉已经有了足够的出货空间，有时会采取下托盘出货的方式，即以下托盘作掩护而暗中逆市出货。

首先，主力要在下方的委买盘中挂出大单托盘，然后等待汹涌的买家高价介入。但是无论股价成交多频繁，下方的托盘也不会消失。即使偶尔会出现托盘消失的现象，很快便又会出现新的大单顶了上来。相反，上方的卖盘挂单却是不断变化，前方的卖单刚刚消失，后方的卖单便立刻顶出。然而，如果投资者细心的话还会发现，该股虽然始终有托盘存在，成交的股票不断增加，换手率和成交量都大幅提升，但股价上涨的幅度不大，甚至还出现盘中折返现象，股价的走势十分不稳健，这往往都是主力利用市场火爆之时，托盘出货的迹象。

投资者在实战交易中，如果遇到变动挂单现象时，特别是那些交投清淡和处于高位的股票，一旦这些股票的挂单出现了持续不断地变换挂单形式的情况，若其内盘远大于外盘，且股价当日下跌大卖单又大于上涨大买单，则说明该股做空意愿未尽，后市持续下跌的概率仍然较大。

三、实战总结

在实战交易中，投资者遇到变动挂单情况时，应注意以下几点：

1.变动挂单现象出现时，如果行情已经出现大幅上涨，且变动的形式又是下托盘经常变成上压盘，则说明市场中的卖方意图较强，应以防范风险为主；

2.变动挂单现象出现时，如果行情已经出现大幅度的下跌，且股价也已经止跌企稳，变动挂单的形式又是上压盘常常变成下托盘，则说明市场中多方人气萌动，后市有可能随时上涨；

3.变动挂单现象出现时，如果行情正处于顶部高位区域，成交量和换手率也持续减小，变动挂单形式是由下强上弱夹板变成下弱上强夹板，则该股做多意愿已经降低，后市随时可能出现下跌行情；

4.变动挂单现象如果特别频繁，而个股又出现高位下跌现象，且内盘持续大于外盘多日，甚至有时候内盘大于外盘1倍以上，则说明有主力在高位偷偷出货。

第七节　全撤挂单

全撤挂单就比较好理解，全撤挂单是指买卖栏中的大笔挂单突然全部或部分消失，但成交栏中不见有大单成交。

一、基本特征

全撤挂单的基本特征是，委卖栏中的买卖盘原先是顶板、夹板或者上托盘、下压盘的盘口形态，但在某一时间内突然消失了，变成了正常的挂单。这种情况既可以出现在行情上涨过程中，也可以出现在行情下跌过程中。

二、市场含义

全撤挂单出现时，说明市场中可能会出现新的变化，如果是上压盘挂单全部撤销保留下托盘，则说明市场卖压消除，行情随时有可能出现上涨；反之，如果是下托盘挂单全部撤销保留上压盘，则说明市场护盘动力消除，行情随时有可能出现下跌。

在实战交易中，有时候主力在市道不佳的时候，也会为了盘面好看而刻意先挂出一些积极的买盘。这时，如果市场中有被动卖盘挂单出现，他们就会撤掉自己的买盘挂单，将刚刚挂出的散户买单前推，形成下托盘或上强下弱夹板等强势挂单形态。一旦市场中出现新的主动卖盘挂单时，他们为了避免对方与自己成交，便会快速撤掉自己的委买挂单。

在上涨的行情中也是如此，当他们在上涨的过程中压盘吸筹时，往往会采用大卖单压盘或上强下弱夹板等形式来逼迫主动卖盘低价挂单。一旦市场中出现新的主动大买单时，他们便会为了避免自己的筹码丢失，而快速撤掉上档委卖挂单，这样就出现了一些并不常见的撤单现象。

全撤挂单在实战交易中经常出现，特别是在当日行情逆转阶段，常常会出现挂单撤销现象。其原因就是，多空力量开始转换，行情个股开始改变。

根据大盘的走势情况关注和留意该股全撤挂单的变化，有利于提高投资者对当下行情走势的判断准确率。

三、实战总结

在实战交易中，投资者遇到全撤挂单情况时，应注意以下几点：

1. 全撤挂单现象出现时，如果行情正处于阶段性上涨过程中，但随着大盘的转弱，个股若出现下托盘撤单情况，则说明主力暂时没有拉升意愿，后市下跌的概率较大；

2. 全撤挂单现象出现时，如果行情正处于阶段性下跌过程中，但随着大盘的转强，个股若出现上压盘撤单情况，则说明市场中的买方人气开始萌动，后市上涨的概率较大；

3. 全撤挂单现象出现时，如果行情正处于长期上涨之后的顶部阶段，且个股上涨幅度明显过大，若下托盘不断出现消失的情况，且最近几日内盘明显大于外盘，股价也开始出现下跌走势，则行情随时转弱的概率加大；

4. 全撤挂单现象出现时，如果行情正处于长期下跌之后的底部阶段，且个股下跌幅度明显过大，若上压盘不断出现消失的情况，且最近几日外盘明显大于内盘，股价也开始出现上涨走势，则行情随时转强的概率加大。

第八节　缺价成交

缺价成交其实也属于空档买卖盘，两者的解释基本类似。不同的是缺价成交的股价在买一和卖一之间的价格缺口中成交时，可以包含买一和卖一的价格；而空档买卖盘则不包括买一和卖一的价格，不过空档买卖盘和缺价成交两者之间可以相互转换。

一、基本特征

缺价成交的基本特征是，股价的买一和卖一处的挂单并非连续股价，而是出现较大价差的股价。比如，上档委卖盘中的卖一挂单是 4.50 元，而下档买一处的挂单是 4.40 元，之间具有缺价的一种挂单形式。而成交栏中的成交信息却显示，成交的价格恰恰在买一和卖一的报价之间。

二、市场含义

缺价成交现象大多出现在股价持续下跌的清淡市和股价急速上涨的火爆市中，在不同的情况下有不同的含义。

在火爆的上涨阶段，往往是由于市场中的买方力量过于强大，需要股票的人急剧增多，而卖方力量却非常薄弱，卖出股票的人非常稀少，导致市场抢筹，很多人愿意高价买入股票，而只有少部分人在低位挂单，希望股价回撤时成交。

相反，在持续下跌的清淡市中，由于市场中想要卖出股票的投资者较多，但想要买入股票的投资者则非常稀少，所以，很多卖方投资者见价就卖，只要低位委买栏中有人出价，他们就会主动低价挂单与买家成交，这样就导致价格相互杀跌，但又没有买家挂单。于是，大量的卖单把下方的买单一扫而光，导致买一和卖一处的挂单之间出现价差缺口，甚至完全没有挂单的现象。

投资者在实战交易中，应特别留意此种盘口现象。如果行情正处于下跌阶段，则应增强风险意识；若行情正处于上涨阶段，则应注意把握机会。

三、图例阐述

我们来看一下在实战交易中，缺价成交现象的基本形式和应用情况。如图10-7、10-8 中所示。

000995 ST皇台			
委比	17.36%	委差	105
卖⑤	20.04		50
卖④	20.03		50
卖③	20.02		50
卖②	20.01		50
卖①	20.00		50
买①	19.91		61
买②	19.90		214
买③	19.85		1
买④	19.84		5
买⑤	19.83		74
现价	19.91	今开	20.26
涨跌	-0.19	最高	20.26
涨幅	-0.95%	最低	19.80
总量	775	量比	0.51
外盘	432	内盘	343
换手	0.04%	股本	1.77亿
净资	1.04	流通	1.77亿
收益(三)	0.070	PE(动)	213.8

09:44	19.81	40	B	2
09:44	19.81	49	B	5
09:45	19.81	5	B	1
09:45	19.81	10	B	2
09:45	19.82	33	B	4
09:45	19.82	72	B	6
09:45	19.90	51	B	3
09:47	19.90	30	B	3
09:48	19.90	37	B	2
09:49	20.09	1	B	1
09:52	19.91	1	S	1
09:53	20.08	5	B	1
09:54	19.91	3	S	1
09:58	19.91	10	S	2
09:59	19.91	10	S	3
10:00	19.91	71	S	4
10:02	19.91	10	S	1
10:02	19.91	4	S	1
10:10	19.91	2	S	2
10:11	19.91	1	S	1

图 10-7

600600 青岛啤酒			时间	价格	量	方向
委比	58.49% 委差	93	10:03	33.48	11	B
卖⑤	33.59	5	10:03	33.48	2	B
卖④	33.55	4	10:04	33.47	1	B
卖③	33.49	7	10:04	33.45	3	S
卖②	33.48	16	10:05	33.45	10	S
卖①	33.47	1	10:05	33.45	3	S
买①	33.40	110	10:06	33.45	1	S
买②	33.34	2	10:07	33.40	200	S
买③	33.33	1	10:07	33.40	100	B
买④	33.32	2	10:07	33.40	40	B
买⑤	33.31	11	10:08	33.40	125	S
现价	33.47 今开	33.60	10:09	33.40	7	B
涨跌	-0.66 最高	33.63	10:09	33.40	150	S
涨幅	-1.93% 最低	33.10	10:09	33.34	2	S
总量	4713 量比	1.05	10:09	33.40	150	B
外盘	2701 内盘	2012	10:09	33.40	1	S
换手	0.17% 股本	13.5亿	10:09	33.34	1	S
净资	8.17 流通	2.79亿	10:09	33.34	1	S
收益(三)	1.232 PE(动)	20.4	10:10	33.40	40	B
			10:10	33.47	1	B

图 10-8

从图中可以看到，上述个股的委托栏中的买一和卖一处的挂单均出现了价格缺口，并且，成交栏中的多笔交易都是在买一和卖一之间的空缺部分成交的，形成缺价成交形态。更重要的是上述个股均出现下跌走势，这说明市场中的买方力量薄弱，而卖方力量踊跃，所以，后市持续下跌的概率便会增大。

四、实战总结

在实战交易中，投资者遇到缺价成交情况时，应注意以下几点：

1.缺价成交现象出现时，如果行情已经进入快速上涨阶段（股价连续上涨），且伴随着成交量和换手率的大幅增加，说明主力拉升意愿较强，后市持续上涨的概率较高；

2.缺价成交现象出现时，如果行情正处于快速下跌阶段（股价连续下跌），且伴随着成交量和换手率的大幅萎缩，说明主力出货意愿较强，后市持续下跌的概率较高；

3.缺价成交现象出现时，如果股价已经上涨至顶部区域，并伴随着顶部信号的出现，且股价当日大幅下跌，成交栏中大卖单成交较多，内盘多日大于外盘，则主力高位出货的概率较大；

4.缺价成交现象出现时，如果行情处于长期下跌的底部阶段，并出现底部企稳信号，且该股当日大幅上涨，成交栏中经常有主动大买单成交信息，则此时主力低位吸筹的概率较大；

5. 缺价成交现象出现时，如果其行情走势已经处于长期上涨阶段，且此时股价的上涨明显加速，则说明股价将进入最后冲刺阶段，投资者宜持有股票，不宜大举买入股票建仓。

<h2 style="text-align:center">第九节　顺势下压单</h2>

顺势下压单是指股价在下跌阶段时，上档委卖栏中持续出现明显的上压盘，压迫股价探出新低。

一、基本特征

顺势下压单的基本特征是，股价在出现持续下跌的同时，该股的委卖栏中再度出现大量的卖单压盘，形成下跌上压盘形态，压制股价持续走低。

二、市场含义

顺势下压盘出现时，通常意味着市场中的做空动力较大，股价下跌容易上涨难，这种情况既可以出现在股价持续下跌的熊市中，也可以出现在行情高企的顶部下跌阶段。但无论出现在什么样的行市中，大都是行情看淡的信号。

三、图例阐述

我们来看一下在实战交易中，缺价成交现象的基本形式和应用情况。如图10-9、10-10中所示。

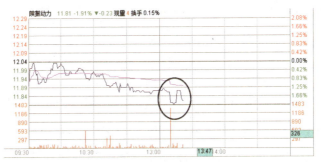

图 10-9

601369 陕鼓动力			13:12	11.80	3	B
			13:12	11.79	10	S
委比	-48.65% 委差	-415	13:12	11.79	8	S
卖⑤	11.86	220	13:13	11.80	28	B
卖④	11.85	200	13:13	11.79	9	S
卖③	11.84	105	13:13	11.80	10	B
卖②	11.82	13	13:14	11.79	3	S
卖①	11.81	96	13:14	11.80	11	B
买①	11.80	108	13:14	11.80	25	B
买②	11.79	29	13:14	11.80	6	B
买③	11.78	52	13:14	11.80	4	B
买④	11.77	15	13:14	11.80	16	B
买⑤	11.75	15	13:15	11.80	20	B
现价	11.81 今开	11.90	13:15	11.80	70	B
涨跌	-0.23 最高	12.05	13:15	11.87	64	B
涨幅	-1.91% 最低	11.79	13:19	11.82	9	S
总量	8025 量比	0.36	13:20	11.82	5	S
外盘	2612 内盘	5413	13:20	11.81	90	S
换手	0.15% 股本	16.4亿	13:20	11.82	1	B
			13:20	11.81	4	S

图 10-10

从图中可以看到，陕鼓动力（601369）在股价下跌的过程中出现了顺势下压单，导致上述个股再度出现下跌走势。这说明该股票的下跌压力非常大，其后续走势不容乐观。

四、实战总结

在实战交易中，投资者遇到顺势下压单情况时，应注意以下几点：

1.顺势下压单现象出现时，如果个股正处于长期下跌趋势中，且成交栏中的主动卖单成交有增无减，成交量也伴随着股价的下跌有所放大，则说明该股空方压力过大，后市持续下跌的概率较高；

2.顺势下压单现象出现时，如果行情已经出现大幅度的上涨，且伴随着顶部下跌信号的出现，则该股见顶回落的概率较大，应防范主力高位出货；

3.顺势下压单现象出现时，如果行情伴随着成交量的增加刚刚进入长期上涨趋势，并且出现缩量回调走势，则主力刻意压低股价洗盘、吸筹的概率较大；

4.顺势下压单现象出现时，如果该股当日出现大幅度的下跌，且内盘大于外盘1倍以上，则说明市场做空意愿过分强烈，后市随时会出现大跌，此时不宜抄底买入；

5.顺势下压单现象出现时，如果个股股价已经处于市场底部企稳阶段，且最近阶段换手率持续增多，外盘也明显大于内盘，成交栏中的买单成交明显增多，则说明市场中的主动卖盘成交踊跃，主力刻意压低股价吸筹的概率较大。

最后，谢谢大家阅读拙著，并祝大家学以致用，投资顺利。

微信扫码添加同花顺陪伴官小顺
获取更多图书增值服务

附　录
专业术语解析

1. 基本术语

IPO　简要来说就是首次公开发行股票，是指一家公司（股份有限公司或有限责任公司）首次向社会公众公开招股的发行方式。

再融资　是指上市公司通过配股、增发和发行可转换债券等方式在证券市场上进行的直接融资。

上市公司　是指所发行的股票经过国务院或者国务院授权的证券管理部门批准在证券交易所上市交易的股份有限公司。

非上市公司　指其股票没有上市和没有在证券交易所交易的股份有限公司。

有限责任公司　又称有限公司，在英美称为封闭公司或私人公司，指由一定人数股东组成的，股东以其出资额为限对公司承担责任，公司以其全部资产对公司的债务承担责任的公司。

股份有限公司　又称股份公司，在英美称为公开公司或公众公司，是指全部资本分为等额股份，股东以其所持股份为限对公司承担责任，公司以其全部资产对公司的债务承担责任的公司。

股东大会　是公司的最高权力机关，它由全体股东组成，对公司重大事项进行决策，有权选任和解除董事，并对公司的经营管理有广泛的决定权。

董事会 由股东大会选举产生，按照《公司法》和《公司章程》行使董事会权力，执行股东大会决议，是股东大会的代理机构，代表股东大会行使公司管理权限。

监事会 也称公司监察委员会，是由全体监事组成的、对公司业务活动及会计事务等进行监督的机构。

董事会秘书 简称董秘，是对外负责公司信息披露事宜，对内负责筹备董事会会议和股东大会，并负责会议的记录和会议文件、记录的保管等事宜的公司高级管理人员，董事会秘书对董事会负责。

保荐人 就是为二板市场的上市公司的上市申请承担推荐职责，为上市公司的信息披露行为向投资者承担担保职责的证券公司。

主承销商 是指在股票发行中独家承销或牵头组织承销团经销的证券经营机构。主承销商是股票发行人聘请的最重要的中介机构。

证券承销 通常情况下，当一家发行人通过证券市场筹集资金时，都要聘请证券经营机构来帮助它销售证券。证券经营机构借助自己在证券市场上的信誉和营业网点，在规定的发行有效期限内将证券销售出去，这一过程称为承销。

路演 是国际上广泛采用的证券发行推广方式，指证券发行商发行证券前针对机构投资者的推介活动，是在投、融资双方充分交流的条件下促进股票成功发行的重要推介、宣传手段，促进投资者与股票发行人之间的沟通和交流，以保证股票的顺利发行。

新股 指刚发行上市的股票。如摩尔电气（002451）在 2010 年 7 月 20 日登陆 A 股市场，就属于典型的新股。

次新股 顾名思义，次新股就是已经上市，但时间不长的股票。一般来说，某只个股在上市后的一年之内如果还没有分红送股，或者股价未被市场主力明显炒作的话，即可称为次新股。

打新 就是投资者用资金参与新股申购。网下的只有机构能申购，网上的申购个人也可以申购。打新分为打新股票和打新基金。

新股中签 按照交易所的规则，将公布中签率，并根据总配号，由主承销商主持摇号抽签，确认摇号中签结果，并于摇号抽签后的第一个交易日（T+4日）在指定媒体上公布中签结果。

网上申购 就是通过证券交易所网上交易系统进行的公开申购。

网下申购 又叫网下配售，指不通过证券交易所的网上交易系统进行的申购，这种申购方式一般对大资金大机构进行。这部分配售的股票上市日期有一个锁定期限。

价值投资 一种常见的投资方式，指投资者专门寻找价格低估的证券，并且买入后长期持有。

短线投机 指根据对市场的判断，把握机会，利用市场出现的价差进行买卖，从中获得利润的交易行为。

公募基金 是受政府主管部门监管的，向不特定投资者公开发行受益凭证的证券投资基金，这些基金在法律的严格监管下，有着信息披露、利润分配、运行限制等行业规范。例如，目前国内证券市场上的封闭式基金属于公募基金。

私募基金 所谓私募基金，是指通过非公开方式面向少数投资者募集资金而设立的基金。由于私募基金的销售和赎回都是通过基金管理人与投资者私下协商来进行的，因此它又被称为向特定对象募集的基金。私募有时还被称为"富人"基金，入门的起点都比较高，国内的起点一般为100万甚至更高。

开放式基金 在国外又称共同基金，它和封闭式基金共同构成了基金的两种运作方式。开放式基金是指基金发起人在设立基金时，基金份额总规模不固定，可视投资者的需求，随时向投资者出售基金份额，并可应投资者要求赎回发行在外的基金份额的一种基金运作方式。

封闭式基金　是指基金的发起人在设立基金时，限定了基金单位的发行总额，筹足总额后，基金即宣告成立，并进行封闭，在一定时期内不再接受新的投资。

机构投资者　机构投资者从广义上讲是指用自有资金或者从分散的公众手中筹集的资金专门进行有价证券投资活动的法人机构。

个人投资者　即以自然人身份从事股票买卖的投资者。目前，A 股市场上绝大多数散户都属于个人投资者。

战略投资者　是指符合国家法律法规和规定要求、与发行人具有合作关系或合作意向和潜力，并愿意按照发行人配售要求与发行人签署战略投资配售协议的法人。

实际控制人　简而言之，实际控制人就是实际控制上市公司的自然人、法人或其他组织。上市公司的实际控制人在某些情况下很难辨别。实际控制人可以是控股股东，也可以是控股股东的股东，甚至是除此之外的其他自然人、法人或其他组织。

控股股东　根据《公司法》规定，控股股东是指其出资额占有限责任公司资本总额 50% 以上或者其持有的股份占股份有限公司股本总额 50% 以上的股东。

股东　是指持有公司股份或向公司出资者。股东是股份公司或有限责任公司中持有股份的人，有权出席股东大会并有表决权。

股民　常见称谓，意指经常活跃在股市进行股票交易，主要靠赚取股票差价为生的群体。股民与股东有一定差别。

庄家　又称主力，是指那些利用各种优势操纵股票价格波动，并谋求利益的团体或个人。一般来说，只要拥有资金实力，如基金、游资、大户等，均可成为某只个股的庄家。

游资　又称热钱，只为以最低风险追求最高报酬而在国际金融市场上迅速流动的短期投机性资金。在我国，江浙一带的游资因实力雄厚、手法凶狠而声名大噪，他们经常在股票市场上兴风作浪。

大户　就是手中持有大量股票或资金，做大额交易的客户，一般是资金雄厚的集团或个人。他们资金实力雄厚，投资额巨大，交易量惊人，能够左右行情。

中户　通常指那些入市金额较大的投资人。比如，50 万元以上可以享受中户待遇，如有专用的电脑、固定的操作场所等。但这个概念只是相对的，并无统一标准。

散户　就是进行零星小额买卖的投资者，一般指小额个人投资者。如隔壁的王大爷，以自有资金 5 万元入市，就是典型的散户。

长线　通常指股票投资者长期持有股票。投资者主要关注个股的业绩稳定性和成长性。

中线　指持股时间多在二周到半年之间。此类投资者既注重技术面，又兼顾基本面。

短线　通常指持股时间在两周以内。这类投资者主要依靠技术图表或消息面变化进行买卖决定，只想赚取短期差价收益，不太注意个股的业绩情况。

证券分析师　在我国又称为股评师、股票分析师，是依法取得证券投资咨询执业资格，并在证券经营机构就业，主要就与证券市场相关的各种因素进行研究和分析，包括证券市场、证券品种的价值及变动趋势进行研究及预测，并向投资者发布证券研究报告、投资价值报告等，以书面或者口头的方式向投资者提供上述报告及分析、预测或建议等服务的专业人员。

黑嘴　原意指某些别有用心的人，出于某种目的，故意说出一些言不由衷的话，以达到混淆视听的目的，从而使自己得到某些利益。而股市上的黑嘴，就是一些专业证券分析人士，利用电视台、电台、报纸等媒体的公信力，对大盘或个股进行预测，然后故意诱导投资者购买自己推荐的股票，以达到己方和利益相关方获利的目的。

牛市　股票市场上买入者多于卖出者,股价长期保持上涨势头的股票市场,又叫"多头市场"。

熊市　熊市与牛市相反。股票市场上卖出者多于买入者,指股价长期保持下跌趋势的股票市场,亦称"空头市场"。

猴市　形容股市处于大幅震荡状态,没有一个明确的上涨或下跌方向,市场分化比较严重。股市上涨叫牛市,下跌叫熊市,人们把这二者之间的运作状态称为猴市。

多头　指那些预计大盘或个股后市看涨的投资者。随着多头日趋增加,市场上买入者多于卖出者,股市随之上涨,就会产生多头行情。

空头　与多头相反,是指那些预计大盘或个股后市下跌的投资者。随着空头日趋增加,市场上卖出者多于买入者,股市随之下滑,就会产生空头行情。

利空　指那些促使大盘或股价下跌,对空头有利的因素和消息。包括上市公司经营业绩恶化、银根紧缩、银行利率调高、经济衰退、通货膨胀、天灾人祸等不利消息。

利空出尽　在股票市场上,股价因受到各种利空消息的冲击而下跌,当跌到一定时间和程度时,股价不再下跌,反而企稳回升,即可称作"利空出尽"。

利多　指能够刺激股价上涨,对多头有利的因素和消息,包括上市公司经营业绩好转、银行利率降低、银行信贷资金放宽等有利的信息。

利多出尽　在股票市场上,股价因受到各种利多消息的刺激而上涨。当涨到一定时间和程度时,股价再也涨不动了,反而出现回落,即可称作"利多出尽"。

创业板　是地位次于主板市场的二板证券市场,在中国特指深圳创业板。

股指期货　全称是股票价格指数期货,也可称为股价指数期货、期指,是指以股价指数为标的物的标准化期货合约,双方约定在未来的某个特定日期,可以按照事先确定的股价指数的大小，进行标的指数的买卖。

融资融券 又称信用交易，是指投资者向具有上海证券交易所或深圳证券交易所会员资格的证券公司提供担保物，借入资金买入上市证券或借入上市证券并卖出的行为。

黑色星期一 1987年10月19日，星期一，华尔街上的纽约股票市场刮起了股票暴跌的风潮，爆发了历史上最大的一次崩盘事件。道琼斯指数一天之内重挫了508.32点，跌幅达22.6%，创下自1941年以来单日跌幅最高纪录。几个小时之内，纽约股指损失5000亿美元，其价值相当于美国全年国民生产总值的1/8。这次股市暴跌震惊了整个金融世界，并在全世界股票市场产生"多米诺骨牌"效应，伦敦、法兰克福、东京、悉尼、中国香港、新加坡等地股市均受到强烈冲击，股票跌幅多达10%以上。股市暴跌狂潮在西方各国股民中引起巨大恐慌，许多百万富翁一夜之间沦为贫民，数以千计的人精神崩溃，跳楼自杀。这一天后来被金融界称为"黑色星期一"。如今，"黑色星期一"泛指股市行情跌得很凶。

二八现象 又称巴莱多定律或二八定律，是19世纪末20世纪初意大利经济学家巴莱多发现的。他认为，在任何一组东西中，最重要的只占其中的一小部分，约20%，其余80%尽管是多数，却是次要的，因此又称二八定律。在A股市场上，人们常说的二八现象多指20%的股票（大盘股）上涨，80%的股票（中小盘股）下跌或不涨。

周末效应 指投资者在周五这天由于比较担心周末两天政策面会出现重大变化，集体做出买入或卖出股票的决定。于是，在周五收盘之前可能会突然出现大幅上涨或恐慌跳水的情况。

一级市场 又称初级市场，指股票的初级市场也即发行市场，在这个市场上投资者可以认购公司发行的股票。通过一级市场，发行人筹集到了公司所需资金，而投资人则购买了公司的股票成为公司的股东，实现了储蓄转化为资本的过程。

二级市场　指流通市场，是已发行股票进行买卖交易的场所。二级市场的主要功能在于有效地集中和分配资金。二级市场是一个资本市场，使已公开发行或私下发行的金融证券买卖交易得以进行。

三板市场　全称是"代办股份转让系统"，于 2001 年 7 月 16 日正式开办。作为我国多层次证券市场体系的一部分，三板市场一方面为退市后的上市公司股份提供继续流通的场所，另一方面也解决了原 STAQ、NET 系统历史遗留的数家公司法人股流通问题。

潜力股　所谓潜力股，就是指在未来一段时期存在上涨潜力的股票或具有潜在投资预期的股票。

黑马股　是指价格脱离过去的价位而在短期内大幅上涨的股票。

白马股　一般是指有关的信息已经公开的股票，由于业绩较为明朗，很少存在埋地雷的风险，内幕交易、暗箱操作的可能性大大降低，同时又兼有业绩优良、高成长、低风险的特点，因而具备较高的投资价值，往往为投资者所看好。

龙头股　指某一时期在股票市场的炒作中对同行业板块的其他股票具有影响和号召力的股票，它的涨跌往往对其他同行业板块股票的涨跌起引导和示范作用。

庄股　指股价涨跌或成交量被庄家有意控制的股票。按照不同标准和划分方法，庄股有"强庄""弱庄""长庄""短庄""恶庄"等之分。

权重股　就是总股本巨大的上市公司股票，这类股票总数占股票市场股票总数的比重很大，也就是权重很大，它的涨跌对股票指数的影响很大。

题材股　顾名思义，题材股是有炒作题材的股票，这些题材可供主力或庄家借题发挥，可以引起市场大众跟风。如智能电网板块、重组题材板块等。

概念股　是指具有某种特别内涵的股票，而这一内涵通常会被当作一种选股和炒作题材，成为股市的热点。如金融、地产、券商、期货等都称之为概念股。简单来说概念股就是对股票所在的行业经营业绩增长的提前炒作。

冷门股 顾名思义，是指那些在股票市场上交易量小、交易周转率低、流通性小、股价变动小、经常不发生交易的股票。

热门股 是指那些在股票市场上交易量大、交易周转率高、股票流通性强、股票价格变动幅度大的股票。

强势股 是指大盘下跌时，它不跟随下跌，而是维持横盘或小幅上涨；而大盘开始上涨时，它的涨幅要远远大于指数涨幅。

弱势股 与强势股相反。弱势股是指大盘上涨时，它基本不涨，甚至下跌；而大盘下跌时，它跌得更凶。

仙股 仙的音译是香港人对英语"cent"（分）的译音。仙股就是指其价格已经低于1元，因此只能以分作为计价单位的股票。在美国股市上如果股票的价格长期低于某一价格就会被摘牌。在内地是指低于1元的股票，在香港是指低于1角的股票。

原始股 是指在公司申请上市之前发行的股票。在中国证券市场上，原始股一向是赢利和发财的代名词。

周期性股票 简单来说，是指受经济周期的盛衰和涨落影响较大的行业。当整体经济上升时，这些公司的股价也迅速上升；当整体经济走下坡路时，这些公司的股价也跟随下跌。

非周期性股票 是指那些生产生活必需品的公司，这类公司不管实体经济走势如何，人们对这些产品的需求都不会有太大变动。比如，像商业零售、食品饮料和医药等行业。

大小非 非是指非流通股，由于股改使非流通股可以流通。持股低于5%的非流通股叫小非，大于5%的叫大非。

第三方存管 是指证券公司客户证券交易结算资金交由银行存管，由存管银行按照法律法规的要求，负责客户资金的存取与资金交收，证券交易操作保持不变。

股票回购　是指上市公司利用现金等方式，从股票市场上购回本公司发行在外的一定数额的股票的行为。

定向增发　指非公开发行，即向特定投资者发行。换句话说，定向即指向特定对象的，多为公司大股东、实际控制人或者券商等机构投资者。

平准基金　又称干预基金，是指政府通过特定的机构以法定的方式建立的基金。这种基金可以通过对证券市场的逆向操作，比如在股市非理性暴跌、股票投资价值凸显时买进；在股市泡沫泛滥、市场投机气氛狂热时卖出的方式，熨平股市非理性波动，达到稳定证券市场的目的。

老鼠仓　是指庄家在用公有资金拉升股价之前，先用个人（操盘手自己及其亲属、关系户）的资金在低位建仓，待用公有资金拉升到高位后个人仓位率先卖出获利。

QDII　是合格境内机构投资者的简称，是指在人民币资本项下不可兑换、资本市场未开放条件下，在一国境内设立，经该国有关部门批准，有控制地允许境内机构投资境外资本市场的股票、债券等有价证券投资业务的一项制度安排。

QFII　是合格的境外机构投资者的简称。在 QFII 制度下，合格的境外机构投资者（QFII）将被允许把一定额度的外汇资金汇入并兑换为当地货币，通过严格监督管理的专门账户投资当地证券市场。

ETF　中文译为"交易型开放式指数基金"，又称交易所交易基金。ETF 是一种在交易所上市交易的开放式证券投资基金产品，交易手续与股票完全相同。ETF 管理的资产是一揽子股票组合，这一组合中的股票种类与某一特定指数挂钩。

LOF　中文称为"上市型开放式基金"。上市型开放式基金发行结束后，投资者不但可以在指定网点申购与赎回基金份额，也可以在交易所买卖该基金，比较方便快捷。如果将 LOF 与 ETF 进行对比，二者还是有所不同。比如，LOF 的申购、赎回都是基金份额与现金的交易，可在代销网点进行；而 ETF 的申购、赎回则是基金份额与一揽子股票的交易，且通过交易所进行。

头寸 也称为头衬，指投资者拥有或借用的资金数量。头寸是金融界及商业界的流行用语。

筹码 指投资人手中持有的一定数量的股票。

浮筹 一般指散户手中的股票，流动性强，短线投机心态较强，操作时每拉升到一个关键的技术位，这部分投资者手中的股票容易变现。

2. 盘口术语

盘口 简单而言，是指股票软件中个股买进或卖出 5 个档位的交易信息。投资者可据此观察下一步交易动向并作出买卖决定。

内盘 以买入价成交的交易，买入成交数量统计加入内盘。目前在国内股票软件中，红色数字表示外盘，绿色数字表示内盘。

外盘 以卖出价成交的交易，卖出量统计加入外盘。一般来说，若外盘数量大于内盘，则表现买方力量较强；若内盘数量大于外盘，则说明卖方力量较强。

红盘 表示当日收盘价高于前一交易日收盘价。通常情况下，无论指数还是个股，出现红盘代表行情向好。

绿盘 表示当日收盘价低于前一交易日收盘价。通常情况下，无论指数还是个股，出现绿盘代表行情向差。

平盘 一般情况下，是指股票现价与前一交易日收盘价相同。

套牢盘 指预测股价将上涨，买进后却一路下跌；或是预测股价将下跌，于是借股放空后，却一路上涨，最后出现账面亏损的情况。

获利盘　一般是指股票交易中，能够卖出赚钱的那部分股票。

盘档　是指投资者不积极买卖，多采取观望态度，使当天股价的变动幅度很小，这种情况称为盘档。

整理　是指股价经过一段急剧上涨或下跌后，开始小幅度波动，进入稳定变动阶段，这种现象称为整理，整理是下一次大变动的准备阶段。

盘坚　股价缓慢上涨，称为盘坚。

盘软　股价缓慢下跌，称为盘软。

跳空　指受强烈利多或利空消息刺激，股价开始大幅度跳动。跳空通常在股价大变动的开始或结束前出现。跳空可分为向上和向下两种。

缺口　指由于行情的大幅度上涨或下跌，致使股价的日线图出现当日成交最低价超过前一交易日最高价或成交最高价低于前日最低价的现象。

回调　有时又被称为回档，是指股价上升过程中，因上涨过速而暂时回跌的现象。

反弹　是指在下跌的行情中，股价有时由于下跌速度太快，受到买方支撑而暂时回升的现象。

反转　指大盘或股价朝原来趋势的相反方向移动。反转可分为向上反转和向下反转。

突破　指大盘或股价经过一段时间盘整后，突破压力或支撑，向新的方向运行。

箱体震荡　指大盘或股价走势比较有规律，上涨到一定程度就下跌，下跌到一定程度就上涨。此时，把高点连起来，就像是一个箱顶，把低点连起来，就像是一个箱底。这样的走势就叫箱体震荡。

崩盘　即证券市场上由于某种原因，出现了证券大量抛出，导致证券市场价格无限度下跌，不知到什么程度才可以停止。这种大量抛出证券的现象也称为卖盘大量涌现。

高开 指某股票的当日开盘价高于前一交易日收盘价。

低开 指某股票的当日开盘价低于前一交易日收盘价。

平开 某股票的当日开盘价与前一交易日收盘价持平的情况称为开平盘，或平开。

封单 是指某只股票涨停或跌停时，买一或卖一处被巨额手数封死。一般情况下无法打开。

探底 指大盘或股价急剧下跌以后，在某个位置停止下跌，然后横向整理或小幅反弹一段时间，再继续破位下跌。

头部 指某一时间段内，大盘或股价长期趋势线的最高部分。按时间划分，头部可分为短期头部、中期头部与长期头部。

底部 指某一时间段内，大盘或股价长期趋势线的最低部分。按时间划分，底部可分为短期底部、中期底部与长期底部。

跳水 指股价迅速下滑，幅度很大，超过前一交易日的最低价很多。

阴跌 指股价进一步退两步，缓慢下滑的情况，如阴雨连绵长期不止。

补跌 指某只股票在大盘下跌时没怎么下跌，甚至还上涨。但过了一段时间，当大盘上涨时，这只股票股价反而逆势下跌，这就是补跌。

3. 量价术语

开盘价 又称开市价，是指某种证券在证券交易所每个营业日的第一笔交易的成交价。

最高价 指股票当天成交的最高价格。

最低价 指股票当天成交的最低价格。

收盘价 指某种证券在证券交易所一天交易活动结束前最后一笔交易的成交价格。

报价 是证券市场上交易者在某一时间段内对某种证券报出的最高进价或最低出价，报价代表了买卖双方所愿意出的最高价格，进价为买者愿买进某种证券所出的价格，出价为卖者愿卖出的价格。

委比 是衡量某一时段买卖盘相对强度的指标。

量比 是衡量相对成交量的指标。

现手 某一股票即时的成交量。在行情软件的右下方为即时的每笔成交明细。

总手 即当日开始成交一直到现在为止总成交股数。

成交笔数 是指当天各种股票交易的次数。

成交额 是指当天每种股票成交的价格总额。

成交量 是指某一特定时期内（如一个交易日），在交易所交易市场成交的某种股票的数量。

成交密集区 指市场在上涨或下跌过程中，成交量较为集中的某个区域。

筹码集中度 是指一只个股的筹码被庄家掌握的程度。

差价 指股票在买进和卖出的两种价格之间所获得的利润或亏损，前者称差价利得，后者称差价损失。

天价 表示股票行情上涨到一个巅峰状态。但要注意，天价是相对的，并不是固定不变的。

天量 代表着某只股票或整个市场当天巨大的交易量，天量通常与突破相关联。

地量 是相对于高位的天量而言，地量的标准有章可循。衡量中级下跌行情是否见底的标准是：底部成交量要缩至顶部最高成交量的 20% 以内。

放量上涨 通常指成交量大幅增加的同时，大盘或个股股价也同步上涨的一种量价配合现象。

缩量下跌　指股票价格或大盘指数在下跌的同时成交量相对前几个交易日明显下跌。

上档　指在当时股价以上的价位。

下档　指在当时股价以下的价位。

溢价发行　指新上市公司以高于面值的价格办理公开发行或已上市公司以高于面值的价格办理现金增资。

红利　上市公司通常在年终结算后，将盈利的一部分作为股息按股额分配给股东。股利的主要发放形式有现金股利、股票股利、财产股利和建业股利。

分红派息　是指上市公司向其股东派发红利和股息的过程，也是股东实现自己权益的过程。分红派息的形式主要有现金股利和股票股利两种。

股权登记日　是在上市公司分派股利或进行配股时规定一个日期，在此日期收盘前的股票为"含权股票"或"含息股票"，即有权领取股利的股东有资格登记截止日期。

派息日　即股息正式发放给股东的日期。

含权　凡是有股票有权未送配的均称含权。

除权　股票除权前一日收盘价减去所含权的差价，即为除权。

填息　如果除息完成后，股价上涨接近或超过除息前的股价，二者的差额被弥补，就叫填息。

填权　指在除权除息后的一段时间里，如果投资者对该股看好，该只股票交易市价高于除权（除息）基准价，这种行情称为填权。

贴权　指在除权除息后的一段时间里，如果投资者不看好该股，交易市价低于除权（除息）基准价，即股价比除权除息日的开盘价有所下降，则称为贴权。

复权　就是对股价和成交量进行权息修复。股票除权、除息之后，股价随之产生了变化，但实际成本并没有变化。

抢权 指股票在即将除权时，由于要实施送股或配股，引发股民大量购买，从而大幅推高股价的现象，被称为抢权。

量价背离 量价背离是一种交易现象。即当股票价格出现新的高点时，成交量非但没有增加反而出现萎缩，也就是股价与成交量成反比关系变化。

4. 操作术语

仓位 是指投资人实有投资资金和实际投资的比例。

建仓 指投资者开始买进看涨的股票。这种交易行为就叫建仓。

平仓 投资者在股票市场上卖出证券的行为。

增仓 指股价上涨过程中，投资者在持有某种证券一定数量的基础上，又买入同一种证券，以达到扩大盈利的目的。

补仓 指股价下跌过程中，投资者在持有某种证券一定数量的基础上，又买入同一种证券，以达到摊薄成本的目的。

减仓 减仓是指卖掉手中持有的一部分股票。这一行为就是减仓。

斩仓 指投资者预计手中的股票还将继续下跌，不得不在亏损状态下将股票卖出。

半仓 用一半的资金买入股票，账户上还留有一半现金的操作方法。

满仓 也叫全仓。就是把账户上所有的资金都买成了股票，就叫满仓。

空仓 指投资者将所持有的股票全部抛出，手中持有现金而无股票的情况。这种状态就叫空仓。

爆仓 指在某些特殊条件下，投资者保证金账户中的客户权益为负值的情形。

仓位管理 指投资者根据大盘运行趋势、个股涨跌变化，对自己手中的资金和股票进行科学动态管理的行为，其目的是减少损失，提高盈利。

挂单　就是指在股市交易过程中，投资者进行股票买卖时填写的委托单子。

撤单　就是在未成交之前，撤回之前的委托单。

扫单　指在交易过程中，突然冒出大批量的巨大买单。一旦出现这种情况，股价通常会快速飙升。

套牢　是指买进股票交易后，出现股价下跌造成账面损失的情况。

解套　解套就是指先前亏损的股票，交易价格后面回升到成本价之上。

止损　又叫割肉。指高价买进股票后，股价下跌，为避免损失扩大，投资者斩仓出局，从而导致实际损失的情况。

止盈　即指当股价上涨到目标位后，挂单出货。

市价委托　指投资者对委托券商成交的股票价格没有限制条件，只要求立即按当前的市价成交就可以。由于不限制成交价格，所以能确保即时成交，是市价委托的最大好处。

限价委托　客户向证券经纪商发出买卖某种股票的指令时，对买卖的价格作出限定，即在买入股票时，限定一个最高价，只允许证券经纪人按其规定的最高价或低于最高价的价格成交，在卖出股票时，则限定一个最低价。

看盘　又称盯盘，是短线投资者必需的日常工作。

复盘　是指投资者利用静态重新查看市场变动情况，以便对后市涨跌有新的认识。

洗盘　指庄家为达到炒作目的，必须在途中让低价买进、意志不坚的散户抛出股票，以减轻上档压力，同时让持股者的平均价位升高，以利于施行做庄的手段，达到牟取暴利的目的。

震仓　指股价在一天之内忽高忽低，幅度变化很大。与洗盘有一定的相似性。

对敲　是庄家或机构投资者的一种交易手法。具体操作方法为：在多家营业部同时开户，以拉锯方式在各营业部之间报价交易，故意营造利于己方的盘面虚假现象，达到操纵股价的目的。

护盘　指市场气氛低迷、人气欠佳时，主力机构大量购进股票，防止大盘或股价继续下滑的行为。

砸盘　简单来说就是用巨额大单持续不断向下打压股价。

打压　是主力将股价大幅度压低，然后在打压之后便大量买进，为日后拉升出货谋求利润做准备。

吃货　庄家在较低价位不动声色地买进股票，叫做吃货或吸货。

出货　与吃货相反，出货指庄家在高价时，暗中卖出股票，谋取利润。

抄底　指投资者认为股价已经跌到最低点，预期股价将会很快反弹的一种建仓行为。

逃顶　在股票价格上涨过程中，投资者估计上涨即将要到顶部，股价可能会止涨转跌的时候，选择将股票卖出。之后股价果然下跌，投资者成功逃过，就称为逃顶。

多翻空　原本看好行情的多头，随着行情变化，看法随之变为看跌后市。

空翻多　原本看跌行情的空头，随着行情变化，看法随之变为看涨后市。

买空　预计股价将上涨，因而买入股票，在实际交割前，再将买入的股票卖掉，实际交割时收取差价或补足差价的一种投机行为。

卖空　预计股价将下跌，因而卖出股票，在发生实际交割前，将卖出股票如数补进，交割时只结清差价的投机行为。

逼空　就是多头不断把股价往上推，一直涨到摧毁空头心理为止。

踏空　简单来说，就是空仓不动，没有提前买入，只能看着股票不断上涨。

吊空　指投资者做空头（抢空头帽子），卖出股票后，但股票价格当天并未下跌，反而有所上涨，只得高价赔钱买回。

多杀多　指投资者普遍认为当天股价将上涨，于是争相买进，然而股价没有大幅度上涨，当交易快结束时，竞相卖出，造成收盘价大幅度下跌的情况。

空杀空 指投资者普遍认为当天股价将下跌，于是争相卖出，然而股价没有大幅下跌，交割前只好纷纷补进，反而促使股价在收盘时大幅度升高的情形。

诱多 指主力、庄家有意制造股价上涨的假象，诱使投资者买入，结果股价不涨反跌，让跟进做多的投资者套牢的一种市场行为。

诱空 指主力、庄家有意制造股价下跌的假象，诱使投资者卖出，结果股价不跌反涨，让跟进做空的投资者踏空的一种市场行为。

骗线 指庄家或大户利用散户迷信技术分析数据、图表的心理，故意抬拉、打压股指，致使技术图表形成一定形态，引诱股民买进或卖出，从而达到利于己方获利的一种行为。

坐轿子 指目光独到或事先得到信息的投资人，在利多或利空消息公布前，先买进或卖出股票，然后坐等股价大幅上涨或下跌，从中收获利润，就叫"坐轿子"。

抬轿子 是指利多或利空信息公布后才醒悟，预计股价将会大起大落，立刻抢买或抢卖股票的行为。抢利多信息买进股票的行为称为抬多头轿子，抢利空信息卖出股票的行为称为抬空头轿子。结果让他人获利，而自己获利不多，甚至亏损。

下轿子 坐轿客逢高获利了结利润即为下轿子。

高抛低吸 简单来说就是低位买进，高位卖出。虽然这种操作策略是投资者都想掌握的方法，但因所谓的低位和高位很难判断，所以真正掌握其精髓难度极大，需要投资者在反复的实战中不断总结经验和教训。

追涨杀跌 是散户最常见的操作方式之一。追涨就是看见股价上涨就立即追进买入。买入后股价不涨反跌，于是立即恐慌卖出。比喻不加分析、被主力牵着鼻子走的错误投资行为。

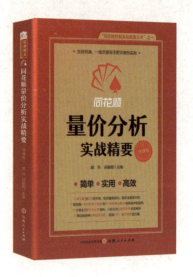

《同花顺量价分析实战精要》

书号：978-7-203-13616-3

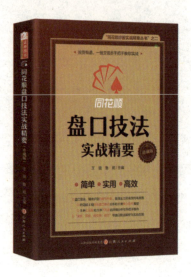

《同花顺盘口技法实战精要》

书号：978-7-203-13676-7

《同花顺技术分析实战精要》

书号：978-7-203-13686-6

《同花顺分时技法实战精要》

书号：978-7-203-13700-9